2018 — 100 SUJETS CORRIGÉS

3ᵉ

- **Mathématiques**
  Carole Feugère
  Gilles Mora

- **Physique-Chimie - SVT - Technologie**
  Nicolas Coppens
  Olivier Doerler
  Sébastien Guivarc'h
  Laurent Lafond
  Arnaud Lopin

- **Histoire-Géographie**
  Enseignement moral et civique
  Laure Genet
  Pascal Jézéquel
  Grégoire Pralon

- **Français**
  Thomas Bouhours

Le papier de cet ouvrage est composé de fibres naturelles, renouvelables, fabriquées à partir de bois provenant de forêts gérées de manière responsable.

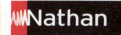

PRÉSENTATION

Ces **Annales ABC du Brevet** ont été conçues pour vous aider à préparer efficacement la nouvelle épreuve du **Brevet 2018** dans toutes les matières. Vous y trouverez les nouveaux sujets 2017 : celui de **France métropolitaine** et ceux des **centres étrangers** (Polynésie, Amérique du Nord…). Les corrigés sont rédigés par nos auteurs et conformes aux nouveaux programmes du collège qui sont entrés en application à la rentrée 2016. Vous pourrez ainsi vous entraîner sur des sujets conformes dans les conditions réelles de l'épreuve : c'est **la clé du succès**.

Les nouvelles épreuves du Brevet

→ **Depuis mai 2017**, l'examen du Brevet est constitué de 3 épreuves :
  – **2 épreuves écrites** : d'une part la **1re épreuve** regroupant les Maths, la Physique-Chimie, les SVT et laTechnologie, et d'autre part la **2de épreuve** regroupant le Français, l'Histoire-Géographie et l'Enseignement moral et civique ;
  – **1 épreuve orale.**
→ Nous proposons dans ce titre **2 sujets complets** de la **1re épreuve**, 2 sujets **complets** de la **2de épreuve** et 5 sujets pour préparer l'oral.

Un entraînement sur tout le programme

→ **94 sujets** sur toutes les matières du Brevet.
→ Les **sujets** sont **classés selon les notions et les thèmes** du programme.
→ **Les Infos-Brevet** : des dossiers complets dans chaque matière qui rassemblent des informations et des conseils pratiques pour bien aborder les nouvelles épreuves.

S'exercer pour le jour J

→ Chaque exercice est accompagné d'un **barème détaillé** et d'une **estimation du temps** imparti pour le résoudre.
→ **Des sujets complets** vous permettent de vous tester en conditions réelles.

Et en plus, une offre numérique innovante

→ **Gratuitement** avec ce livre, **un abonnement au site abcbrevet.com** vous est offert. Vous y trouverez des exercices et des fiches de révisions, ainsi que des sujets d'annales.

→ Grâce à l'**application gratuite Nathan live**, flashez les pages de votre ouvrage pour avoir accès à des exercices de révisions interactifs en direct (p. 131, 193, 267, 321) et des audios pour les dictées.

COMMENT FAIRE ? C'EST FACILE !

① Téléchargez l'application gratuite **Nathan live** disponible dans tous les stores sur votre smartphone ou votre tablette (Appstore, GooglePlay, Windows Store).

② Ouvrez l'application. Flashez les pages de vos annales où ce logo apparaît en plaçant votre appareil au-dessus de la page.

③ Consultez les ressources !

(!) L'application nécessite une connexion Internet

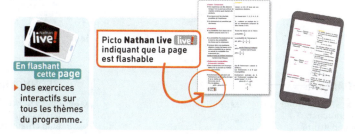

En flashant cette page
▶ Des exercices interactifs sur tous les thèmes du programme.

Picto **Nathan live** indiquant que la page est flashable

Couverture : Élise Launay **Cartes** : AFDEC - Légende Cartographie **Schémas** : COREDOC
Coordination éditoriale : Julie Langlais, Clémentine Carmo
Fabrication : Camille Friquet **Mise en page** : Nord Compo
Conception graphique intérieur : Julie Lannes

Nathan 2017 - 25, avenue Pierre de Coubertin - 75013 Paris - ISBN 978-2-09-150266-3
Tous droits de reproduction et d'adaptation réservés pour tout pays

Mon planning de révisions,

Ce planning propose une sélection de sujets variés dans toutes les matières pour vous aider à organiser vos révisions. N'hésitez pas à le personnaliser suivant vos objectifs !

BREVET – 6 semaines

- **Lun** — **GÉOGRAPHIE** — n° 8 EXERCICE 2 — Aménager le territoire — p.303
- **Mar** —
- **Mer** — **FRANÇAIS** p.329 — n° 1 SUJET COMPLET — Se chercher, se construire
- **Jeu** —
- **Ven** — **MATHÉMATIQUES** — n° 3 SUJET COMPLET
- **Sam** —
- **Dim** — **HISTOIRE** — n° 1 EXERCICE 2 — La Première Guerre mondiale

BREVET – 5 semaines

- **Lun** —
- **Mar** — **EMC** — n° 11 EXERCICE 3 — La citoyenneté française
- **Mer** —
- **Jeu** — **FRANÇAIS** — n° 4 SUJET COMPLET — Agir sur le monde
- **Ven** —
- **Sam** — **PHYSIQUE-CHIMIE** — n° 5 EXERCICE — Les mouvements et l'organisation…
- **Dim** —

BREVET – 4 semaines

- **Lun** — **SVT** — n° 10 EXERCICE — L'organisation et l'évolution du monde…
- **Mar** —
- **Mer** — **TECHNOLOGIE** — n° 11 EXERCICE — Le design, l'innovation et la créativité
- **Jeu** —
- **Ven** —
- **Sam** — **1ʳᵉ ÉPREUVE** — n° 1 à 9 SUJET COMPLET
- **Dim** — **ÉPREUVE ORALE** — n° 29 EPI

6 semaines avant le BREVET !

BREVET − 3 semaines

Lun	**MATHÉMATIQUES** — n° 1 SUJET COMPLET
Mar	
Mer	**FRANÇAIS** — n° 5 SUJET COMPLET — Comprendre le monde
Jeu	**EMC** — n° 12 EXERCICE — La vie démocratique
Ven	
Sam	
Dim	**GÉOGRAPHIE** — n° 10 EXERCICE 2 — La France et l'Europe dans le monde

BREVET − 2 semaines

Lun	
Mar	**PHYSIQUE-CHIMIE** — n° 4 EXERCICE — Les signaux, l'électricité, l'énergie…
Mer	**HISTOIRE** — n° 5 EXERCICE 2 — La Vᵉ République
Jeu	
Ven	
Sam	**2ᴅᴇ ÉPREUVE** — n° 19 à 23 SUJET COMPLET
Dim	

BREVET − 1 semaine

Lun	**ÉPREUVE ORALE** — n° 32 PARCOURS
Mar	
Mer	**SVT** — n° 7 EXERCICE — La Terre, la biodiversité, l'environnement et l'action humaine
Jeu	
Ven	**TECHNOLOGIE** — n° 15 EXERCICE — Réseau informatique
Sam	
Dim	

SOMMAIRE

Planning de révisions 4

LES 3 ÉPREUVES DU NOUVEAU BREVET 7

- **Infos-Brevet :** Le nouveau Brevet expliqué 9
- **La 1re épreuve écrite :** Maths, Physique-Chimie, SVT et Technologie
  sujets et corrigés 12
- **La 2de épreuve écrite :** Histoire, Géographie, EMC et Français
  sujets et corrigés 66
- **L'épreuve orale :** Parcours éducatifs et EPI
  sujets et corrigés 107

MATHÉMATIQUES 131

- **Infos-Brevet :** L'épreuve expliquée • La méthode pour le Brevet ... 133
- **Sujets et corrigés** 136

PHYSIQUE-CHIMIE - SVT - TECHNO 193

- **Infos-Brevet :** L'épreuve expliquée • La méthode pour le Brevet ... 195
- **Physique-Chimie :** Sujets et corrigés classés par thème 198
- **SVT :** Sujets et corrigés classés par thème 221
- **Technologie :** Sujets et corrigés classés par thème 242

HISTOIRE-GÉOGRAPHIE-EMC 267

- **Infos-Brevet :** L'épreuve expliquée • La méthode pour le Brevet ... 273
- **Histoire :** Sujets et corrigés classés par thème 277
- **Géographie :** Sujets et corrigés classés par thème 300
- **Enseignement moral et civique :** Sujets et corrigés classés
  par thème 316

FRANÇAIS 321

- **Infos-Brevet :** L'épreuve expliquée • La méthode pour le Brevet ... 323
- **Sujets et corrigés** classés par thème 337

LES 3 ÉPREUVES DU NOUVEAU BREVET

SOMMAIRE

INFOS-BREVET
Le nouveau Brevet 9

1RE ÉPREUVE COMPLÈTE DU NOUVEAU BREVET

France métropolitaine, juin 2017
Maths - Physique-Chimie - SVT

Partie 1 Mathématiques
- 1 à 7 Exercices 12

Partie 2 Physique-Chimie, SVT
L'énergie
- 8 Exercice de Physique-Chimie 18
- 9 Exercice de SVT 20

Sujet zéro, avril 2015
Maths - Physique-Chimie - Technologie

Partie 1 Mathématiques
- 10 à 16 Exercices 42

Partie 2 Physique-Chimie, Technologie
La sécurité du freinage en voiture
- 17 Exercice de Physique-Chimie 46
- 18 Exercice de Technologie 48

2ᴅᴇ ÉPREUVE COMPLÈTE DU NOUVEAU BREVET

France métropolitaine, juin 2017

Géographie, Histoire, EMC et Français

Partie 1 Géographie, Histoire, EMC, Français

- **19** **Géographie** Exercice 1 66
- **20** **Histoire** Exercice 2 67
- **21** **EMC** Exercice 3 68
- **22** **Français** Questions, réécriture 71

Partie 2 Français

- **23** Dictée, travail d'écriture 72

Pondichéry, mai 2017

Géographie, Histoire, EMC et Français

Partie 1 Histoire, Géographie, EMC, Français

- **24** **Histoire** Exercice 1 86
- **25** **Géographie** Exercice 2 87
- **26** **EMC** Exercice 3 88
- **27** **Français** Questions, réécriture 92

Partie 2 Français

- **28** Dictée, travail d'écriture 93

ÉPREUVE ORALE

- **29** **EPI** Sciences, technologie et société 107
- **30** **EPI** Culture et création artistique 114
- **31** **Parcours** Avenir 118
- **32** **Parcours** Citoyen 124
- **33** **Parcours** Éducation artistique et culturelle 128

Le nouveau Brevet | INFOS-BREVET

Le nouveau Brevet

Le contrôle continu
Évaluation des compétences tout au long de l'année scolaire
→ 400 pts

L'épreuve écrite 1
Mathématiques, Physique-Chimie, Sciences de la Vie et de la Terre, Technologie
→ 100 pts (3 h)

Ce qui est nouveau
- Une épreuve supplémentaire : Physique-Chimie, SVT, Techno
- Une épreuve orale
- Des épreuves écrites remaniées
- Une notation revue
- Une cérémonie républicaine de remise des diplômes

L'épreuve écrite 2
Histoire, Géographie, Enseignement moral et civique, Français
→ 100 pts (4 h)

L'épreuve orale
Présentation d'un projet étudié lors d'un EPI ou d'un parcours éducatif (Avenir, Citoyen, Éducation culturelle et artistique)
→ 100 pts (15 min)

Diplôme et mentions

Obtention du Brevet
350 points sur 700

Mention assez bien
entre 420 et 490 points

Mention bien
entre 490 et 560 points

Mention très bien
plus de 560 points

Publication des résultats
(juillet)

Cérémonie républicaine de remise des diplômes du Brevet
(septembre)

LE NOUVEAU BREVET

▶ **La 1ʳᵉ épreuve du nouveau Brevet : Mathématiques, Physique-Chimie, SVT, Technologie**

PARTIE 1
Mathématiques — 2H — 50 pts
Notation des exercices — 45 pts
+
Présentation, orthographe, syntaxe, vocabulaire — 5 pts

PARTIE 2
Physique-Chimie – SVT – Technologie — 1H — 50 pts
Notation des exercices — 45 pts
+
Présentation, orthographe, syntaxe, vocabulaire — 5 pts

Exercice 1 — 10 à 25 min — 3 à 12 pts
Exercice 2 — 10 à 25 min — 3 à 12 pts
Exercice 3 — 10 à 25 min — 3 à 12 pts
Exercice 4 — 10 à 25 min — 3 à 12 pts
Exercice 5 — 10 à 25 min — 3 à 12 pts
Exercice 6 — 10 à 25 min — 3 à 12 pts
… jusqu'à 10 exercices

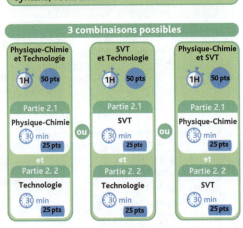

3 combinaisons possibles

Physique-Chimie et Technologie	SVT et Technologie	Physique-Chimie et SVT
1H — 50 pts	1H — 50 pts	1H — 50 pts
Partie 2.1 Physique-Chimie — 30 min — 25 pts	Partie 2.1 SVT — 30 min — 25 pts	Partie 2.1 Physique-Chimie — 30 min — 25 pts
et	et	et
Partie 2.2 Technologie — 30 min — 25 pts	Partie 2.2 Technologie — 30 min — 25 pts	Partie 2.2 SVT — 30 min — 25 pts

Le nouveau Brevet — INFOS-BREVET

▶ La 2ᵈᵉ épreuve du nouveau Brevet : Français, Histoire, Géographie, Enseignement moral et civique

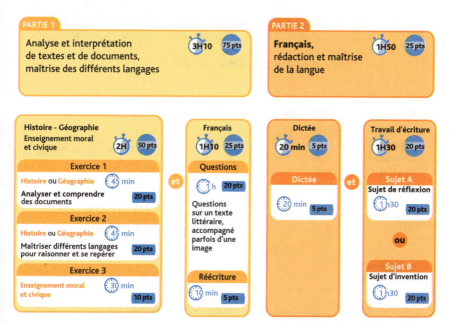

1re ÉPREUVE

100 pts

1re épreuve complète du Brevet

France métropolitaine, juin 2017

MATHÉMATIQUES – PHYSIQUE-CHIMIE – SVT

PARTIE 1
Mathématiques

2 h 00   50 pts

→ *corrigé p. 23*

Toutes les réponses doivent être justifiées, sauf si une indication contraire est donnée. Pour chaque question, si le travail n'est pas terminé, laisser tout de même une trace de la recherche. Elle sera prise en compte dans la notation.

Exercice 1
10 min   4 pts

Dans une urne contenant des boules vertes et des boules bleues, on tire au hasard une boule et on regarde sa couleur. On replace ensuite la boule dans l'urne et on mélange les boules.
La probabilité d'obtenir une boule verte est $\frac{2}{5}$.

1 Expliquer pourquoi la probabilité d'obtenir une boule bleue est égale à $\frac{3}{5}$.   1 pt

2 Paul a effectué 6 tirages et a obtenu une boule verte à chaque fois.
Au 7e tirage, aura-t-il plus de chances d'obtenir une boule bleue qu'une boule verte ?   1 pt

3 Déterminer le nombre de boules bleues dans cette urne sachant qu'il y a 8 boules vertes.   2 pts

Exercice 2
15 min   6 pts

On donne le programme suivant qui permet de tracer plusieurs triangles équilatéraux de tailles différentes.
Ce programme comporte une variable nommée « **côté** ». Les longueurs sont données en pixels.
On rappelle que l'instruction signifie que l'on se dirige vers la droite.

France métropolitaine, juin 2017 — Sujets 1 à 9

Numéros d'instruction	Script	Le bloc triangle
1	quand ▶ est cliqué	définir triangle
2	effacer tout	stylo en position d'écriture
3	aller à x: -200 y: -100	répéter 3 fois
4	s'orienter à 90	avancer de côté
5	mettre côté à 100	tourner ↺ de 120 degrés
6	répéter 5 fois	relever le stylo
7	triangle	
8	avancer de côté	
9	ajouter à côté -20	

1 Quelles sont les coordonnées du point de départ du tracé ? **1 pt**

2 Combien de triangles sont dessinés par le script ? **1 pt**

3 a. Quelle est la longueur (en pixels) du côté du deuxième triangle tracé ? **1 pt**

b. Tracer à main levée l'allure de la figure obtenue quand on exécute ce script. **2 pts**

4 On modifie le script initial pour obtenir la figure ci-dessous.
Indiquer le numéro d'une instruction du script **après laquelle** on peut placer l'instruction tourner ↺ de 60 degrés pour obtenir cette nouvelle figure.

1 pt

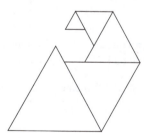

Exercice 3

Un condensateur est un composant électronique qui permet de stocker de l'énergie électrique pour la restituer plus tard.
Le graphique ci-après montre l'évolution de la tension mesurée aux bornes d'un condensateur en fonction du temps lorsqu'il est en charge.

1ʳᵉ ÉPREUVE

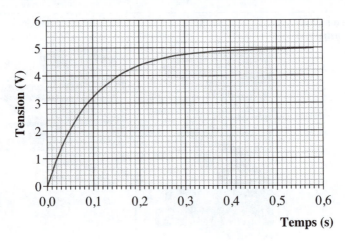

1 S'agit-il d'une situation de proportionnalité ? Justifier. **1 pt**

2 Quelle est la tension mesurée au bout de 0,2 s ? **1 pt**

3 Au bout de combien de temps la tension aux bornes du condensateur aura-t-elle atteint 60 % de la tension maximale qui est estimée à 5 V ? **2 pts**

Exercice 4   25 min   8 pts

Les panneaux photovoltaïques permettent de produire de l'électricité à partir du rayonnement solaire. Une unité courante pour mesurer l'énergie électrique est le kilowattheure, abrégé en kWh.

1 Le plus souvent, l'électricité produite n'est pas utilisée directement, mais vendue pour être distribuée dans le réseau électrique collectif. Le prix d'achat du kWh, donné en **centimes d'euro**, dépend du type d'installation et de sa puissance totale, ainsi que de la date d'installation des panneaux photovoltaïques. Ce prix d'achat du kWh est donné dans le tableau ci-dessous.

Tarifs d'un kWh en **centimes d'euro**

Type d'installation	Puissance totale	Date d'installation			
		Du 01/01/15 au 31/03/15	Du 01/04/15 au 30/06/15	Du 01/07/15 au 30/09/15	Du 01/10/15 au 31/12/15
Type A	0 à 9 kW	26,57	26,17	25,78	25,39
Type B	0 à 36 kW	13,46	13,95	14,7	14,4
	36 à 100 kW	12,79	13,25	13,96	13,68

Source : http://www.developpement-durable.gouv.fr

France métropolitaine, juin 2017

En mai 2015, on installe une centrale solaire du type B, d'une puissance de 28 kW.
Vérifier que le prix d'achat de 31 420 kWh est d'environ 4 383 €. **1,5 pt**

2 Une personne souhaite installer des panneaux photovoltaïques sur la partie du toit de sa maison orientée au sud. Cette partie est grisée sur la figure ci-contre. Elle est appelée pan sud du toit.
La production d'électricité des panneaux solaires dépend de l'inclinaison du toit.
Déterminer, au degré près, l'angle $\widehat{ABC}$ que forme ce pan sud du toit avec l'horizontale. **1,5 pt**

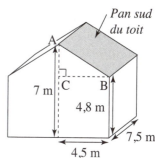

3 a. Montrer que la longueur AB est environ égale à 5 m. **1,5 pt**
b. Les panneaux photovoltaïques ont la forme d'un carré de 1 m de côté.
Le propriétaire prévoit d'installer 20 panneaux.
Quel pourcentage de la surface totale du pan sud du toit sera alors couvert par les panneaux solaires ? On donnera une valeur approchée du résultat à 1 % près. **1,5 pt**

c. La notice d'installation indique que les panneaux doivent être accolés les uns aux autres et qu'une bordure d'au moins 30 cm de large doit être laissée libre pour le système de fixation tout autour de l'ensemble des panneaux.
Le propriétaire peut-il installer les 20 panneaux prévus ? **2 pts**

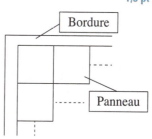

Exercice 5

25 min **8 pts**

1 Lors des Jeux Olympiques de Rio en 2016, la Danoise Pernille Blume a remporté le 50 m nage libre en 24,07 secondes.
A-t-elle nagé plus rapidement qu'une personne qui se déplace en marchant vite, c'est-à-dire à 6 km/h ? **1,5 pt**

2 On donne l'expression $E = (3x + 8)^2 - 64$.
a. Développer E. **1,5 pt**
b. Montrer que E peut s'écrire sous forme factorisée : $3x(3x + 16)$. **1,5 pt**
c. Résoudre l'équation $(3x + 8)^2 - 64 = 0$. **2 pts**

3 La distance d de freinage d'un véhicule dépend de sa vitesse et de l'état de la route.

1ʳᵉ ÉPREUVE

On peut la calculer à l'aide de la formule suivante :
$$d = k \times V^2$$
avec :
– d la distance de freinage en m ;
– V la vitesse du véhicule en m/s ;
– k le coefficient dépendant de l'état de la route ($k = 0{,}14$ sur route mouillée, $k = 0{,}08$ sur route sèche).
Quelle est la vitesse d'un véhicule dont la distance de freinage sur route mouillée est égale à 15 m ?

1,5 pt

Exercice 6

Doc. 1 — Le surpoids

Le surpoids est devenu un problème majeur de santé, celui-ci prédispose à beaucoup de maladies et diminue l'espérance de vie.
L'indice le plus couramment utilisé est celui de masse corporelle (IMC).

Doc. 2 — Calcul de l'IMC

L'IMC est une grandeur internationale permettant de déterminer la corpulence d'une personne adulte entre 18 ans et 65 ans.

Il se calcule avec la formule suivante :
$$\text{IMC} = \frac{\text{masse}}{\text{taille}^2}$$
avec « masse » en kg et « taille » en m.
Normes :
• $18{,}5 \leq \text{IMC} < 25$ corpulence normale ;
• $25 \leq \text{IMC} < 30$ surpoids ;
• $\text{IMC} \geq 30$ obésité.

1 Dans une entreprise, lors d'une visite médicale, un médecin calcule l'IMC de six des employés. Il utilise pour cela une feuille de tableur dont voici un extrait :

	A	B	C	D	E	F	G
1	Taille (en m)	1,69	1,72	1,75	1,78	1,86	1,88
2	Masse (en kg)	72	85	74	70	115	85
3	IMC (*)	25,2	28,7	24,2	22,1	33,2	24,0
4	(*) valeur approchée au dixième						

a. Combien d'employés sont en situation de surpoids ou d'obésité dans cette entreprise ? **1 pt**

b. Laquelle de ces formules a-t-on écrite dans la cellule B3, puis recopiée à droite, pour calculer l'IMC ?
Recopier la formule correcte sur la copie. **1 pt**

| = 72/1.69^2 | = B1 / (B2 * B2) | = B2 / (B1 * B1) | = $B2 / ($B1 * $B1) |

2 Le médecin a fait le bilan de l'IMC de chacun des 41 employés de cette entreprise. Il a reporté les informations recueillies dans le tableau suivant dans lequel les IMC ont été arrondis à l'unité près.

IMC	20	22	23	24	25	29	30	33	Total
Effectif	9	12	6	8	2	1	1	2	41

a. Calculer une valeur approchée, arrondie à l'entier près, de l'IMC moyen des employés de cette entreprise. **2 pts**

b. Quel est l'IMC médian ? Interpréter ce résultat. **2 pts**

c. On lit sur certains magazines : « On estime qu'au moins 5 % de la population mondiale est en surpoids ou est obèse ». Est-ce le cas pour les employés de cette entreprise ? **2 pts**

Exercice 7

15 min **7 pts**

Léo a ramassé des fraises pour faire de la confiture.

1 Il utilise les proportions de sa grand-mère : 700 g de sucre pour 1 kg de fraises.
Il a ramassé 1,8 kg de fraises. De quelle quantité de sucre a-t-il besoin ? **1 pt**

2 Après cuisson, Léo a obtenu 2,7 litres de confiture.
Il verse la confiture dans des pots cylindriques de 6 cm de diamètre et de 12 cm de haut, qu'il remplit jusqu'à 1 cm du bord supérieur.
Combien pourra-t-il remplir de pots ? **3 pts**

Rappels :
- 1 litre = 1 000 cm³ ;
- volume d'un cylindre = $\pi \times R^2 \times h$.

3 Il colle ensuite sur ses pots une étiquette rectangulaire de fond blanc qui recouvre toute la surface latérale du pot.

a. Montrer que la longueur de l'étiquette est d'environ 18,8 cm. **1,5 pt**

b. Dessiner l'étiquette à l'échelle $\frac{1}{3}$. **1,5 pt**

PARTIE 2
Physique-Chimie, SVT

 1 h 00 50 pts

L'ÉNERGIE
PARTIE 2.1 • Physique-Chimie
Les centrales géothermiques

→ *corrigé p. 37*

 30 min 25 pts*

La production d'électricité à partir des centrales thermiques à flamme est le mode le plus répandu dans le monde et bénéficie des abondantes, mais épuisables, ressources en charbon, pétrole et gaz de la planète. Certains pays se lancent dans le développement de centrales géothermiques, on veut ici comprendre ce choix.

> **Doc. 1** Principe de fonctionnement d'une centrale géothermique

Une centrale géothermique produit de l'électricité, sans qu'il y ait de combustion, grâce à la chaleur de la Terre qui transforme l'eau contenue dans les nappes souterraines en vapeur.
Le mouvement de la vapeur d'eau sous pression permet de faire tourner une turbine entraînant un alternateur, qui produit alors un courant alternatif.

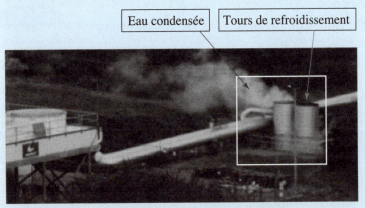

Centrale géothermique de Waikarei en Nouvelle-Zélande

---

* Dont 2,5 points pour la présentation de la copie, l'orthographe, la syntaxe et le vocabulaire.

France métropolitaine, juin 2017 — Sujets 1 à 9

Doc. 2 Principe de fonctionnement d'une centrale thermique à flamme

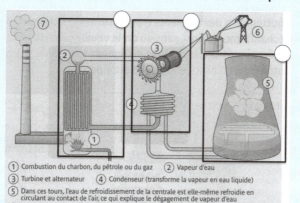

① Combustion du charbon, du pétrole ou du gaz ② Vapeur d'eau
③ Turbine et alternateur ④ Condenseur (transforme la vapeur en eau liquide)
⑤ Dans ces tours, l'eau de refroidissement de la centrale est elle-même refroidie en circulant au contact de l'air, ce qui explique le dégagement de vapeur d'eau
⑥ Réseau électrique ⑦ Cheminée libérant gaz et fumées produits lors de la combustion

Source : Microméga Physique-chimie 3ᵉ paru chez Hatier

1 Compléter le tableau suivant en exploitant les *documents 1* et *2*.

Nom de la centrale	Source(s) d'énergie utilisée(s)	Source d'énergie renouvelable ou non ?	Dégage ou ne dégage pas de fumées lors de son utilisation ?
Thermique à flamme			
Géothermique			

2 Il s'agit de repérer sur le dessin de la centrale thermique à flamme (*document 2*) les trois circuits distincts A, B et C décrits ci-dessous :
• A : circuit de refroidissement ;
• B : circuit primaire ou lieu de transformation d'énergie chimique en énergie thermique ;
• C : circuit secondaire ou lieu de transformation de l'énergie mécanique en énergie électrique.
Pour répondre à cette question, mettre A, B ou C à l'intérieur des cercles blancs du *document 2*.

3 On étudie la réaction de combustion ayant lieu dans le circuit primaire d'une centrale thermique utilisant le gaz naturel, composé essentiellement de méthane CH_4. Le méthane réagit avec le dioxygène O_2 de l'air pour former du dioxyde de carbone CO_2 et de l'eau H_2O, selon l'équation de réaction :
$$CH_4 + 2\,O_2 \rightarrow CO_2 + 2\,H_2O$$

a. Nommer le gaz participant à l'effet de serre produit lors de cette transformation chimique.
b. Lorsqu'on brûle 6×10^{22} molécules de méthane de manière complète, combien de molécules de dioxygène sont nécessaires ? Expliquer.
Combien de molécules de dioxyde de carbone sont formées ? Expliquer.

4 Un réacteur de centrale thermique à flamme produit une puissance d'environ 1 100 MW. Un réacteur de centrale géothermique peut délivrer une énergie de 7 500 000 MWh par an, en fonctionnant 6 820 heures.
a. Montrer, par un calcul, que la puissance électrique du réacteur de centrale géothermique est équivalente à celle du réacteur de centrale thermique à flamme.
b. En faisant référence aux réponses précédentes, donner deux arguments expliquant pourquoi certains pays ont opté pour des centrales géothermiques.

PARTIE 2.2 • SVT   → *corrigé p. 40*
Consommation de pétrole et transition énergétique   30 min   **25 pts***

L'augmentation de la population mondiale et des différents besoins en énergie s'accompagne d'une consommation de pétrole de plus en plus forte. L'augmentation de l'exploitation des ressources en pétrole entraîne un appauvrissement rapide de celles-ci.

> **Doc. 1** Productions énergétiques mondiales en 2012

(en Mtep : Mégatonne équivalent pétrole*).

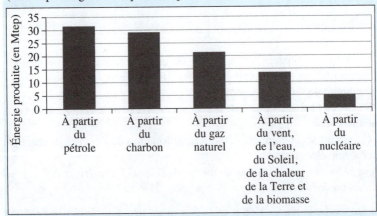

(*) La Mégatonne équivalent pétrole est une unité de mesure de l'énergie utilisée en économie et dans l'industrie.

D'après les données du Key World Energy Statistics 2014 de l'AIE

* Dont 2,5 points pour la présentation de la copie, l'orthographe, la syntaxe et le vocabulaire.

Une énergie non renouvelable désigne l'énergie que l'on produit à partir de la combustion de matières premières fossiles d'origine organique (issues d'êtres vivants) : le pétrole, le charbon et le gaz naturel. Elle n'est pas renouvelable à l'échelle d'une vie humaine.

Une énergie renouvelable est une ressource énergétique dont le renouvellement naturel est assez rapide pour qu'elle puisse être considérée comme inépuisable à l'échelle d'une vie humaine. L'énergie solaire, l'énergie éolienne, l'énergie hydraulique et l'énergie biomasse** sont des types d'énergies renouvelables.

(**) L'énergie biomasse provient de la combustion de matières vivantes (bois, végétaux, déchets agricoles, ordures ménagères organiques) ou du biogaz issu de la fermentation de ces matières, dans des centrales.

1 En utilisant les données du *document 1*, comparer la part des sources d'énergies renouvelables à celle des sources d'énergies non renouvelables en 2012 dans les productions énergétiques mondiales.

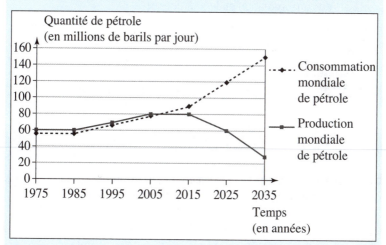

Doc. 2 Évolution de la production et de la consommation mondiale de pétrole (en millions de barils par jour) entre 1975 et 2035

2 a. Comparer les courbes de la production mondiale et de la consommation mondiale de pétrole depuis 2005.
b. Formuler le problème auquel l'être humain est confronté depuis 2015.

Doc. 3 — La transition énergétique pour la croissance verte
(croissance économique respectueuse de l'environnement naturel)

La loi du 17 août 2015 relative à la transition énergétique pour la croissance verte est une loi qui engage le pays tout entier : citoyens, entreprises, territoires, pouvoirs publics. Elle va permettre à la France de renforcer son indépendance énergétique […] et donne à tous des outils concrets pour accélérer la croissance verte.

Le discours de Ségolène Royal* du 25 avril 2016 fixe : « … l'objectif d'augmenter de 50 % la capacité installée** des énergies renouvelables d'ici 2023. »

(*) Ministre de l'Environnement, de l'Énergie et de la Mer.
(**) Installations technologiques permettant de produire de l'énergie renouvelable (éoliennes, panneaux solaires…).

D'après http://www.gouvernement.fr/action/la-transition-energetique-pour-la-croissance-verte

Doc. 4 — Estimation de l'épuisement des ressources énergétiques disponibles (en prenant en compte le rythme actuel de consommation et de production)

Énergies/ressources	Pétrole	Gaz	Charbon	Éolienne*	Solaire
Estimation de la durée de l'épuisement des stocks	54 ans	63 ans	112 ans	Jamais	Jamais

(*) Énergie éolienne : énergie produite à partir du vent.

3 En vous appuyant sur les *documents 3* et *4*, identifier et argumenter les objectifs relatifs à la transition énergétique pour la croissance verte.

1 à 9 Corrigé

PARTIE 1

→ *énoncé p. 12*

Les clés pour réussir

Exercice 1

Révisez Les probabilités

- Deux événements contraires A et B sont tels que $p(A) + p(B) = 1$.
- En situation d'équiprobabilité, une probabilité p se calcule avec la formule :

$$p = \frac{\text{nombre de cas favorables}}{\text{nombre de cas possibles}}$$

Les difficultés du sujet

1 Obtenir une boule verte et obtenir une boule bleue sont deux événements contraires dont la somme des probabilités vaut 1.

2 À chaque tirage, les conditions sont identiques et ainsi, les nombres de boules vertes et bleues restent les mêmes, comme les probabilités.

3 Nombre de boules et probabilités sont deux nombres proportionnels. Un tableau de proportionnalité permet de calculer le nombre de boules bleues.

Exercice 2

Révisez Les algorithmes et la programmation

Les difficultés du sujet

1 et **2** Les réponses sont notées dans le script.

3 b. Chaque bloc triangle trace un triangle équilatéral dont la dimension du côté diminue.

4 Identifiez une rotation de 60° entre chaque triangle sur le croquis proposé. Le script trace un triangle, effectue une rotation de la direction d'écriture, puis trace un nouveau triangle...

Exercice 3

Révisez Les lectures graphiques et la proportionnalité

- Une situation de proportionnalité entre deux grandeurs s'illustre graphiquement par une droite passant par l'origine du repère.
- Prendre $t\%$ d'un nombre, c'est le multiplier par $\frac{t}{100}$.

1re ÉPREUVE

Les difficultés du sujet

1 Deux critères sont à vérifier : la courbe passe-t-elle par l'origine du repère ? la courbe est-elle une droite ?

3 Commencez par calculer la tension correspondant à 60 % de 5 V. Puis utilisez des pointillés pour lire le temps associé à cette tension en abscisses.

▶ Exercice 4

Révisez Les calculs numériques et la géométrie dans le plan

● Dans un triangle rectangle :

$$\cos \hat{x} = \frac{\text{côté adjacent à } \hat{x}}{\text{hypoténuse}} \qquad \sin \hat{x} = \frac{\text{côté opposé à } \hat{x}}{\text{hypoténuse}}$$

$$\tan \hat{x} = \frac{\text{côté opposé à } \hat{x}}{\text{côté adjacent à } \hat{x}}$$

● Le théorème de Pythagore permet de calculer la longueur manquante dans un triangle rectangle dont on connaît déjà deux longueurs.

Les difficultés du sujet

1 ● Le tableau contient de nombreuses informations. Trouvez d'abord la colonne des tarifs à partir de la date d'installation de la centrale solaire.
Le type de la centrale et sa puissance vous permettent d'obtenir le prix d'achat d'1 kWh.

● Faites attention, les prix proposés sont en centimes d'euro !

3 a. Le théorème de Pythagore ou la trigonométrie permettent de calculer AB.

b. ● Calculez la surface de panneaux solaires, puis la surface du pan sud du toit (qui est un rectangle).

● Le pourcentage cherché est : $\frac{\text{surface des panneaux}}{\text{surface du pan sud}}$.

c. Il s'agit de bien visualiser la situation en faisant un croquis sur lequel vous portez toutes les mesures utiles. Reste à y placer des carrés de côté 1 m.

▶ Exercice 5

Révisez La vitesse, le développement-factorisation et les équations

● Vitesse = $\frac{\text{distance parcourue}}{\text{temps de parcours}}$

● $(a + b)^2 = a^2 + 2ab + b^2$

● $a^2 - b^2 = (a - b)(a + b)$

● Un produit $A \times B$ est nul si et seulement si $A = 0$ ou $B = 0$.

France métropolitaine, juin 2017

Les difficultés du sujet

1 Il s'agit de comparer deux vitesses qu'il faut mettre dans la même unité, le km/h par exemple.

2 a. $(3x)^2 = 3x \times 3x = 9x^2$

b. $(3x+8)^2 - 64 = (3x+8)^2 - 8^2$. On peut reconnaître l'identité remarquable $a^2 - b^2$ qui se factorise en $(a-b)(a+b)$ avec $a = 3x+8$ et $b = 8$.

c. Utilisez la question **2** pour vous ramener à une équation produit-nul.

3 Calculez d'abord V^2, puis déduisez-en V grâce à $\sqrt{}$.

Exercice 6

Révisez Le tableur, le calcul numérique et les pourcentages

- Dans le cas de valeurs regroupées dans un tableau comme ci-contre, la moyenne m est :

x_i	x_1	x_2	...	x_p
n_i	n_1	n_2	...	n_p

$$m = \frac{n_1 x_1 + n_2 x_2 + .. + n_p x_p}{n_1 + n_2 + .. + n_p}$$

- Dans une série ordonnée dans le sens croissant à effectif impair, la médiane Me est le terme « du milieu ».

- Proportion = $\dfrac{\text{effectif}}{\text{effectif total}}$

Les difficultés du sujet

2 a. Mettez des parenthèses dans votre calcul quand vous l'effectuez sur votre calculatrice.

b. Commencez par écrire la liste des IMC, autant de fois que leur effectif : 20 20 20 20 20 20 20 20 20 22 22…

Puis déterminez le terme central.

3 Comparez la proportion obtenue avec 5 % et concluez.

Exercice 7

Révisez La proportionnalité, les volumes et la réduction

- Périmètre disque = $2 \times \pi \times$ rayon
- Dans une réduction de rapport k, les longueurs sont multipliées par k.

Les difficultés du sujet

2 Procédez en plusieurs étapes : calculez le volume de confiture dans un pot. Après avoir converti le volume de confiture en cm³, calculez combien de pots complets peuvent être remplis.

3 a. La longueur cherchée est le périmètre du cercle de rayon R associé au cylindre.

b. Il s'agit de construire le rectangle correspondant à l'étiquette dont les dimensions ont été multipliées par $\dfrac{1}{3}$.

Exercice 1

1. Probabilité d'obtenir une boule bleue

L'urne contient des boules vertes et des boules bleues. Les événements B « obtenir une boule bleue » et V « obtenir une boule verte » sont deux événements contraires.

$p(B) + p(V) = 1$

$p(B) + \dfrac{2}{5} = 1$

$p(B) = 1 - \dfrac{2}{5} = \dfrac{5}{5} - \dfrac{2}{5}$

D'où le résultat : $p(B) = \dfrac{3}{5}$.

> **Rappel**
> La somme des probabilités de deux événements contraires vaut 1.

> **Remarque**
> On dit aussi V = non B.

2. Probabilité d'obtenir une boule verte au 7ᵉ tirage

À chaque tirage, on replace la boule tirée dans l'urne et on mélange les boules : les conditions de tirage restent donc à chaque fois identiques.

Ainsi, au 7ᵉ tirage (comme à n'importe quel tirage) : $p(V) = \dfrac{2}{5}$ et $p(B) = \dfrac{3}{5}$, soit $p(B) > p(V)$.

Paul a plus de chances d'obtenir une boule bleue qu'une boule verte.

3. Calcul du nombre de boules bleues

Dans l'urne, il y a 8 boules vertes, et on sait que $p(V) = \dfrac{2}{5}$.

Il s'agit alors de déterminer le nombre de boules bleues sachant que $p(B) = \dfrac{3}{5}$.

> **Remarque**
> On est en situation d'équiprobabilité, car les boules sont tirées au hasard.

On peut utiliser un tableau de proportionnalité puisque probabilité et nombre de boules sont proportionnels.

	Couleur verte	Couleur bleue
Nombre de boules	8	x
Probabilité	$\dfrac{2}{5}$	$\dfrac{3}{5}$

Par égalité des produits en croix :

$x \times \dfrac{2}{5} = 8 \times \dfrac{3}{5}$

$\dfrac{2}{5} x = \dfrac{24}{5}$ ⎫ en multipliant par 5 chacun des membres

$2x = 24$ ⎭

$x = 24 \div 2$

$x = 12$

En conclusion, l'urne contient 12 boules bleues.

France métropolitaine, juin 2017

> **Autre méthode**
>
> $p(V) = \dfrac{2}{5} = \dfrac{\text{nombre de boules vertes}}{\text{nombre total de boules}}$
>
> Soit x le nombre total de boules. Il y a 8 boules vertes.
>
> On obtient l'égalité : $\dfrac{2}{5} = \dfrac{8}{x}$.
>
> D'où : $2 \times x = 8 \times 5$
>
> $2x = 40$
>
> $x = 40 \div 2 = 20$
>
> L'urne compte un total de 20 boules, dont 8 boules vertes.
> Il y a donc $20 - 8 = 12$ boules bleues.

Exercice 2

1 Coordonnées du point de départ du tracé

Les coordonnées du point de départ du tracé se lisent à la 3ᵉ ligne d'instruction du script : **(−200 ; 100)**.

2 Nombre de triangles dessinés par le script

Selon la ligne 6 du script, il faut répéter 5 fois l'instruction « bloc triangle ».
Ainsi, **ce script dessine 5 triangles**.

> **Remarque**
> L'instruction « répéter 5 fois » constitue une boucle.

3 a. Longueur du côté du deuxième triangle

- Initialement, le côté du triangle est mis à 100 pixels (ligne 5).
- Un premier triangle est construit grâce à la première application du « bloc triangle ».
- Puis la longueur du côté est modifiée (ligne 9) : côté − 20, soit $100 - 20 = 80$.
- Le deuxième triangle est alors construit.

Le côté du deuxième triangle tracé mesure 80 pixels.

b. Figure obtenue à l'exécution du script

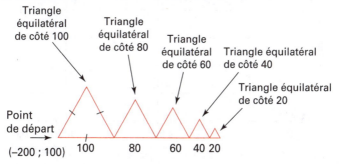

1ʳᵉ ÉPREUVE

4 Instruction à modifier
Chaque nouveau triangle est construit après que le crayon ait effectué une rotation de 60°.
Aussi, **on place l'instruction** `tourner ↻ de 60 degrés` **après l'instruction n° 8 ou après l'instruction n° 9.**

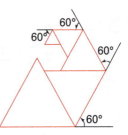

Exercice 3

1 Étude de proportionnalité
Une situation de proportionnalité entre deux grandeurs s'illustre graphiquement par une droite passant par l'origine du repère.
La courbe proposée passe par l'origine du repère mais n'est pas une droite.
Elle n'illustre donc pas une situation de proportionnalité.

2 Mesure de tension
Sur le graphique, pour $t = 0{,}2$ s, **on lit une tension associée d'environ 4,4 V** (voir pointillés verts).

> **Pensez-y !**
> Aucune justification n'est demandée. Écrivez une phrase pour répondre.

3 Temps d'accès à 60 % de la tension maximale
- La tension maximale est estimée à 5 V. 60 % de la tension maximale correspond à :
$\dfrac{60}{100} \times 5 = 0{,}6 \times 5 = 3$ V.

> **L'astuce du prof**
> On trace la droite horizontale $y = 3$ et on lit la valeur de t correspondante.

- Sur le graphique, une tension de 3 V (voir pointillés roses) correspond à $t = 0{,}09$ s.

La tension aux bornes du condensateur aura atteint 60 % de la tension maximale au bout de 0,09 s.

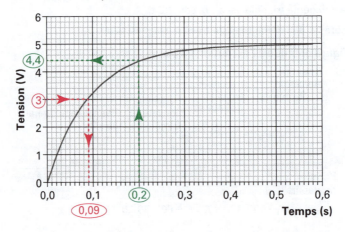

France métropolitaine, juin 2017

Exercice 4

1 Vérification du prix d'achat de l'électricité

• L'installation étudiée a été faite en mai 2015, donc dans la période du 01/04/15 au 30/06/15.

• C'est une installation de type B d'une puissance totale de 28 kW : le prix d'achat d'un kWh est donc de 13,95 centimes d'euro.

• Le prix d'achat de 31 420 kWh est alors :
31 420 × 13,95 = 438 309 centimes d'euro,
soit 4 383,09 €.

> **Pensez-y !**
> 1 € = 100 centimes d'euro.

Le prix d'achat de 31 420 kWh est bien d'environ 4 383 €.

2 Calcul de l'angle formé par le pan sud du toit

Il s'agit de déterminer la mesure de l'angle $\widehat{ABC}$ dans le triangle ABC.

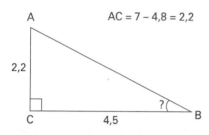

> **Gagnez des points !**
> Construisez un croquis sur lequel vous portez toutes les informations données par l'énoncé.

Dans le triangle ABC rectangle en C, on utilise la trigonométrie.

$$\tan \widehat{ABC} = \frac{\text{côté opposé à } \widehat{ABC}}{\text{côté adjacent à } \widehat{ABC}} = \frac{AC}{BC} = \frac{2,2}{4,5}.$$

À la calculatrice, on déduit :

$$\widehat{ABC} = \tan^{-1}\left(\frac{2,2}{4,5}\right)$$

$\widehat{ABC} \approx 26°$ (valeur arrondie au degré près).

3 a. Calcul de la longueur AB

Dans le triangle ABC rectangle en C, on applique le théorème de Pythagore :
$AB^2 = AC^2 + BC^2$
$AB^2 = 2,2^2 + 4,5^2$
$AB^2 = 4,84 + 20,25$
$AB^2 = 25,09$
AB est une longueur (donc AB > 0), d'où
$AB = \sqrt{25,09}$.
Ainsi, AB ≈ 5 m (valeur approchée).
La longueur AB est bien environ égale à 5 m.

> **Gagnez des points !**
> Le théorème de Pythagore nécessite de travailler dans un triangle rectangle.

> **Remarque**
> Deux nombres ont leur carré égal à 25,09 : $\sqrt{25,09}$ et $-\sqrt{25,09}$. Ici, la seconde valeur est exclue.

> **Autre méthode**
>
> • Comme on a calculé $\widehat{ABC}$ dans la question **2**, on peut aussi utiliser la trigonométrie dans le triangle ABC rectangle en C.
>
> $\cos \widehat{ABC} = \dfrac{\text{côté adjacent}}{\text{hypoténuse}}$ ou $\sin \widehat{ABC} = \dfrac{\text{côté opposé}}{\text{hypoténuse}}$
>
> $\cos \widehat{ABC} = \dfrac{BC}{AB}$ $\sin \widehat{ABC} = \dfrac{AC}{AB}$
>
> $\cos 26° = \dfrac{4,5}{AB}$ $\sin 26° = \dfrac{2,2}{AB}$
>
> Par produit en croix : Par produit en croix :
> $AB \times \cos 26° = 4,5$ $AB \times \sin 26° = 2,2$
> $AB = \dfrac{4,5}{\cos 26°}$ $AB = \dfrac{2,2}{\sin 26°}$
> $AB \approx 5$ $AB \approx 5$
>
> • Cette méthode a toutefois deux inconvénients :
> – 26° est déjà une valeur approchée de $\widehat{ABC}$;
> – il faut être certain du résultat obtenu en **2** pour le réinvestir dans la question suivante.

b. Occupation de la surface du pan sud du toit par les panneaux solaires

• Un panneau photovoltaïque a la forme d'un carré de 1 m de côté.
Sa surface est donc de $1 \times 1 = 1$ m².

• Le propriétaire prévoit d'installer 20 panneaux. Cela correspond à une surface de $20 \times 1 = 20$ m².

• Le pan sud du toit a la forme d'un rectangle de longueur 7,5 m et de largeur $AB \approx 5$ m. Sa surface est donc : $7,5 \times 5 = 37,5$ m².

• La proportion p du pan sud du toit occupée par ces panneaux photovoltaïques est :

$p = \dfrac{\text{surface des panneaux}}{\text{surface du pan sud}} = \dfrac{20}{37,5}$

> **Rappel**
>
> Une proportion est un nombre compris entre 0 et 1, exprimé en % pour être plus représentatif.

$p \approx 0,53$ soit 53 % (résultat arrondi à 1 % près).
Environ 53 % du pan sud du toit est occupé par des panneaux photovoltaïques.

c. Étude de la faisabilité de l'installation

• Schéma du pan sud du toit

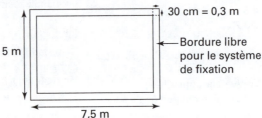

France métropolitaine, juin 2017

• Ainsi, les dimensions du rectangle disponible pour la pose des panneaux accolés sont :
7,5 − 2 × 0,3 = 6,9 m de longueur
5 − 2 × 0,3 = 4,4 m de largeur

• Sur une longueur de 6,9 m, on peut poser 6 panneaux carrés de 1 m de côté.
Sur une largeur de 4,4 m, on peut poser 4 panneaux carrés de 1 m de côté.
On peut donc poser un maximum de 6 × 4 = 24 panneaux.

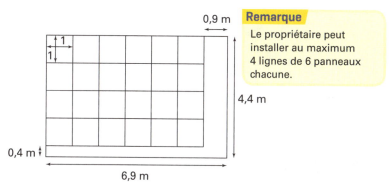

Remarque
Le propriétaire peut installer au maximum 4 lignes de 6 panneaux chacune.

En conclusion, le propriétaire peut installer les 20 panneaux prévus.

Exercice 5

1 Comparaison de vitesses

• Calculons la vitesse v de nage de Pernille Blume en kilomètres par heure.
50 m = 0,05 km

$$24,07 \text{ s} = 24,07 \times \frac{1}{60} \text{ min} = \frac{24,07}{60} \text{ min}$$

$$= \frac{24,07}{60} \times \frac{1}{60} \text{ h} = \frac{24,07}{3600} \text{ h}$$

$$v = \frac{d}{t} = \frac{0,05}{\left(\frac{24,07}{3600}\right)} = 0,05 \times \frac{3600}{24,07}$$

Pensez-y !
$1 \text{ s} = \frac{1}{60} \text{ min}$.
$1 \text{ min} = \frac{1}{60} \text{ h}$.

Rappel
Vitesse = $\dfrac{\text{distance parcourue}}{\text{temps de parcours}}$

$v \approx 7,48$ km/h
$v > 6$ km/h

En conclusion, Pernille Blume a nagé plus rapidement qu'une personne se déplaçant en marchant vite.

1re ÉPREUVE

Autres méthodes

- **Calcul de la vitesse**

La vitesse v de Pernille Blume en m·s^{-1} est :

$v' = \dfrac{50}{24{,}07}$

$v' \approx 2{,}08$ m/s

En 1 s, elle parcourt environ 2,08 m. Donc en 1 h (1 h = 3 600 s), elle parcourt $3\,600 \times 2{,}08 \approx 7\,488$ m, soit environ 7,49 km. Sa vitesse est donc de 7,49 km par heure.

- **Comparaison avec la vitesse du marcheur**

On compare les deux vitesses en m/s. La vitesse v du marcheur est $v = 6$ km/h. 6 km = 6 000 m et 1 h = 60 × 60 s = 3 600 s.

$v = \dfrac{6\,000}{3\,600}$ m/s soit $v \approx 1{,}67$ m/s.

La vitesse de la nageuse est $v' = \dfrac{50}{24{,}07}$ m/s, soit $v' \approx 2{,}08$ m/s.

$v' > v$: la nageuse est plus rapide que le marcheur.

2 a. Développement de E

$E = (3x + 8)^2 - 64$. L'expression $(3x + 8)^2$ est une identité remarquable de la forme $(a + b)^2$ avec $a = 3x$ et $b = 8$ qui se développe en $a^2 + 2ab + b^2$.

$E = (3x)^2 + 2 \times 3x \times 8 + 8^2 - 64$

$E = 9x^2 + 48x + 64 - 64$

$E = 9x^2 + 48x$

Gagnez des points !

$(3x)^2 = 3x \times 3x = 9x^2$.

b. Factorisation de E

$E = (3x + 8)^2 - 64$

$E = \underbrace{(3x + 8)^2}_{a^2} - \underbrace{8^2}_{b^2}$

E est de la forme $a^2 - b^2$ avec $a = 3x + 8$ et $b = 8$ qui se factorise en $(a - b)(a + b)$:

$E = [\underbrace{(3x + 8)}_{[a} - \underbrace{8}_{- b]}]\,[\underbrace{(3x + 8)}_{[a} + \underbrace{8}_{+ b]}]$

Rappel

Factoriser E, c'est transformer E en un produit de deux facteurs.

$E = (3x + 8 - 8)(3x + 8 + 8)$

La forme factorisée de E est : $E = (3x)(3x + 16)$.

Autres méthodes

- **Méthode 1**

On part de la forme développée de $E = 9x^2 + 48x$ que l'on factorise.
On identifie le facteur commun $3x$ de part et d'autre du signe +.

$E = \underline{3x} \times 3x + \underline{3x} \times 16$

$E = \underline{3x}\,(3x + 16)$.

France métropolitaine, juin 2017 — Corrigés 1 à 9

> • **Méthode 2**
> On développe : $3x(3x+16) = 3x \times 3x + 3x \times 16 = 9x^2 + 48x$.
> Or d'après la question **2 a.** : $E = 9x^2 + 48x$.
> On en déduit alors : $E = 3x(3x+16)$.
>
> Ces deux autres méthodes sont efficaces, mais ont pour inconvénient d'utiliser le résultat de la question précédente. Aussi faut-il être sûr de soi !

c. Résolution d'équation

$(3x+8)^2 - 64 = 0$

En utilisant le résultat de la question **2 b.**, on est ramené à :

$3x(3x+16) = 0$.

C'est une équation produit-nul.

$3x = 0$ ou $3x + 16 = 0$

$x = \dfrac{0}{3}$ $\qquad$ $3x = -16$

$x = 0$ $\qquad\qquad$ $x = -\dfrac{16}{3}$.

> **Rappel**
> Dans une équation produit-nul type $A \times B = 0$, $A = 0$ ou $B = 0$.

> **Remarque**
> Il ne faut pas de donner de valeur approchée de x pour solution de l'équation.

L'équation a pour solutions les nombres 0 et $-\dfrac{16}{3}$.

▶ **Autre méthode**

$(3x+8)^2 - 64 = 0$
$(3x+8)^2 = 64$
Deux nombres ont leur carré qui vaut 64 : les nombres 8 et –8.
$3x + 8 = 8$ ou $3x + 8 = -8$
$\quad 3x = 8 - 8$ $\qquad\quad 3x = -8 - 8$
$\quad 3x = 0$ $\qquad\qquad\quad 3x = -16$
$\quad x = \dfrac{0}{3} = 0$ $\qquad\quad x = -\dfrac{16}{3}$
Les solutions de l'équation sont 0 et $-\dfrac{16}{3}$.

3 Calcul de vitesse sur route mouillée

On utilise la formule :

$$d = k \times V^2$$

avec $\begin{cases} d = 15 \text{ m} \\ k = 0,14 \end{cases}$ (k, coefficient correspondant à une route mouillée)

$15 = 0,14 \times V^2$

$V^2 = \dfrac{15}{0,14}$

$V^2 \approx 107,14$

> **Remarque**
> L'équation $V^2 = 107,14$ admet deux solutions : $\sqrt{107,14}$ et $-\sqrt{107,14}$. Comme $V > 0$, la seconde solution ne répond pas à notre exercice.

D'où $V \approx \sqrt{107{,}14}$ (car $V > 0$)
$V \approx 10{,}35$
Un véhicule mettant 15 m à s'arrêter sur route mouillée roulait à environ 10,35 m/s.

> **Remarque**
> 10,35 m/s = 10,35 × 3,6 km/h
> ≈ 37 km/h.

Exercice 6

1 a. Lecture de données dans le tableur
Les employés en situation de surpoids ou d'obésité dans cette entreprise sont ceux dont l'IMC dépasse 25 (d'après le *doc. 2*). **Ils sont au nombre de 3.**

b. Formule écrite dans la cellule B3
En B3 figure l'IMC de l'employé dont la taille est notée en B1 et la masse en B2.

$$\text{IMC} = \frac{\text{masse}}{\text{taille}^2}.$$

La formule correcte est donc : $\boxed{= \text{B2/(B1 * B1)}}$

> **L'astuce du prof**
> Pour déterminer la bonne formule, on remplace les nombres par le contenu de la cellule correspondante.

▶ **Étude des autres propositions**

• La formule $\boxed{= 72/1{,}69\text{^}2}$ donne le bon résultat 25,2. Mais comme il n'y a pas de référence à une cellule, par recopie vers la droite, le résultat sera toujours égal à 25,2.

• La formule $\boxed{= \text{B1/(B2 * B2)}}$ fait pour l'employé le calcul : $\dfrac{\text{taille}}{\text{masse} \times \text{masse}}$.
Cela ne correspond pas à l'IMC.

• La formule $\boxed{= \$\text{B2/(\$B1 * \$B1)}}$ n'est pas correcte, car chaque $ placé devant la lettre B fixe la colonne B. Et donc un étirement vers la droite ne permettra pas de passer « à la colonne suivante » (pour faire le calcul C2/(C1 * C1), puis D2/(D1 * D1)…).

2 a. Calcul de l'IMC moyen
L'IMC moyen des 41 employés de cette entreprise est :

$$\text{IMC}_{\text{moyen}} = \frac{9 \times 20 + 12 \times 22 + 6 \times 23 + 8 \times 24 + 2 \times 25 + 1 \times 29 + 1 \times 30 + 2 \times 33}{41}$$

$$\text{IMC}_{\text{moyen}} = \frac{949}{41}$$

$\text{IMC}_{\text{moyen}} \approx 23$ (résultat arrondi à l'entier le plus proche).

b. Calcul de l'IMC médian

• L'entreprise compte 41 employés, un nombre impair.
Dans la série des 41 IMC, l'IMC médian est donc le terme central, le 21ᵉ terme.

> **Gagnez des points !**
> Dans une série à n termes, avec n impair, la médiane est le $\dfrac{n+1}{2}$ ème terme.

France métropolitaine, juin 2017 — Corrigés 1 à 9

```
         20 termes              médiane       20 termes
       ⌜‾‾‾‾‾‾‾‾‾⌝                          ⌜‾‾‾‾‾‾‾‾‾⌝
       20 20 ... 20    22 ... (22)    23 ... 23 ... 30 33 33
        9 termes        12 termes        6 termes
        du 1er          du 10e           du 22e
        au 9e terme     au 21e terme     au 27e terme
```

Ainsi, $IMC_{médian} = 22$.

• **Interprétation du résultat : Au moins 50 % des employés de l'entreprise ont un IMC supérieur ou égal à 22** (ou inférieur ou égal à 22).

c. Comparaison de proportions

• Parmi les 41 employés de l'entreprise, $2 + 1 + 1 + 2 = 6$ sont en surpoids ou obèses (c'est-à-dire qu'ils ont un IMC ≥ 25).

Cela correspond à une proportion de : $\frac{6}{41} \approx 0{,}146$ soit 14,6 %.

• Selon certains magazines, au moins 5 % de la population mondiale est en surpoids. 14,6 % > 5 %.

Gagnez des points !
N'oubliez pas la conclusion.

Les employés de cette entreprise vérifient cette affirmation.

Exercice 7

1 Calcul de la quantité de sucre nécessaire

Pour 1 kg de fraises, il faut 700 g de sucre. En respectant ces proportions, pour 1,8 kg de fraises, il faut $1{,}8 \times 700 = 1\,260$ g de sucre.
Léo a besoin de 1 260 g, soit 1,26 kg de sucre.

2 Calcul du nombre de pots de confiture

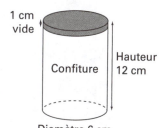

• Schéma d'un pot de confiture :

• Le volume ϑ de confiture contenu dans un pot est celui d'un cylindre de rayon $R = \frac{\text{diamètre}}{2} = \frac{6}{2} = 3$ cm et de hauteur h celle du pot moins un centimètre, soit $h = 12 - 1 = 11$ cm.

$\vartheta = \pi \times 3^2 \times 11$
$\vartheta = 99\,\pi$ cm³ (volume exact)
$\vartheta \approx 311$ cm³ (volume arrondi au cm³ près).

• Léo a obtenu 2,7 L de confiture.
$2{,}7\text{ L} = 2{,}7\text{ dm}^3 = 2\,700\text{ cm}^3$.

Gagnez des points !
$\vartheta_{cylindre} = \pi r^2 h$.

Rappel
$1\text{ L} = 1\text{ dm}^3 = 1\,000\text{ cm}^3$.

1re ÉPREUVE

• On déduit le nombre de pots de confiture à remplir.
2 700 ÷ 311 ≈ 8,7.

Léo pourra remplir complètement 8 pots, et le 9ᵉ pot ne sera pas complètement rempli.

> **Pensez-y !**
> Le nombre de pots est un entier.

3 a. Calcul de la longueur de l'étiquette

L'étiquette du pot recouvre toute la surface latérale du cylindre. Elle a la forme d'un rectangle de longueur correspondant au périmètre du cercle de base du cylindre.

$L = 2 \times \pi \times \text{rayon}$
$L = 2 \times \pi \times 3$
$L = 6\pi$ (valeur exacte)
$L \approx 18,8$.

> **Rappel**
> Périmètre d'un cercle
> $= 2 \times \pi \times \text{rayon}$.

La longueur de l'étiquette est bien d'environ 18,8 cm.

b. Étiquette à l'échelle $\frac{1}{3}$

• L'étiquette a la forme d'un rectangle de longueur $L \approx 18,8$ cm et de largeur ℓ correspondant à la hauteur du pot, soit 12 cm.

• Dans une réduction de rapport $\frac{1}{3}$, les longueurs sont multipliées par $\frac{1}{3}$.

$L_{\text{réduit}} = L \times \frac{1}{3} = 18,8 \times \frac{1}{3}$ soit $L_{\text{réduit}} \approx 6,3$ cm.

$\ell_{\text{réduit}} = \ell \times \frac{1}{3} = 12 \times \frac{1}{3} = 4$ cm.

• Réduction à l'échelle $\frac{1}{3}$ de l'étiquette :

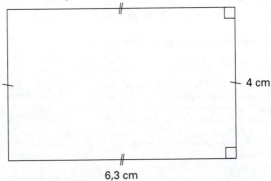

France métropolitaine, juin 2017 — Corrigés 1 à 9

PARTIE 2

PARTIE 2.1 • PHYSIQUE-CHIMIE

→ *énoncé p. 18*

Les clés pour réussir

▶ **L'essentiel à connaître**

- Une **source d'énergie renouvelable** est une source d'énergie pouvant être exploitée de façon **illimitée** à l'échelle humaine.
- Une **source d'énergie non renouvelable** est une source d'énergie dont les stocks sont **limités** à l'échelle humaine.
- Le charbon, le pétrole et le gaz contiennent de l'**énergie** sous forme **chimique**.
- Lors d'une **combustion**, une partie de l'énergie chimique du combustible est convertie en énergie thermique.
- Le **dioxyde de carbone** CO_2 est un gaz participant à l'**effet de serre**.
- L'**énergie électrique** E délivrée par un réacteur de centrale dépend de la **puissance électrique** P du réacteur et de sa **durée de fonctionnement** t :

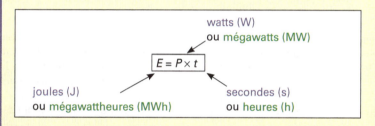

▶ **Analyser l'énoncé**

Prenez le temps de bien lire les deux documents, qui explicitent le fonctionnement d'une centrale géothermique et d'une centrale thermique à flamme :

- Dans une centrale géothermique, il n'y a pas de combustion et donc pas de fumées dégagées.
- Dans une centrale thermique à flamme, il y a une combustion du charbon, du pétrole ou du gaz, ce qui entraîne un dégagement de fumées.
- Un alternateur convertit de l'énergie mécanique en énergie électrique.

▶ **Bien comprendre les questions**

Question 1

- Lisez attentivement les *documents 1* et *2* avant de compléter le tableau. Il n'est pas nécessaire de justifier les réponses données.

1re ÉPREUVE

Question 2
- Étudiez le dessin du *document 2* pour trouver où sont converties les différentes formes d'énergie (chimique, mécanique et électrique).

Question 3
- Utilisez les coefficients stœchiométriques donnés dans l'équation de la réaction de combustion pour répondre aux questions posées.

Question 4
- Calculez la puissance du réacteur d'une centrale géothermique grâce à la relation liant l'énergie, la puissance et la durée d'utilisation.

1 D'après le *document 1*, dans une centrale géothermique, la source d'énergie utilisée est la Terre, et plus spécifiquement la chaleur de la Terre. C'est une source d'énergie renouvelable, car elle est illimitée à l'échelle humaine. De plus, il n'y a pas de combustion et donc pas de fumée dégagée : il y a uniquement de la vapeur d'eau qui se condense en eau liquide.

Remarque
La chaleur de la Terre correspond à un transfert d'énergie thermique de la Terre.

D'après le *document 2*, dans une centrale thermique à flamme, la source d'énergie est soit du charbon, soit du pétrole, soit du gaz. Ce sont des sources d'énergie non renouvelables, car leurs stocks sont limités à l'échelle humaine. Une centrale thermique à flamme fonctionne grâce à la combustion du charbon, du pétrole ou du gaz : il y a donc un dégagement de fumées lors de son utilisation.

Ainsi, il est possible de compléter de la façon suivante le tableau proposé.

Nom de la centrale	Source(s) d'énergie utilisée(s)	Source d'énergie renouvelable ou non ?	Dégage ou ne dégage pas de fumées lors de son utilisation ?
Thermique à flamme	Charbon, pétrole ou gaz	Non renouvelable	Dégagement de fumées
Géothermique	Chaleur de la Terre	Renouvelable	Pas de dégagement de fumées

2 Sur le dessin de la centrale thermique à flamme ci-après :
- **le circuit de refroidissement** se trouve dans le cadre désigné par la lettre **A** ;
- **le circuit primaire ou lieu de transformation d'énergie chimique en énergie thermique** se trouve dans le cadre désigné par la lettre **B** ;
- **le circuit secondaire ou lieu de transformation de l'énergie mécanique en énergie électrique** se trouve dans le cadre désigné par la lettre **C**.

Gagnez des points !
Ne perdez pas de temps à justifier vos réponses car cela n'est pas demandé ici.

3 a. Le gaz participant à l'effet de serre produit lors de la transformation chimique est le **dioxyde de carbone CO_2**.

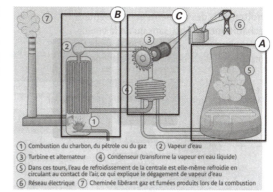

① Combustion du charbon, du pétrole ou du gaz ② Vapeur d'eau
③ Turbine et alternateur ④ Condenseur (transforme la vapeur en eau liquide)
⑤ Dans ces tours, l'eau de refroidissement de la centrale est elle-même refroidie en circulant au contact de l'air, ce qui explique le dégagement de vapeur d'eau
⑥ Réseau électrique ⑦ Cheminée libérant gaz et fumées produits lors de la combustion

b. D'après l'équation de la réaction de combustion ayant lieu dans le circuit primaire d'une centrale thermique utilisant le gaz naturel, deux molécules de dioxygène sont nécessaires lorsqu'on brûle une molécule de méthane de manière complète.
Ainsi, lorsqu'on brûle 6×10^{22} molécules de méthane de manière complète, **le nombre de molécules de dioxygène nécessaires est de** :
$2 \times 6 \times 10^{22} = 12 \times 10^{22} = \mathbf{1{,}2 \times 10^{23}}$.

D'après l'équation de la réaction de combustion, une molécule de dioxyde de carbone est formée lorsqu'on brûle une molécule de méthane de manière complète.
Ainsi, lorsqu'on brûle 6×10^{22} molécules de méthane de manière complète, **6×10^{22} molécules de dioxyde de carbone sont formées**.

4 a. L'énergie électrique E délivrée par le réacteur d'une centrale géothermique dépend de sa puissance électrique P et de sa durée de fonctionnement t : $E = P \times t$.

> **L'astuce du prof**
> N'oubliez pas l'unité à la fin du calcul : la puissance s'exprime ici en mégawatts (MW).

Ainsi, la puissance électrique P du réacteur d'une centrale géothermique est égale à :
$P = \dfrac{E}{t}$. Donc $P = \dfrac{7\,500\,000}{6\,820} = \mathbf{1\,100\ MW}$.

D'après l'énoncé de cette question, un réacteur de centrale thermique à flamme produit également une puissance d'environ **1 100 MW**. La puissance électrique du réacteur de centrale géothermique est donc **équivalente** à celle du réacteur de centrale thermique à flamme.

b. La production d'électricité à partir de centrales thermiques à flamme bénéficie des abondantes **ressources en charbon, pétrole et gaz** de la planète. Cependant, ces ressources sont **épuisables**, et **leur combustion dégage des gaz participant à l'effet de serre,** comme le dioxyde de carbone par exemple.

1re ÉPREUVE

Pour produire de l'électricité, certains pays ont donc opté pour des centrales géothermiques afin de remplacer des centrales thermiques à flamme. Ils utilisent ainsi **des ressources d'énergie renouvelables** et ils **limitent leur dégagement de gaz participant à l'effet de serre**. De plus, ce choix est intéressant au niveau énergétique, car la **puissance électrique** du réacteur d'une centrale géothermique est **équivalente** à celle du réacteur d'une centrale thermique à flamme.

PARTIE 2.2 • SVT → *énoncé p. 20*

Les clés pour réussir

▶ **L'essentiel à connaître**

● Les gisements de pétrole, de charbon, de gaz et d'uranium sont des sources **d'énergie fossiles** donc limitées. Ce sont des sources d'énergie **non renouvelables** à l'échelle de temps de la vie humaine.

● L'énergie solaire, l'énergie thermique de la Terre, l'énergie hydraulique (déplacement d'eau), l'énergie éolienne (vent) et l'énergie de la biomasse (matière organique comme le bois) sont des sources d'énergie **presque illimitées**. Elles sont **renouvelables** à l'échelle d'une vie humaine.

● L'Homme met en place une **transition énergétique** qui vise à remplacer progressivement les sources d'énergie non renouvelables par l'utilisation de sources d'énergie renouvelables.

▶ **Analyser l'énoncé**

● Sur le *document 1*, mettez en relation les informations présentées par le graphique avec celles contenues dans le texte en soulignant les mots communs avec des couleurs.

● Sur le *document 2*, repérez les unités utilisées dans le graphique et identifiez les variables représentées par les deux courbes.

● Sur le *document 3*, définissez à quoi correspond l'idée de transition énergétique.

● Sur le *document 4*, comparez les durées d'épuisement des ressources énergétiques avec la durée d'une vie humaine.

▶ **Bien comprendre les questions**

Question 1

● Utilisez les définitions du texte du *document 1* pour classer les productions énergétiques du graphique dans les deux catégories : « renouvelables » et « non renouvelables ». Additionnez les productions énergétiques non renouvelables entre elles et comparez-les à la part des sources d'énergie renouvelables.

France métropolitaine, juin 2017 — **Corrigés 1 à 9**

> **Question 2**
> **a.** Tracez un trait vertical passant par l'année 2005 et déterminez l'évolution de chaque courbe depuis cette année : stagnation, baisse ou augmentation.
> **b.** Rédigez une phrase sous forme interrogative qui commence par « comment » et qui s'appuie sur la comparaison que vous venez de faire.
>
> **Question 3**
> • Identifiez les trois objectifs de la loi de transition énergétique dans le *document 3* et repérez, dans les *documents 3* et *4*, ce qui motive ces objectifs.

1 La part des sources d'énergies renouvelables est d'**environ 13 Mtep** (Mégatonne équivalent pétrole), alors que la part des énergies non renouvelables est de **plus de 80 Mtep**. Ainsi, **la part des sources d'énergies non renouvelables** dans la production énergétique mondiale est **largement supérieure** à celle des sources d'énergies renouvelables.

2 a. En 2005, la production et la consommation mondiales de pétrole **étaient égales** (autour de 80 millions de barils par jour). Depuis 2005, la **consommation** mondiale de pétrole **augmente**, et elle est **supérieure** à la **production** mondiale de pétrole, qui elle **diminue**.

> **Pensez-y !**
> Une comparaison doit s'appuyer sur des valeurs chiffrées les plus précises possibles.

b. Le problème auquel l'être humain est confronté depuis 2015 peut être formulé de la manière suivante : comment couvrir les **besoins énergétiques croissants** de l'humanité, alors que la production mondiale de pétrole diminue ?

3 Les trois objectifs de la transition énergétique sont :
– permettre une **croissance verte** ;
– renforcer l'**indépendance énergétique** de la France ;
– **augmenter de 50 %** la capacité des énergies renouvelables.

L'augmentation de la part des sources d'énergies renouvelables permet une croissance verte, car elle réduit le recours aux **combustibles fossiles** dont l'utilisation est **polluante** pour l'environnement. De plus, contrairement aux combustibles fossiles, les sources d'énergies renouvelables sont **disponibles en France**, ce qui permet d'accroître l'indépendance énergétique du pays. Enfin, les ressources de pétrole, de gaz et de charbon **seront épuisées** dans un peu plus d'**un siècle**. Il faut donc augmenter la part des sources d'énergies renouvelables pour anticiper l'épuisement des sources d'énergies non renouvelables.

> **L'astuce du prof**
> Argumenter, c'est donner des raisons, des preuves ou des indices qui permettent d'appuyer une affirmation.

1re ÉPREUVE

Sujets 10 à 18 — 1re épreuve complète du Brevet

100 pts — 3 heures

Sujet zéro*, avril 2016

MATHÉMATIQUES – PHYSIQUE-CHIMIE – TECHNOLOGIE

PARTIE 1
Mathématiques

2 h 00 — 50 pts

→ *corrigé p. 51*

Exercice 1

25 min — 8 pts

Pour chacune des affirmations suivantes, dire si elle est vraie ou fausse en justifiant soigneusement la réponse.

1 Un sac contient 6 jetons rouges, 2 jetons jaunes et des jetons verts.
La probabilité de tirer un jeton vert vaut 0,5.
Affirmation : le sac contient 4 jetons verts.

2 En informatique, on utilise comme unités de mesure les multiples suivants de l'octet :
1 Ko = 10^3 octets, 1 Mo = 10^6 octets, 1 Go = 10^9 octets, 1 To = 10^{12} octets, où Ko est l'abréviation de kilooctet, Mo celle de mégaoctet, Go celle de gigaoctet, To celle de téraoctet.
On partage un disque dur de 1,5 To en dossiers de 60 Go chacun.
Affirmation : on obtient ainsi 25 dossiers.

3 Sur la figure codée ci-contre, les points B, A et E sont alignés.
Affirmation : l'angle $\widehat{EAC}$ mesure 137°.

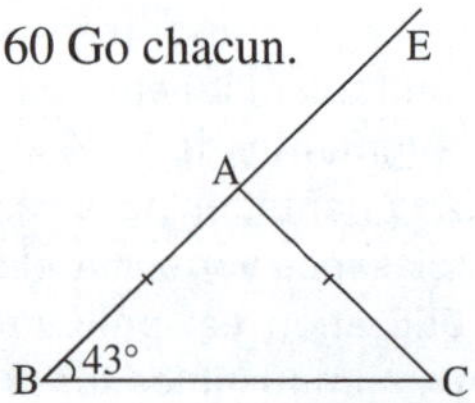

4 Un verre de forme conique est complètement rempli. On verse son contenu de sorte que la hauteur du liquide soit divisée par 2.
Affirmation : le volume du liquide est divisé par 6.

---

* Le sujet zéro est le modèle de sujet proposé par le Ministère dans le cadre du nouveau Brevet. Il a été publié au *Bulletin officiel* du 8 avril 2016. Les corrigés de ce sujet zéro ont été rédigés par nos auteurs, enseignants au collège.

Exercice 2

Le marnage désigne la différence de hauteur entre la basse mer et la pleine mer qui suit.

On considère qu'à partir du moment où la mer est basse, celle-ci monte de 1/12 du marnage pendant la première heure, de 2/12 pendant la deuxième heure, de 3/12 pendant la troisième heure, de 3/12 pendant la quatrième heure, de 2/12 pendant la cinquième heure et de 1/12 pendant la sixième heure. Au cours de chacune de ces heures, la montée de la mer est supposée régulière.

1 À quel moment la montée de la mer atteint-elle le quart du marnage ?

2 À quel moment la montée de la mer atteint-elle le tiers du marnage ?

Exercice 3

Pour la fête d'un village, on organise une course cycliste. Une prime totale de 320 euros sera répartie entre les trois premiers coureurs.
Le premier touchera 70 euros de plus que le deuxième et le troisième touchera 80 euros de moins que le deuxième.
Déterminer la prime de chacun des trois premiers coureurs.

Exercice 4

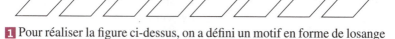

1 Pour réaliser la figure ci-dessus, on a défini un motif en forme de losange et on a utilisé l'un des deux programmes A et B ci-dessous.
Déterminer lequel et indiquer par une figure à main levée le résultat que l'on obtiendrait avec l'autre programme.

Motif   Programme A   Programme B

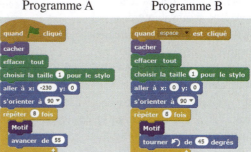

2 Combien mesure l'espace entre deux motifs successifs ?

3 On souhaite réaliser la figure ci-dessous :

Pour ce faire, on envisage d'insérer l'instruction [ajouter ❶ à la taille du stylo]
dans le programme utilisé à la question **1**. Où faut-il l'insérer ?

Exercice 5   15 min   6 pts

Pour régler les feux de croisement d'une
automobile, on la place face à un mur vertical. Le phare, identifié au point P, émet un
faisceau lumineux dirigé vers le sol.
On relève les mesures suivantes :
PA = 0,7 m, AC = QP = 5 m
et CK = 0,61 m.

Sur le schéma ci-contre, qui n'est pas
à l'échelle, le point S représente l'endroit où le rayon supérieur du faisceau
rencontrerait le sol en l'absence de mur.
On considère que les feux de croise-
ment sont bien réglés si le rapport $\dfrac{QK}{QP}$ est compris entre 0,015 et 0,02.

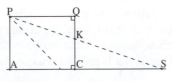

1 Vérifier que les feux de croisement de la voiture sont bien réglés.
2 À quelle distance maximale de la voiture un obstacle se trouvant sur la
route est-il éclairé par les feux de croisement ?

Exercice 6   15 min   6 pts

Un panneau mural a pour dimensions 240 cm et 360 cm. On souhaite le
recouvrir avec des carreaux de forme carrée, tous de même taille, posés
bord à bord sans jointure.

1 Peut-on utiliser des carreaux de : 10 cm de côté ? 14 cm de côté ? 18 cm
de côté ?

2 Quelles sont toutes les tailles possibles de carreaux comprises entre 10
et 20 cm ?

3 On choisit des carreaux de 15 cm de côté. On pose une rangée de carreaux bleus sur le pourtour et des carreaux blancs ailleurs. Combien de
carreaux bleus va-t-on utiliser ?

Exercice 7

La distance de freinage d'un véhicule est la distance parcourue par celui-ci entre le moment où le conducteur commence à freiner et celui où le véhicule s'arrête. Elle dépend de la vitesse du véhicule. La courbe ci-dessous donne la distance de freinage d, exprimée en mètres, en fonction de la vitesse v du véhicule, en m/s, sur une route mouillée.

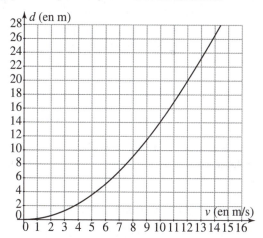

1 Démontrer que 10 m/s = 36 km/h.

2 a. D'après ce graphique, la distance de freinage est-elle proportionnelle à la vitesse du véhicule ?
b. Estimer la distance de freinage d'une voiture roulant à la vitesse de 36 km/h.
c. Un conducteur, apercevant un obstacle, décide de freiner. On constate qu'il a parcouru 25 mètres entre le moment où il commence à freiner et celui où il s'arrête. Déterminer, avec la précision permise par le graphique, la vitesse à laquelle il roulait en m/s.

3 On admet que la distance de freinage d, en mètres, et la vitesse v, en m/s, sont liées par la relation $d = 0{,}14\, v^2$.
a. Retrouver par le calcul le résultat obtenu à la question **2 b**.
b. Un conducteur, apercevant un obstacle, freine ; il lui faut 35 mètres pour s'arrêter. À quelle vitesse roulait-il ?

1re ÉPREUVE

PARTIE 2
Physique-Chimie, Technologie

 1 h — 50 pts

LA SÉCURITÉ DU FREINAGE EN VOITURE

La sécurité sur les routes dépend notamment du respect des distances de sécurité, de la capacité des conducteurs à réagir rapidement lorsqu'ils aperçoivent un obstacle sur la route et de la performance du système de freinage du véhicule. On étudie dans les deux exercices qui suivent les distances d'arrêt et de sécurité d'un véhicule, ainsi que le dispositif de freinage sans blocage des roues.

PARTIE 2.1 • Physique-Chimie → *corrigé p. 62*
Distance d'arrêt et distance de sécurité d'un véhicule

30 min — 25 pts*

La connaissance de la distance d'arrêt d'un véhicule est importante pour la sécurité routière. Le *document 1* ci-dessous fait apparaître trois distances caractéristiques.

> **Doc. 1** — Distances de réaction, de freinage et d'arrêt

- D_r est la distance de réaction. C'est la distance parcourue par le véhicule entre le moment où le conducteur aperçoit l'obstacle et le moment où il commence à freiner. Elle dépend de la durée de réaction du conducteur.

- D_f est la distance de freinage. C'est la distance parcourue par le véhicule entre le moment où le conducteur commence à freiner et le moment où le véhicule s'arrête.

- D_a est la distance d'arrêt. C'est la distance parcourue par le véhicule entre le moment où le conducteur aperçoit un obstacle et l'arrêt du véhicule.

---

* Dont 2,5 points pour la présentation de la copie, l'orthographe, la syntaxe et le vocabulaire.

Le tableau suivant présente, pour différentes vitesses, la distance de réaction et la distance de freinage sur route sèche d'un véhicule correctement entretenu.

Doc. 2 — Distances de réaction et de freinage selon la vitesse

Vitesse (km/h)	0	30	50	90	100	110	130
Vitesse (m/s)	0	8	14	25	28	31	36
D_r (m)	0	8	14	25	28	31	36
D_f (m)	0	6	16	50	62	75	104

1 Distance d'arrêt

Au voisinage d'un collège, un véhicule roule à 30 km/h, vitesse maximale autorisée ; donner la valeur de la distance de réaction D_r, de la distance de freinage D_f et calculer la valeur de la distance d'arrêt D_a.
Commenter la valeur de la distance d'arrêt obtenue en la comparant à celle d'une autre longueur ou distance que l'on choisira.

2 Énergie cinétique

Rappeler l'expression de l'énergie cinétique d'un objet en fonction de sa masse m et de sa vitesse V. Calculer l'énergie cinétique d'un véhicule de masse $m = 1\ 000$ kg roulant à 50 km/h. Lors du freinage, l'énergie cinétique du véhicule diminue jusqu'à s'annuler. Décrire ce que devient cette énergie.

3 Code de la route et distance de sécurité

Le Code de la route définit la distance de sécurité entre deux véhicules :

Doc. 3 — Article R412-12 du Code de la route

« Lorsque deux véhicules se suivent, le conducteur du second véhicule doit maintenir une distance de sécurité suffisante pour pouvoir éviter une collision en cas de ralentissement brusque ou d'arrêt subit du véhicule qui le précède. Cette distance est d'autant plus grande que la vitesse est plus élevée. Elle correspond à la distance parcourue par le véhicule pendant une durée d'au moins deux secondes. »

Sur autoroute, les panneaux ci-dessous expliquent aux conducteurs comment respecter la distance de sécurité. L'automobiliste doit veiller à ce que le véhicule qui le précède soit séparé de lui d'au moins deux traits blancs sur le côté droit de la route. Le schéma ci-après représente les traits blancs et donne leur longueur exprimée en mètres.

Doc. 4 — Distance de sécurité

1re ÉPREUVE

Doc. 5

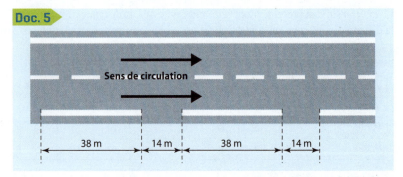

Sur autoroute et par temps sec, la vitesse des véhicules est limitée à 130 km/h. À l'aide de calculs simples, expliquer pourquoi, sur autoroute, la règle « un automobiliste doit veiller à ce que le véhicule qui le précède soit séparé de lui d'au moins deux traits blancs » permet d'avoir une distance de sécurité suffisante.

PARTIE 2.2 • Technologie

→ *corrigé p. 64*

Le dispositif de freinage sans blocage des roues (Anti Blocage System, ABS)

 30 min **25 pts***

- Lors d'un freinage, il est important pour la sécurité de ne pas bloquer les roues, car cela permet de conserver de bonnes conditions d'adhérence avec la route et d'éviter la perte du contrôle du véhicule en cas de changement de trajectoire ou de conditions différentes de contact des roues avec le sol (une roue sur une flaque d'eau et les autres sur le bitume sec).

- La structure matérielle de l'équipement ABS est représentée sur le *document 6*.

- Le principe du freinage ABS est le suivant :

Lorsque le chauffeur appuie sur la pédale de frein, le maître-cylindre alimente en huile le groupe hydraulique qui régule la pression d'huile dans le circuit hydraulique. Les pistons portés par les étriers et disposés de part et d'autre du disque sont poussés par l'huile sous pression, ils pincent fortement le disque solidaire de la roue qui ralentit. Si le pincement est trop fort, la roue peut se bloquer. Pour éviter cela, un capteur détecte la vitesse de la roue et délivre cette information au calculateur. Si la vitesse devient trop faible et proche du blocage, le calculateur donne l'ordre au groupe hydraulique de diminuer la pression. Ainsi, grâce à l'ensemble capteur de vitesse-calculateur-groupe hydraulique, la pression est régulée lors d'un appui sur la pédale de frein pour obtenir la meilleure efficacité du freinage sans blocage.

* Dont 2,5 points pour la présentation de la copie, l'orthographe, la syntaxe et le vocabulaire.

Doc. 6 Principe d'un système antiblocage ABS

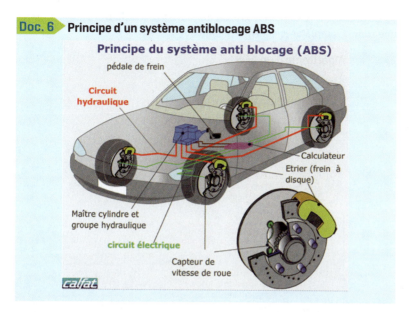

1 Expliquer pourquoi il est indispensable de doter les quatre roues d'un capteur de vitesse.

2 À partir de l'analyse du *document 6*, compléter le *document 7* en associant un composant matériel à chaque fonctionnalité.

Doc. 7 Chaînes d'énergie et d'information d'un ABS

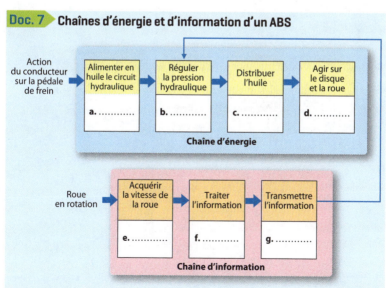

1re ÉPREUVE

3 Le *document 8*, ci-dessous, présente l'algorithme du freinage ABS pour une roue. Compléter les parties manquantes.

Doc. 8 Algorithme d'un ABS

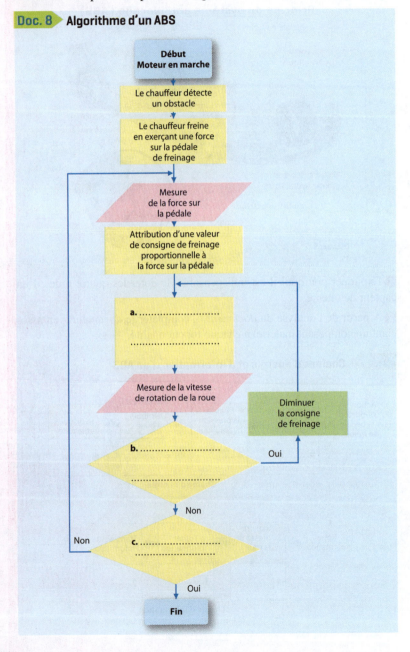

10 à 18 Corrigé

PARTIE 1

→ *énoncé p. 42*

Les clés pour réussir

Exercice 1
Révisez : **les probabilités, les puissances, la géométrie plane**.
● Dans une situation d'équiprobabilité, une probabilité se calcule par :
$$p = \frac{\text{nombre d'issues favorables}}{\text{nombre total d'issues}}$$
● Dans un agrandissement ou dans une réduction, quand les longueurs sont multipliées par k, les volumes sont multipliés par k^3.

Les difficultés du sujet
1 La répartition jetons verts/ jetons non verts est particulière.
2 Travaillez avec des valeurs dans les mêmes unités.
3 Sur la figure, il y a un triangle isocèle et un angle plat. Quand on connaît un angle dans un triangle isocèle, on peut déterminer les deux autres.
4 Il s'agit d'un problème de réduction.

Exercice 2
Révisez : **les fractions**.

Les difficultés du sujet
2 Dans cette question, on attend une réponse précise. Déterminez exactement le temps attendu.
Aidez-vous d'un schéma pour illustrer la situation.

Exercice 3
Révisez : **la mise en équation d'un problème**.
Pour mettre un problème en équation, on distingue 4 étapes :
1. On choisit comme inconnue le nombre que l'on cherche. On la note souvent x.
2. On utilise les données du problème pour obtenir une équation.
3. On résout l'équation.
4. On conclut par rapport au problème posé.

Les difficultés du sujet
Notez x la prime du 2e coureur arrivé, puis exprimez en fonction de x les primes des deux autres coureurs.

Exercice 4
Révisez : les programmes et les algorithmes.
Les difficultés du sujet
Avant de rechercher le programme correspondant à la figure, décortiquez les instructions permettant d'obtenir le motif qui est répété 8 fois.

Exercice 5
Révisez : le théorème de Thalès.
- Si (AB) // (MN) alors :
$$\frac{OA}{OM} = \frac{OB}{ON} = \frac{AB}{MN}$$

Les difficultés du sujet
1 Écrivez les longueurs connues sur la figure.

2 La longueur cherchée est SA. Pour cela, vous devez calculer la longueur SC en utilisant une figure clé.

Vous pouvez noter cette longueur x pour simplifier l'écriture.

Exercice 6
Révisez : les diviseurs.
- Le nombre a est un diviseur du nombre b s'il existe un entier q tel que $b = a \times q$.

Les difficultés du sujet
1 Testez si les nombres proposés sont des diviseurs de 240 et 360.

3 Ne comptez pas deux fois le même carreau. Aidez-vous éventuellement d'un schéma.

Exercice 7
Les difficultés du sujet
1 Procédez par étape. 10 m/s signifie que la voiture parcourt 10 m en 1 seconde. On cherche combien elle parcourt de kilomètres en 1 heure.
1 m = 0,001 km
1 h = 3 600 s.

3 a. Faites attention aux unités utilisées dans la formule.

b. Vous devez résoudre une équation dans laquelle l'inconnue est au carré. Commencez par isoler ce carré.

Exercice 1

1 Nombre de jetons verts dans le sac
La probabilité de tirer un jeton vert est de 0,5. Cela signifie qu'on a une chance sur deux d'obtenir un jeton vert.

Remarque
La probabilité de tirer un jeton vert est bien
$p = \dfrac{8}{16} = 0,5$.

Par conséquent, il y a autant de jetons verts que de jetons qui ne sont pas verts.
6 + 2 = 8. Il y a 8 jetons qui ne sont pas verts, il y a donc 8 jetons verts dans le sac.
L'affirmation est fausse.

Autres méthodes

● En testant la réponse proposée :
S'il y avait 4 jetons verts dans le sac, la probabilité de tirer un jeton vert serait donnée par :

$$p = \frac{\text{nombre de jetons verts}}{\text{nombre total de jetons}} = \frac{4}{6+2+4} = \frac{4}{12} = \frac{1}{3} \neq 0{,}5.$$

Donc le sac ne contient pas 4 jetons verts.

● En résolvant une équation :
Si on note n le nombre de jetons verts, le sac contient $(n + 8)$ jetons.
Ainsi, le nombre n de jetons verts dans le sac est solution de l'équation :

$$\frac{n}{n+8} = 0{,}5$$

$\frac{n}{n+8} = \frac{0{,}5}{1}$ ⟹ Produits en croix

$n \times 1 = 0{,}5(n+8)$

$n = 0{,}5n + 4$

$n - 0{,}5n = 4$ ⟹ On retranche $0{,}5n$ de chaque côté.

$0{,}5n = 4$

$n = \frac{4}{0{,}5}$ ⟹ On divise par 0,5 de chaque côté.

$n = 8$

Il y a 8 jetons verts dans le sac.

2 Nombre de dossiers dans le disque dur

1,5 To = $1{,}5 \times 10^{12}$ octets.
60 Go = 60×10^9 octets.
Le nombre de dossiers est donné par le quotient :

Méthode
Écrivez les valeurs dans la même unité.

$$\frac{1{,}5 \times 10^{12}}{60 \times 10^9} = \frac{1{,}5}{60} \times \frac{10^{12}}{10^9} = 0{,}025 \times 10^{12-9} = 0{,}025 \times 10^3 = 25$$

Le disque dur contient bien 25 dossiers de 60 Go chacun.
L'affirmation est vraie.

Autre méthode

En testant l'affirmation proposée :
$25 \times 60 = 1\ 500$.
Les 25 dossiers utilisent 1 500 Go, soit 1,5 To.

3 Mesure de l'angle $\widehat{EAC}$

D'après le codage, le triangle ABC est isocèle en A.

Donc $\widehat{ABC} = \widehat{ACB} = 43°$.

Dans un triangle, la somme des mesures des angles vaut 180°.

Ainsi : $\widehat{BAC} = 180 - 2 \times 43$

$\widehat{BAC} = 94°$

Comme les points B, A et E sont alignés, $\widehat{EAB} = 180°$.

Ainsi, $\widehat{EAC} = \widehat{EAB} - \widehat{BAC}$

$\widehat{EAC} = 180 - 94$

$\widehat{EAC} = 86° \neq 137°$

L'affirmation est fausse.

> **Pensez-y !**
>
> Dans un triangle isocèle, les angles à la base ont même mesure.

4 Volume du liquide restant

La hauteur du liquide est divisée par 2. Elle est donc multipliée par $\frac{1}{2}$.

Ainsi, le volume est multiplié par $\left(\frac{1}{2}\right)^3$, soit $\frac{1}{8}$.

Cela signifie que le volume du liquide est divisé par 8.
L'affirmation est fausse.

Exercice 2

1 Moment à partir duquel le quart du marnage est atteint

- Au bout d'une heure, $\frac{1}{12}$ du marnage est atteint.

> **Méthode**
>
> Additionnez les proportions du marnage juqu'à obtenir un quart.

- Au bout de 2 heures :

$$\underbrace{\frac{1}{12}}_{1^{re}\text{heure}} + \underbrace{\frac{2}{12}}_{2^e\text{heure}} = \frac{3}{12} = \frac{1}{4}$$

À la fin de la 2ᵉ heure de montée, la mer atteint le quart du marnage.

2 Moment à partir duquel le tiers du marnage est atteint

- Au bout de 2 heures, $\frac{1}{4}$ du marnage est atteint.

Or $\frac{1}{4} < \frac{1}{3}$ (la mer n'a pas encore atteint le $\frac{1}{3}$ du marnage).

- Au bout de 3 heures :
$$\frac{1}{4} + \frac{3}{12} = \frac{3}{12} + \frac{3}{12} = \frac{6}{12} = \frac{1}{2}$$
$$\frac{1}{2} > \frac{1}{3}$$

À la fin de la 3e heure, la mer a atteint la moitié du marnage.
On en déduit que le tiers du marnage est atteint entre les 2e et 3e heures de montée de la mer.
Au cours de chaque heure, la montée de la mer est régulière.
On peut schématiser la situation de la manière suivante :

Remarque
Même si l'énoncé ne le précise pas, indiquez la durée en heures et minutes.

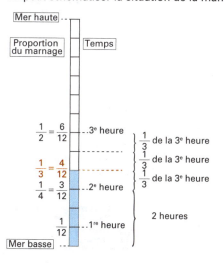

Pensez-y !
- $\frac{1}{3} = \frac{4}{12}$.
- Faites un dessin afin de présenter le raisonnement.

Remarque
Chaque rectangle représente $\frac{1}{12}$ du marnage.

$\frac{1}{3}$ d'heure = 20 minutes.

C'est donc 2 heures et 20 minutes après le début de la montée de la mer, que celle-ci atteint le $\frac{1}{3}$ du marnage.

Exercice 3

On note x la prime du deuxième coureur arrivé.
Le premier touche $(x + 70)$ €.
Le troisième touche $(x - 80)$ €.
Comme la somme totale s'élève à 320 €, on peut écrire :
$x + (x + 70) + (x - 80) = 320$.
Il s'agit d'une équation du premier degré que l'on résout en isolant « les

L'astuce du prof
Choisissez la prime du 2e coureur comme inconnue, car les deux autres primes sont données en fonction de celle-là.

1re ÉPREUVE

« x » dans le membre de gauche et les « non x » dans le membre de droite :

$x + x + 70 + x - 80 = 320$ On enlève les parenthèses.
$3x - 10 = 320$ On réduit.
$3x - 10 + 10 = 320 + 10$ On ajoute 10 dans chaque membre.
$3x = 330$
$x = \dfrac{330}{3}$ On divise par 3 dans chaque membre.
$x = 110$
$x + 70 = 110 + 70 = 180$
$x - 80 = 110 - 80 = 30$

Le premier coureur touche 180 €, le deuxième 110 € et le troisième 30 €.

Exercice 4

1 Détermination du programme utilisé

Analyse du programme

- L'instruction `s'orienter à 90` indique que le premier segment tracé se fera horizontalement vers la droite.
- L'instruction `aller à x: -230 y: 0` ou `aller à x: 0 y: 0` donne la position initiale du stylo sur la fenêtre graphique.

> **Remarque**
> Après la dernière instruction (tourner de 135°), on revient à la position initiale.

- Explication du motif :

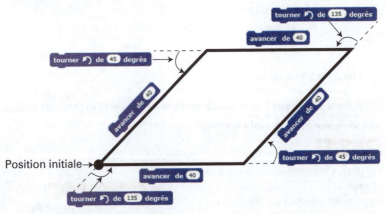

Le motif réalisé est un losange (4 côtés de même longueur).

- Pour réaliser la figure, on reproduit 8 fois le même motif en le déplaçant à chaque fois horizontalement d'une certaine distance.

Choix du programme

Seul le programme A réalise 8 fois le même motif avec un déplacement horizontal de 55 entre la position de fin du motif et la position de début du motif suivant.

Figure réalisée avec le programme B

On obtient chaque motif suivant en reproduisant le motif tourné à chaque fois à 45°.

Ainsi, le 2ᵉ motif est l'image du premier motif par la rotation d'angle 45°. On répète cette transformation 8 fois de suite.

Comme 8 × 45° = 360°, le dernier losange vient se juxtaposer sur le premier.

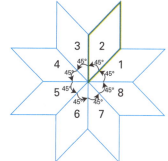

2 Espace entre deux motifs successifs

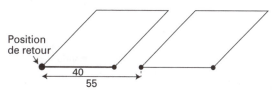

Puisque l'on avance de 55 après avoir réalisé un motif, l'espace entre 2 motifs est donné par : 55 − 40 = 15.

L'espace est donc de 15 unités.

3 Insertion de l'instruction d'augmentation de taille du stylo

Chaque motif est plus épais que le précédent : ainsi, la taille du stylo augmente de 1 entre chaque motif. Il faut donc insérer l'instruction proposée dans la répétition, après l'instruction « avancer de 55 » ou bien juste avant.

Remarque

Si on insère l'instruction avant la réalisation du premier motif, la taille du stylo du premier motif sera augmentée de 1, ce qui n'est pas le cas sur la figure.

Exercice 5

1. Vérification du réglage des feux

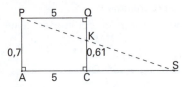

QK = 0,7 − 0,61 = 0,09

$\dfrac{QK}{QP} = \dfrac{0,09}{5} = 0,018$

0,015 < 0,015 < 0,02 donc **les feux de croisement de la voiture sont bien réglés.**

2. Distance maximale d'éclairage

Dans le triangle SAP, les droites (AP) et (KC) sont parallèles.
D'après le théorème de Thalès :

$$\dfrac{SC}{SA} = \dfrac{KC}{AP} = \dfrac{SK}{SP}$$

> **Rappel**
> Aux numérateurs, on a les longueurs du triangle SKC et aux dénominateurs, on a les longueurs du triangle SAP correspondantes.

En notant x la longueur SC, on obtient :

$$\boxed{\dfrac{x}{x+5} = \dfrac{0,61}{0,7}} = \dfrac{SK}{SP}$$

> **Pensez-y !**
> N'oubliez pas les parenthèses autour de $x + 5$.

En utilisant l'égalité encadrée, par produit en croix, on obtient :
$(x + 5) \times 0,61 = x \times 0,7$
$0,61x + 3,05 = 0,7x$
$0,61x − 0,7x + 3,05 = 0{,}\cancel{7x} − 0{,}\cancel{7x}$ On retranche $0,7x$ dans chaque membre.
$−0,09x + 3,05 = 0$
$−0,09x + \cancel{3,05} − \cancel{3,05} = 0 − 3,05$ On retranche 3,05 dans chaque membre.
$−0,09x = −3,05$
$\dfrac{−\cancel{0,09}x}{−\cancel{0,09}} = \dfrac{−3,05}{−0,09}$ On divise par − 0,09 dans chaque membre.

$x \simeq 33,9$ m.

La longueur cherchée est SA.
Or SA = SC + CA
SA = x + 5
SA $\simeq$ 33,9 + 5

SA $\simeq$ 38,9.

La distance maximale des feux de croisement est d'environ 38,9 m.

Exercice 6

1 Utilisation de carreaux de différentes dimensions

- **Avec des carreaux de 10 cm de côté :**

$\frac{240}{10} = 24$ et $\frac{360}{10} = 36$.

On peut recouvrir la surface avec ces carreaux.
Il y aura 36 carreaux sur la longueur et 24 carreaux sur la largeur du panneau mural.

> **Remarque**
> 24 × 36 = 864.
> 864 carreaux seront nécessaires.

- **Avec des carreaux de 14 cm de côté :**

$\frac{240}{14}$ n'est pas un nombre entier.

Cette dimension ne convient pas.

- **Avec des carreaux de 18 cm de côté :**

$\frac{240}{18}$ n'est pas un nombre entier.

Cette dimension ne convient pas.

2 Tailles possibles de carreaux

On cherche les diviseurs communs à 240 et 360 compris entre 10 et 20. Pour cela, on ne retient que les quotients entiers.

$\frac{240}{12} = 20$ et $\frac{360}{12} = 18$

Des carreaux de 12 cm conviennent.

> **Rappel**
> b est un diviseur de a si le quotient $\frac{a}{b}$ est un entier.

$\frac{240}{15} = 16$ et $\frac{360}{15} = 24$

Des carreaux de 15 cm conviennent.

$\frac{240}{20} = 12$ et $\frac{360}{20} = 18$

Des carreaux de 20 cm conviennent.

> **Remarque**
> Les valeurs 11, 13, 14, 16, 17, 18 et 19 ne conviennent pas, car ces nombres ne sont pas des diviseurs communs de 240 et 360.

Les dimensions qui conviennent sont finalement 10 cm, 12 cm, 15 cm et 20 cm.

3 Nombre de carreaux bleus utilisés

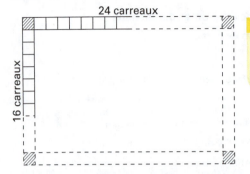

Remarque
Faites un schéma pour vous aider ! Les carreaux hachurés sont ceux qui sont comptés deux fois.

Le nombre de carreaux utilisés est donc :

$$\underbrace{24 \times 2}_{\text{sur la longueur}} + \underbrace{16 \times 2}_{\text{sur la largeur}} - \underbrace{4}_{\substack{\text{nombre de carreaux} \\ \text{comptés deux fois}}} = 76$$

76 carreaux bleus seront utilisés.

Exercice 7

1 Conversion

L'astuce du prof
Pour convertir une vitesse v de m/s en km/h, on la multiplie par 3,6.

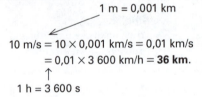

10 m/s = 10 × 0,001 km/s = 0,01 km/s
= 0,01 × 3 600 km/h = **36 km**.
↑
1 h = 3 600 s

2 a. Proportionnalité

La distance de freinage **n'est pas proportionnelle** à la vitesse, car la représentation graphique de la distance de freinage par rapport à la vitesse n'est pas une droite qui passe par l'origine.

Rappel
Toute situation de proportionnalité se représente par une droite qui passe par l'origine du repère.

b. Estimation d'une distance de freinage

36 km/h = 10 m/s d'après la question **1**.

Graphiquement, la distance de freinage d'une voiture roulant à 36 km/h est **14 m** (voir traces bleues ci-après).

c. Estimation d'une vitesse

Lorsque la distance de freinage est de 25 m, la vitesse de la voiture est d'environ 13,5 m/s (voir traces vertes ci-après).

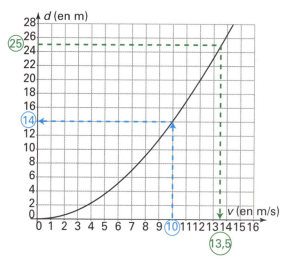

3 a. Calcul d'une distance de freinage

Pour $v = 10$ m/s :
$d = 0,14 \times 10^2$
$d = 0,14 \times 100$
$d = 14$

> **Pensez-y !**
> Faites attention aux unités utilisées dans la formule. La vitesse est en m/s.

La distance de freinage est de 14 m. On retrouve bien le résultat donné par lecture graphique.

b. Calcul d'une vitesse

On détermine v lorsque $d = 35$ m. Cela revient à résoudre l'équation $0,14\, v^2 = 35$.
$0,14\, v^2 = 35$

> **Rappel**
> Il s'agit ici de déterminer l'antécédent positif de 35.

$v^2 = \dfrac{35}{0,14}$ (on divise par 0,14 dans chaque membre)

$v^2 = 250$

$v = \sqrt{250}$

$v \simeq 15,8$.

> **Rappel**
> Le nombre positif dont le carré vaut 250 est $\sqrt{250}$.

Le véhicule roulait à environ 15,8 m/s.

PARTIE 2

PARTIE 2.1 • Physique-Chimie

→ *énoncé p. 46*

Les clés pour réussir

▶ L'essentiel à connaître

- Plus la distance d'arrêt d'un véhicule est grande, plus il y a des **risques de collision**.
- L'énergie cinétique E_c d'un objet est égale à : $E_c = \frac{1}{2} mV^2$ avec E_c en joules (J), m la masse de l'objet en kilogrammes (kg) et V la vitesse de l'objet en mètres par seconde (m/s).
- Lors d'un freinage, les freins de de la voiture chauffent.
- L'énergie cinétique d'un objet peut être convertie en **d'autres formes d'énergie**.
- La vitesse v d'un véhicule en m/s est égale à $v = \frac{d}{t}$, avec d la distance parcourue par ce véhicule (en m) et t la durée du parcours (en s).

▶ Analyser l'énoncé

- Le tableau donné dans l'énoncé est très important : il donne les valeurs des vitesses d'un véhicule en m/s et en km/h, et il relie ces valeurs aux distances de réaction et de freinage.
- D'après l'énoncé et le *document 1*, la distance d'arrêt D_a est égale à : $D_a = D_r + D_f$ avec D_r la distance de réaction et D_f la distance de freinage.
- Deux véhicules séparés par deux traits blancs tracés sur la chaussée sont distants de 38 + 14 + 38 = 90 m.

▶ Bien comprendre les questions

Question 1
- Comparez par exemple la distance d'arrêt d'un véhicule roulant à 30 km/h avec la distance d'arrêt d'un véhicule roulant à 50 km/h.

Question 2
- Pour calculer l'énergie cinétique, utilisez la vitesse en m/s et non en km/h.

Question 3
- La distance de sécurité sur une autoroute peut être inférieure à la distance d'arrêt des véhicules étant donné que tous les véhicules sont en mouvement.

Sujet zéro, avril 2016

1 Au voisinage d'un collège, un véhicule roule à 30 km/h, vitesse maximale autorisée. D'après le tableau du *document 2*, sur route sèche, si le véhicule est correctement entretenu, la valeur de sa distance de réaction D_r est égale à **8 m** et la valeur de sa distance de freinage D_f est égale à **6 m**. La distance d'arrêt D_a est la distance parcourue par le véhicule entre le moment où le conducteur aperçoit un obstacle et l'arrêt du véhicule, c'est-à-dire que **$D_a = D_r + D_f$**.
À 30 km/h, $D_a = 8 + 6 = $ **14 m**.
D'après le tableau du *document 2*, à 50 km/h, la distance d'arrêt est égale à : $D_a = 14 + 16 = 30$ m.
Ainsi, **en augmentant sa vitesse de 20 km/h uniquement, la distance d'arrêt a plus que doublé**. Il est donc **essentiel de ne pas dépasser les limitations de vitesse** pour ne pas mettre en danger la vie d'autrui et la sienne !

2 L'énergie cinétique E_c d'un objet de masse m se déplaçant à une vitesse V est égale à : $E_c = \dfrac{1}{2} mV^2$ avec E_c en joules (J), m en kilogrammes (kg) et V en mètres par seconde (m/s).
D'après le tableau du *document 2*, un véhicule roulant à 50 km/h a une vitesse égale à 14 m/s.
Ainsi, l'énergie cinétique E_c d'un véhicule de masse m = 1 000 kg roulant à V = 50 km/h = 14 m/s est égale à :
$E_c = \dfrac{1}{2} \times 1\,000 \times 14^2 = $ **$9{,}8 \times 10^4$ J = 98 kJ**.

> **L'astuce du prof**
> On peut aussi retrouver la vitesse en m/s grâce à la formule : 1 km/h = $\dfrac{1}{3{,}6}$ m/s.

Lors du freinage, l'énergie cinétique du véhicule diminue jusqu'à s'annuler. Cette énergie cinétique est convertie en **énergie thermique**.

3 D'après le *document 5*, la règle « un automobiliste doit veiller à ce que le véhicule qui le précède soit séparé de lui d'au moins deux traits blancs » signifie que deux automobilistes doivent être séparés d'une distance minimum : $d = 38 + 14 + 38 = $ **90 m**.
Si un véhicule roule à la vitesse maximale $v = 130$ km/h = 36 m/s, il parcourt la distance d pendant une durée $t = \dfrac{d}{v} = \dfrac{90}{36} = $ **2,5 s**.

> **Pensez-y !**
> Comme $v = \dfrac{d}{t}, t = \dfrac{d}{v}$.

D'après l'article R412-12 du Code de la route (*document 3*), cette distance d est suffisante puisqu'elle correspond à la distance parcourue par le véhicule pendant une durée d'au moins 2 secondes.

1re ÉPREUVE

PARTIE 2.2 • Technologie
→ *énoncé p. 48*

Les clés pour réussir

▶ **L'essentiel à connaître**
- La **chaîne d'énergie** d'un système est constituée de l'ensemble des composants matériels qui réalisent l'alimentation, la distribution, la conversion et la transmission de l'énergie.
- La **chaîne d'information** d'un système est constituée de l'ensemble des composants matériels qui permettent d'acquérir, de traiter et de communiquer l'information.
- Le **capteur** est un des composants de la chaîne d'information.
- Les objets utilisent de l'**information** pour fonctionner.
- Un **algorithme** est une suite d'opérations ou d'instructions qui permettent de résoudre un problème.

▶ **Analyser l'énoncé**
- Le *document 6* et l'énoncé qui précède expliquent le principe d'un système de freinage antiblocage ABS. Pour bien comprendre ce principe, reliez les éléments du schéma aux informations données dans le texte.
- Les *documents 7* et *8* présentent des chaînes d'énergie et d'information ainsi que l'algorithme d'un ABS, avec des parties manquantes à compléter directement sur l'énoncé. Il n'est pas nécessaire de les recopier sur votre copie avant d'y répondre.

▶ **Bien comprendre les questions**

Question 1
- Il est essentiel pour la sécurité d'un véhicule qu'aucune de ses roues ne soit bloquée. À partir de cette constatation, expliquez pourquoi chaque roue doit être équipée d'un capteur de vitesse.

Question 2
- Exploitez les informations données dans le *document 6* et dans le texte explicitant le principe de fonctionnement du freinage ABS pour compléter les parties manquantes des chaînes d'énergie et d'information.

Question 3
- Observez les formes des différentes parties de l'algorithme avant de répondre. On attend :
  – un texte explicitant une action dans un rectangle ;
  – une question à laquelle on peut répondre par « oui » ou par « non » dans un losange.

1 Il est indispensable de doter les quatre roues d'un capteur de vitesse. En effet, le rôle du capteur de vitesse pour chaque roue dans le système ABS est de **vérifier si la roue est en train de se bloquer ou pas**, et il est essentiel pour la sécurité du véhicule qu'**aucune roue ne soit bloquée**.

2 Les éléments manquants dans la chaîne d'énergie et la chaîne d'information d'un ABS sont les suivants :
a. **Maître cylindre**
b. **Groupe hydraulique**
c. **Circuit hydraulique**
d. **Pistons portés par les étriers**
e. **Capteur**
f. **Calculateur**
g. **Groupe hydraulique**

3 Les trois parties manquantes dans l'algorithme du freinage ABS pour une roue sont :
a. **Pincement du disque par les pistons proportionnel à la valeur de consigne de freinage.**
b. **La vitesse mesurée est-elle proche de zéro ?**
c. **La force exercée sur la pédale est-elle nulle ?**

> **Gagnez des points !**
> Les deux dernières parties de cet algorithme sont forcément des questions.

2ᵈᵉ ÉPREUVE

Sujets 19 à 23 — 2ᵈᵉ épreuve complète du Brevet

100 pts — 5 heures

France métropolitaine, juin 2017

HISTOIRE-GÉOGRAPHIE-EMC – FRANÇAIS

PARTIE 1
Comprendre, analyser et interpréter

3 h 10 — 75 pts

PARTIE 1.1 • Histoire, Géographie, Enseignement moral et civique

Exercice 1 : Analyser et comprendre des documents 45 min — 20 pts

GÉOGRAPHIE

Document 1 ▸ Évolution de la France urbaine

L'un des éléments majeurs qui transforme le territoire national et la société française est la généralisation du fait urbain. Le seuil des 50 % de population urbaine, atteint au niveau mondial en 2007, a été franchi en France dès 1931. [...] Les villes occupent aujourd'hui près de 22 % du territoire métropolitain, soit 119 000 km² sur un total de 550 000, contre 100 000 km² en 1999, ce qui représente une progression de 19 % en dix ans. Le rythme de la croissance urbaine est ainsi plus soutenu qu'au cours des décennies précédentes, proche de celui des années 1950 et 1960.

La croissance urbaine se traduit par l'agrandissement d'agglomérations existantes ou par l'apparition de nouvelles villes isolées. [...] Aujourd'hui, l'urbanisation du territoire français est essentiellement le produit de l'étalement urbain, c'est-à-dire l'extension des surfaces urbanisées. [...]

Cette généralisation du fait urbain a des conséquences majeures pour les territoires et leurs habitants. Elle transforme aussi bien les formes que les paysages. Lyon est un bon exemple de la diversité des espaces urbains à l'intérieur d'une même aire urbaine. L'étalement urbain brouille en effet les frontières traditionnelles de la ville. L'apparition de l'adjectif « périurbain »souligne l'émergence d'un espace mélangeant ville et campagne.

D'après Magali Reghezza-Zitt, « La France, une géographie en mouvement »,
La Documentation photographique, n° 8096, 2013.,

Questions → *corrigé p. 73*

1 Recopiez deux informations du texte montrant que la population habitant dans les villes augmente. **4 pts**

2 Citez une information du texte qui montre que l'étalement urbain concerne l'ensemble du territoire national. **3 pts**

3 Indiquez une conséquence de l'étalement urbain. **3 pts**

4 Expliquez la phrase soulignée. **4 pts**

5 Réalisez un schéma et sa légende des différents types d'espaces qui composent une aire urbaine. **6 pts**

Exercice 2 : Maîtriser différents langages **20 pts**

HISTOIRE → *corrigé p. 75*

1 Rédigez un développement construit d'environ vingt lignes expliquant comment une colonie est devenue indépendante. Vous vous appuierez sur l'exemple étudié en classe. **14 pts**

2 Situez les événements sur la frise chronologique ci-après, en reportant le numéro correspondant dans la case. **2,5 pts**

1. La chute du mur de Berlin

2. La libération de la France

3. La naissance de la Ve République

4. La Première Guerre mondiale

5. L'arrivée d'Hitler au pouvoir

2ᵈᵉ ÉPREUVE

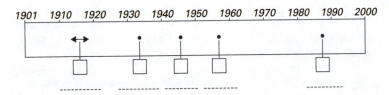

3 Sur les pointillés, vous indiquerez la date de deux événements de votre choix. **2 pts**

4 À partir de la frise chronologique, trouvez l'événement en lien avec la Guerre froide et justifiez votre choix en quelques mots. **1,5 pt**

Exercice 3 : Enseignement moral et civique

 10 pts

Document La mobilisation des militaires auprès des populations

> Au moment où le Nord-Ouest de la France a connu fin mai 2016 des pluies torrentielles et des débordements de nombreux cours d'eau qui ont généré d'importantes perturbations dans les transports, 10 camions de l'armée de terre ont été déployés, le 2 juin, à la demande du préfet du Loiret pour permettre le transport de plusieurs centaines de personnes bloquées sur les axes routiers vers des zones d'hébergement d'urgence communales. Au total, ce sont 250 militaires qui sont mobilisés depuis un peu plus d'une semaine pour lutter contre les intempéries.
> Cette mission de soutien est donc l'occasion de faire un bilan de la participation des forces armées du ministère de la Défense à la lutte contre les intempéries et les feux de forêts sur le territoire national et d'en tirer des conclusions, surtout dans le contexte de resserrement budgétaire et d'état d'urgence dans lequel vit la France.
>
> Fondation iFRAP (Fondation pour la recherche sur les administrations et les politiques publiques), page consultée le 6 juin 2016.

Questions → *corrigé p. 78*

1 Expliquez quelle est la mission confiée aux forces de l'armée de terre dans le document.

2 Citez une autre mission confiée aux forces armées sur le territoire national ou à l'extérieur.

France métropolitaine, juin 2017

3 Vous avez été choisi(e) pour représenter la France au prochain sommet de l'Union européenne. Vous êtes chargé(e) de réaliser une note pour présenter une mission des militaires français sur le territoire national ou à l'étranger.

Montrez en quelques lignes que l'armée française est au service des valeurs de la République et de l'Union européenne.

PARTIE 1.2 • Français

Document A — Texte littéraire

Giono a décidé de vivre à la campagne, au plus près de la nature. Néanmoins, il va parfois à Paris. Il évoque ici son expérience de la ville.

Quand le soir vient, je monte du côté de Belleville[1]. À l'angle de la rue de Belleville et de la rue déserte, blême et tordue, dans laquelle se trouve *La Bellevilloise*[2], je connais un petit restaurant où je prends mon repas du soir. Je vais à pied. Je me sens tout dépaysé par la dureté
5 du trottoir et le balancement des hanches qu'il faut avoir pour éviter ceux qui vous frôlent. Je marche vite et je dépasse les gens qui vont dans ma direction ; mais quand je les ai dépassés, je ne sais plus que faire, ni pourquoi je les ai dépassés, car c'est exactement la même foule, la même gêne, les mêmes gens toujours à dépasser sans jamais
10 trouver devant moi d'espaces libres. Alors, je romps mon pas et je reste nonchalant[3] dans la foule. Mais ce qui vient d'elle à moi n'est pas sympathique. Je suis en présence d'une anonyme création des forces déséquilibrées de l'homme. Cette foule n'est emportée par rien d'unanime. Elle est un conglomérat de mille soucis, de peines, de joies,
15 de fatigues, de désirs extrêmement personnels. Ce n'est pas un corps organisé, c'est un entassement, il ne peut y avoir aucune amitié entre elle, collective, et moi. Il ne peut y avoir d'amitié qu'entre des parties d'elle-même et moi, des morceaux de cette foule, des hommes ou des femmes. Mais alors, j'ai avantage à les rencontrer seuls et cette foule
20 est là seulement pour me gêner. Le premier geste qu'on aurait si on rencontrait un ami serait de le tirer de là jusqu'à la rive, jusqu'à la terrasse du café, l'encoignure de la porte, pour avoir enfin la joie de véritablement le rencontrer.
[…]
25 De tous ces gens-là qui m'entourent, m'emportent, me heurtent et me poussent, de cette foule parisienne qui coule, me contenant sur

les trottoirs devant *La Samaritaine*[4], combien seraient capables de recommencer les gestes essentiels de la vie s'ils se trouvaient demain à l'aube dans un monde nu ?

Qui saurait orienter son foyer en plein air et faire du feu ?

Qui saurait reconnaître et trier parmi les plantes vénéneuses les nourricières comme l'épinard sauvage, la carotte sauvage, le navet des montagnes, le chou des pâturages ?

Qui saurait tisser l'étoffe ?

Qui saurait trouver les sucs pour faire le cuir ?

Qui saurait écorcher un chevreau ?

Qui saurait tanner la peau ?

Qui saurait vivre ?

Ah ! c'est maintenant que le mot désigne enfin la chose ! Je vois ce qu'ils savent faire : ils savent prendre l'autobus et le métro. Ils savent arrêter un taxi, traverser une rue, commander un garçon de café ; ils le font là tout autour de moi avec une aisance qui me déconcerte et m'effraie.

---

1. *Belleville* : quartier parisien dans l'Est de la ville.
2. *La Bellevilloise* : coopérative ouvrière qui permettait aux ouvriers d'acheter des produits de consommation moins chers. C'est aussi en 1936 un lieu culturel très connu.
3. *Nonchalant* : lent et indifférent.
4. *La Samaritaine* : grand magasin parisien, fondé en 1870.

Jean Giono, *Les Vraies Richesses*, Grasset & Fasquelle, 1937.

France métropolitaine, juin 2017

Document B Image

Jean-Pierre Stora, *Allées piétonnières*, 1995, lavis encre de chine, 64 × 50.

Questions → corrigé p. 79   1 h 00   **20 pts**

Sur le texte littéraire (document A)

1 En vous appuyant sur le premier paragraphe, expliquez la formule du narrateur « Je me sens tout dépaysé » (ligne 4). **2 pts**

2 a. Quel est ici le sens du mot « entassement » (ligne 16) ?
Trouvez un synonyme de ce nom dans les lignes qui précèdent.
b. « Elle est […] personnels. » (lignes 14-15) : quel est le procédé d'écriture utilisé dans cette phrase ?
c. En vous appuyant sur vos deux réponses précédentes, expliquez comment le narrateur perçoit la foule. **4 pts**

3 Ligne 34 à ligne 40 :
a. Quelles remarques pouvez-vous faire sur la disposition et les procédés d'écriture dans ce passage ? Trois remarques au moins sont attendues.
b. Quel est, selon vous, l'effet recherché par le narrateur dans ce passage ? Développez votre réponse. **4 pts**

4 Dans le dernier paragraphe, pourquoi le narrateur est-il déconcerté et effrayé (lignes 42 à 45) ? Justifiez votre réponse en vous appuyant sur le texte. **2 pts**

5 Ce texte est extrait d'un livre intitulé *Les Vraies Richesses*. Quelles sont, selon vous, les « vraies richesses » auxquelles pense l'auteur ? Rédigez une réponse construite et argumentée. **4 pts**

Sur le texte littéraire et l'image (documents A et B)

6 Que ressentez-vous en regardant l'œuvre de Jean-Pierre Stora (document B) ? Expliquez votre réponse. **2 pts**

7 Cette œuvre (document B) peut-elle illustrer la manière dont le narrateur perçoit la foule dans le texte de Jean Giono (document A) ? Développez votre réponse. **2 pts**

Réécriture → corrigé p. 81   **10 min 5 pts**

« Je connais un petit restaurant où je prends mon repas du soir. Je vais à pied. Je me sens tout dépaysé par la dureté du trottoir et le balancement des hanches qu'il faut avoir pour éviter ceux qui vous frôlent. »

❯ Réécrivez le passage ci-dessus en remplaçant « je » par « nous » et en mettant les verbes conjugués à l'imparfait.

PARTIE 2   **1 h 50 25 pts**
Rédaction et maîtrise de la langue

       20 min 5 pts

❯ Écoutez la dictée sur le site abcbrevet.com.
Consignes :
– On dictera le texte à haute voix à plusieurs reprises.
– On inscrira au tableau de manière lisible par l'ensemble des candidats le titre de l'œuvre et le nom de l'auteur.

Travail d'écriture   **1 h 30 20 pts**

Vous traiterez au choix un des deux sujets de rédaction suivants :

Sujet A → corrigé p. 82

❯ Pensez-vous comme Jean Giono que la ville soit un lieu hostile ?
Vous proposerez une réflexion organisée et argumentée en vous appuyant sur vos lectures et vos connaissances personnelles.
Votre rédaction sera d'une longueur minimale d'une soixantaine de lignes (300 mots environ).

Sujet B → corrigé p. 84

> Vous vous sentez, vous aussi, « dépaysé(e) » en arrivant dans une ville. Racontez cette expérience. Vous décrivez les lieux que vous découvrez, vous évoquez vos impressions et vos émotions.
> Vous ne signerez pas votre texte de votre nom.
> Votre rédaction sera d'une longueur minimale d'une soixantaine de lignes (300 mots environ).

19 à 23 Corrigé

PARTIE 1

PARTIE 1.1 • Histoire, Géographie, EMC

Exercice 1 → énoncé p. 67

Les clés pour réussir

▶ **Bien lire le document**

Identifier sa nature

- Ce document est un **texte rédigé par une géographe,** Magali Reghezza-Zitt, en 2013. C'est donc un texte avec un vocabulaire difficile, spécifique à la géographie mais qui décrit des **évolutions de la France urbaine** que vous avez **étudiées en classe** tout au long de l'année.

Repérer les éléments importants

- **Chaque paragraphe du texte,** qui développe **une évolution** importante des aires urbaines : prenez le temps de résumer cette évolution au brouillon pour bien comprendre l'ensemble du document.
- **Les chiffres** cités par le texte, sur lesquels vous pouvez vous appuyer.

▶ **Bien comprendre les questions**

Question 1

- Cette question est difficile car les informations prélevées doivent porter sur la **croissance** de la population urbaine **et non pas sur ses conséquences** : la croissance et l'extension des villes. Attention donc de bien recopier des éléments du texte qui correspondent à la consigne.

Question 2

- Plusieurs informations dans le texte nous montrent que l'étalement urbain concerne l'ensemble du territoire national. Vous pouvez en trouver **une dans chaque paragraphe** du texte.

Question 3

● Le dernier paragraphe indique plusieurs conséquences de l'étalement urbain, il faut en **sélectionner une et la citer ou utiliser votre propre vocabulaire** en vous appuyant sur vos connaissances sans paraphraser le texte.

Question 4

● Il ne faut pas se contenter de répéter les explications déjà données par le texte ; il faut **décrire à l'aide de connaissances précises** cet espace périurbain qui se développe à la périphérie des aires urbaines. C'est le point essentiel du chapitre sur les aires urbaines et vous devez montrer que vous avez compris pourquoi et comment cet espace périurbain ne cesse de se développer.

Question 5

● Le schéma doit porter uniquement sur les **différents types d'espaces qui composent une aire urbaine** : les **déplacements de population** ne sont pas nécessairement attendus, mais ils **seront valorisés**. Vous pouvez aussi montrer le **processus d'étalement urbain**.

● Faites un **travail soigné** à l'aide d'un compas si possible, **en choisissant bien les couleurs** car dans une carte ou dans un schéma en géographie, elles ont un sens. N'oubliez pas la **légende** dans laquelle les couleurs doivent correspondre à celle du schéma.

Les mots-clés

● **Aire urbaine** : ensemble formé par une ville, ses banlieues et ses communes périurbaines, dont au moins 40 % des habitants travaillent dans la ville-centre et ses banlieues.
● **Population urbaine** : population qui vit en ville.
● **Croissance urbaine** : augmentation de la taille et de la population des villes.
● **Agglomération** : pôle urbain (ville-centre + banlieues).
● **Étalement urbain** : extension de la ville sur l'espace rural.
● **Périurbanisation** : urbanisation de la périphérie des agglomérations.

1 Les deux informations qui nous montrent que la population habitant dans les villes augmente sont : « le seuil des 50 % de population urbaine, atteint au niveau mondial en 2007, a été franchi en France dès 1931 » et « le rythme de la croissance urbaine est ainsi plus soutenu qu'au cours des décennies précédentes, proche de celui des années 1950 et 1960 ».

L'astuce du prof

Sélectionnez des informations qui concernent la population ou la société mais pas la superficie des villes.

France métropolitaine, juin 2017 — **Corrigés 19 à 23**

2 Une information qui nous montre que l'étalement urbain concerne l'ensemble du territoire national est par exemple : « Aujourd'hui, l'urbanisation du territoire français est essentiellement le produit de l'étalement urbain. »

> **L'astuce du prof**
> « Territoire national » est synonyme de « territoire français » ou de « territoire métropolitain ».

3 Une conséquence de l'étalement urbain mentionnée dans le texte est par exemple : « L'étalement urbain brouille les frontières traditionnelles de la ville. »

> **L'astuce du prof**
> « Indiquez » signifie « citez une information prélevée dans le texte ».

4 La phrase soulignée décrit l'apparition d'un nouvel espace dans les aires urbaines : la couronne périurbaine, où la ville rencontre la campagne, et donc « un espace mélangeant ville et campagne ». En effet, de plus en plus d'urbains cherchent à habiter dans un espace qui peut leur offrir une maison individuelle, avec un jardin, du calme et la proximité avec la nature tout en continuant à travailler dans la ville centre ou dans les banlieues des aires urbaines. Ils s'installent donc dans l'espace rural qui entoure le pôle urbain. Les zones pavillonnaires, les centres commerciaux et le réseau routier se développent, urbanisant peu à peu l'espace rural qui devient ainsi « périurbain ».

> **Gagnez des points !**
> Utilisez vos connaissances pour expliquer la phrase soulignée sans faire de paraphrase.

5 Schéma d'une aire urbaine

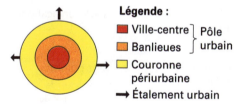

> **Gagnez des points !**
> N'oubliez pas le titre, un schéma porte toujours un titre. Vous pouvez aussi indiquer l'étalement urbain.

Exercice 2 → *énoncé p. 67*

Les clés pour réussir

▶ Bien comprendre les consignes

Consigne 1

● Cette consigne vous demande de rédiger un **développement construit** expliquant comment **une colonie est devenue indépendante**. Vous avez le choix de vous appuyer sur n'importe quel exemple étudié en cours. Les États les plus classiques sont l'**Inde**, l'**Indochine** et l'**Algérie**, mais vous pouvez choisir d'autres États. L'essentiel est que vous ayez suffisamment de connaissances sur ce pays pour

2ᵈᵉ ÉPREUVE

pouvoir expliquer pourquoi il réclame son indépendance et comment il parvient à ses fins.

- **Attention de ne pas rédiger un texte sur la décolonisation en général**. Le sujet vous invite bien à vous appuyer sur un pays en particulier et pas sur tous les exemples que vous connaissez. Vous pouvez simplement évoquer la décolonisation en général dans l'introduction pour montrer que vous situez bien dans le temps sa principale phase.
- Sur le pays que vous avez choisi, vous devez évoquer les **causes** de cette indépendance, ses **acteurs** (personnages, partis, mouvements…), les **dates** importantes, notamment celle de l'indépendance et la **manière** dont s'est mise en place cette décolonisation, par la violence ou par des négociations.

Consigne 2
- Pour la **première partie** de la consigne, lisez bien l'énoncé et ne reportez que les numéros dans les cases.
- Pour la **deuxième partie** de la consigne, limitez-vous à deux événements même si vous les connaissez tous. Par date, on entend ici des années.
- Dans la **troisième partie** de la consigne, on vous demande de justifier votre choix. Il s'agit en fait de montrer que cet événement a un rapport avec la Guerre froide.

Les mots-clés
- Indépendance ● Colonie ● Décolonisation ● Inégalités ● Revendications
- FLN ● Accords d'Évian ➜ fiche 8

1 De 1947 à 1962, la plupart des pays colonisés deviennent indépendants dans le monde. Comment l'Algérie, colonie française peuplée par environ un million d'Européens et des millions de « musulmans », est-elle devenue indépendante ?

À la fin de la Seconde Guerre mondiale, les revendications indépendantistes se font de plus en plus importantes en Algérie. De nombreux soldats algériens ont combattu aux côtés des Alliés pour libérer la France. Ils réclament à leur tour le droit à la liberté et à l'égalité, valeurs pour lesquelles ils se sont battus pendant la guerre. Le 8 mai 1945 à Sétif, à l'occasion de la célébration de la victoire des Alliés, une manifestation tourne à l'émeute. Des Européens sont tués et la répression française

Gagnez des points !
Précisez les dates de la principale phase de décolonisation dans le monde qui commence par l'indépendance de l'Inde et se termine par celle de l'Algérie.

L'astuce du prof
Commencez par expliquer pourquoi l'Algérie réclame son indépendance.

est sanglante. Ces événements montrent la rupture entre les Algériens et les Européens. Ce d'autant plus que les inégalités sont très fortes entre les deux peuples. Par exemple, dans les années 1950, alors que 100 % des enfants européens sont scolarisés, ce n'est le cas que pour moins de 20 % des Algériens. Les colons habitent surtout dans les grandes villes tandis que ceux qu'on appelle les « musulmans » ou les « indigènes » sont surtout des ruraux.

Pour obtenir son indépendance, l'Algérie doit mener une guerre de décolonisation. En 1954, le Front de libération nationale (FLN) proclame l'indépendance de l'Algérie, en même temps qu'éclate une vague d'attentats touchant la communauté européenne en Algérie. Face à ces violences, le gouvernement français envoie l'armée et les appelés du contingent. Les violences sont nombreuses de chaque côté. Les militaires français traquent les partisans du FLN cachés dans les maquis et n'hésitent pas à pratiquer la torture. De leur côté, les indépendantistes assassinent des fonctionnaires français et des Algériens suspectés d'aider les colons. La politique de la France en Algérie est vivement critiquée à l'ONU, mais aussi par les deux grandes puissances, les États-Unis et l'URSS. Ce n'est qu'après huit ans d'une guerre sanglante que le général de Gaulle, président de la Ve République depuis 1958, clôt les négociations avec le FLN par les accords d'Évian en 1962, qui accordent son indépendance à l'Algérie.

> **L'astuce du prof**
> Caractérisez bien les deux camps qui s'opposent.

L'Algérie a donc dû mener une violente guerre de décolonisation pour obtenir son indépendance. Des dizaines de milliers d'Européens, les « Pieds-Noirs » doivent quitter le pays dans la précipitation. L'Algérie décolonisée doit faire face au défi de la construction d'un nouvel État.

> **Gagnez des points !**
> Dans la conclusion, essayez d'élargir un peu le sujet en expliquant une ou deux conséquences de cette guerre.

2 a. et b.

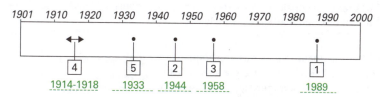

c. L'événement en lien avec la Guerre froide est la chute du mur de Berlin en 1989 car cet événement est symbolique de l'effondrement du bloc de l'Est et donc de la fin de la Guerre froide.

> **Gagnez des points !**
> Pour la troisième partie de la consigne, rédigez bien votre réponse, sans raconter toute l'histoire du mur de Berlin.

2ᵈᵉ ÉPREUVE

Exercice 3 → *énoncé p. 68*

Les clés pour réussir

▶ Bien comprendre les consignes

Consigne 1
- Vous pouvez trouver la réponse à cette question dans le **premier paragraphe du document**. Ne vous contentez pas de citer le but général de la mission. **Expliquez** le plus précisément possible ce que les militaires français ont dû faire lors de cette mission.

Consigne 2
- Pour cette question, vous avez besoin de **connaissances personnelles**. Choisissez une mission abordée en classe. Sur le territoire national et à l'extérieur, les missions de l'armée française sont en général très différentes : en France, il s'agit plutôt de **défendre le territoire national et sa population** ; à l'extérieur, ce sont souvent **des missions humanitaires ou de défense de la paix internationale**.

Consigne 3
- Dans cette consigne, vous êtes un représentant de la France au sommet de l'UE. Vous allez donc vous adresser à des personnes qui ne sont pas françaises et vous allez devoir leur expliquer en quoi le rôle de l'armée française est au service des valeurs de la République et de l'Union européenne. Il ne s'agit donc pas seulement de décrire une mission comme dans la consigne 2, mais de montrer que le but de la France n'est pas de conquérir des territoires ou de s'ingérer dans les affaires de pays étrangers. Vous devez donc montrer que la mission que vous décrivez est une mission de paix et de défense de la population.

Les mots-clés

- Défense nationale • Armée de terre • État d'urgence • Union européenne
- Territoire national • Valeurs de la République → fiche 17

1 Dans le document, la mission confiée aux forces de l'armée de terre consiste à « lutter contre les intempéries » pour secourir et protéger la population civile. En effet, fin mai 2016, des pluies torrentielles se sont abattues sur le Nord-Ouest de la France et plusieurs centaines de personnes sont coincées sur les routes. Il faut donc les secourir et les amener vers des zones d'hébergement d'urgence dans les villes et villages alentours.

> **Gagnez des points !**
> Détaillez bien ce pour quoi les militaires sont mobilisés et pas seulement le but général de leur mission.

2 Les forces armées françaises ont de nombreuses missions. Sur le territoire national, elles participent par exemple au plan Vigipirate destiné à protéger la population contre de possibles attaques terroristes dans les lieux les plus fréquentés comme les gares, les aéroports ou les lieux touristiques.

> **L'astuce du prof**
>
> Choisissez une mission facile à décrire et soyez précis dans la description de cette mission.

3 **Note pour le sommet de l'Union européenne**

L'armée française est au service des valeurs de la République et de l'Union européenne. Elle est chargée de défendre la démocratie et les droits de l'Homme sur son territoire, en Europe et dans le monde, tout en assurant la défense de sa population et de la population européenne en général.

> **L'astuce du prof**
>
> Faites bien le lien entre les valeurs (démocratie, défense de la population civile…) et l'opération que vous choisissez.

C'est à ce titre que l'armée française intervient au Sahel dans le cadre de l'opération Barkhane. Cette opération vise à lutter contre les groupes armés terroristes présents au Sahel en partenariat avec les États du G5 Sahel (Burkina Faso, Mali, Mauritanie, Niger et Tchad). Le but est d'aider les pays du G5 Sahel à lutter contre les terroristes, mais aussi d'empêcher que des terroristes entraînés dans cette zone ne rejoignent ensuite l'Europe pour y commettre des attentats. Cette opération vise à échanger des informations avec les pays du G5 Sahel, à coopérer avec leurs armées pour trouver des terroristes et des caches d'armes, à les aider à assurer seuls leur sécurité face aux terroristes et à aider les populations dans les zones occupées par les combattants djihadistes.

PARTIE 1.2 • Français

Questions → énoncé p. 71

> **Les clés pour réussir**
>
> **2 a.** Pensez à utiliser le **radical** du mot pour expliquer son sens. Un synonyme est un mot qui a presque le même sens, mais qui n'appartient pas à la même famille (pas le même radical).
> **b.** Une accumulation ou énumération consiste à énoncer une série plus ou moins longue de termes ou groupes de mots de même catégorie. C'est une figure d'**insistance**.
> **3 a.** et **b.** Les procédés d'écriture sont les écarts par rapport à l'usage habituel de la langue. Ici, on est proche d'un **univers poétique**, on peut donc faire des remarques sur : la disposition en vers, les anaphores, la forme des phrases, le mode verbal utilisé…
> **6** On attend une réponse personnelle et argumentée évoquant clairement **un ressenti, des émotions, des comparaisons, des expériences**.

1 La formule « Je me sens tout dépaysé » montre à quel point le narrateur se sent en marge de la foule de ses contemporains. Il est gêné par le nombre : « sans jamais trouver d'espace libre » (l. 9) ; « cette foule est là seulement pour me gêner » (l. 20) ; mais aussi par l'anonymat qui y règne : « anonyme » (l. 12). De plus, il ressent de l'antipathie de la part de la foule : « n'est pas sympathique » (l. 12).

2 a. Le mot « entassement » signifie une accumulation d'éléments, il est formé sur le radical « tas ». Ici, il s'agit d'un « tas » d'êtres humains qui forment une foule disparate. Le synonyme est « conglomérat » (l. 14).
b. Le procédé d'écriture est une énumération (ou accumulation) : l'auteur énumère les éléments qui constituent la foule.
c. Le narrateur perçoit donc la foule comme un assemblage d'éléments disparates sans unité, sans harmonie. Il ressent aussi de l'hostilité et de l'antipathie de la part de cette foule qui empêche toute possibilité de rencontre et d'amitié.

3 a. Ce passage s'apparente à un poème par sa mise en page : il y a un retour à la ligne pour chaque phrase comme s'il s'agissait de vers. De plus on remarque une anaphore, c'est-à-dire une répétition en début de phrase : « Qui saurait ». Enfin, toutes les phrases sont des questions rédigées au conditionnel.
b. Le narrateur cherche à surprendre et à impliquer son lecteur par les interrogations oratoires (fausses questions). Chacun est ainsi amené à s'interroger sur ses propres pratiques. De plus, l'anaphore suivie d'un verbe d'action à l'infinitif insiste sur ce point : quelle est la nature de nos compétences réelles ?

4 Le narrateur prend conscience que les êtres humains se sont très bien adaptés au mode de vie urbain : il est troublé par l'aisance de leurs gestes quotidiens « prendre l'autobus et le métro » (l. 42) par contraste avec les gestes qu'ils ne savent plus faire. Cette aisance l'effraie car elle sous-entend l'incapacité à réaliser les gestes essentiels : « Qui saurait vivre ? » (l. 40).

5 Selon l'auteur, les vraies richesses sont les sentiments qui relient les êtres humains : la sympathie et l'amitié. Ces relations ne peuvent se tisser que dans des relations individuelles avec l'autre qui permettent d'avoir « la joie de véritablement le rencontrer » (l. 22). Un retour à la nature est nécessaire pour l'être humain s'il veut profiter de ces vraies richesses, il doit se comporter comme s'il devait vivre à nouveau dans « un monde nu » (l. 30).

6 Cette œuvre de J.-P. Stora fait ressentir un certain malaise : toutes les lignes diagonales créent des points de fuite vers l'extérieur de l'image. Il n'y a pas de début et pas de fin, comme si les personnages étaient en perpétuel mouvement vers... nulle part, et en venant d'on ne sait où.

7 L'œuvre et le texte présentent plusieurs points communs dans la représentation de la foule : ces « allées piétonnières » parallèles et séparées par des murs donnent l'impression que les gens se croisent ou se dépassent sans se voir comme chez Giono : « je marche vite et je dépasse les gens qui vont dans ma direction » (l. 6). De plus, les corps sur l'image ne sont que des ombres, des silhouettes sans visages, « anonymes » comme dans le texte de Giono (l. 12). Enfin, on voit que sur l'image il n'y a aucune rencontre entre les personnes, ce que regrette également l'auteur.

Réécriture → *énoncé p. 72*

Les clés pour réussir

- **On vous demande** de mettre les verbes à l'imparfait et de passer du singulier au pluriel en remplaçant « je » par « nous ».
- **Vous devez modifier :**
- – les pronoms personnels et réfléchis ;
- – la conjugaison des verbes ;
- – un accord de participe passé ;
- – un déterminant possessif.

Nous connaissions un petit restaurant où **nous prenions notre (ou nos)** repas du soir. **Nous allions** à pied. **Nous nous sentions** tout **dépaysés** par la dureté du trottoir et le balancement des hanches qu'il **fallait** avoir pour éviter ceux qui vous **(ou nous) frôlaient**.

PARTIE 2

Dictée → *énoncé p. 72*

Les clés pour réussir

▶ **Bien conjuguer**
- Le **passé simple** à la première personne du pluriel : -âmes/-îmes/-ûmes/-înmes.

▶ **Bien accorder**
- **Les participes passés** employés comme adjectifs.

▶ **Ne pas confondre**
- « et » et « est » → « et » est une conjonction de coordination, on peut la remplacer par « et puis ». « Est » est la troisième personne du singulier du verbe « être », on peut mettre le verbe au passé : « était ».

▶ **Bien orthographier**
- « **enflammé** » vient du radical « flamme », bien penser aux deux « m ».
- « **en bas** » s'écrit en deux mots.

2ᵈᵉ ÉPREUVE

> **Les mots difficiles**
> - **sournois** : penser au « s » final (féminin « sournoise »).
> - **mystérieusement** : penser au « y », comme dans le radical « mystère ».

De temps en temps, je m'arrête, je tourne la tête et je regarde vers le bas de la rue où Paris s'entasse : des foyers éclatants et des taches de ténèbres piquetées de points d'or. Des flammes blanches ou rouges flambent d'en bas comme d'une vallée nocturne où s'est arrêtée la caravane des nomades. Et le bruit : bruit de fleuve ou de foule. Mais les flammes sont fausses et froides comme celles de l'enfer. En bas, dans un de ces parages sombres est ma rue du Dragon, mon hôtel du Dragon. Quel ordre sournois, le soir déjà lointain de ma première arrivée, m'a fait mystérieusement choisir cette rue, cet hôtel au nom dévorant et enflammé ?

Il me serait facile, d'ici, d'imaginer le monstre aux écailles de feu.

Jean Giono, *Les Vraies Richesses*, Grasset & Fasquelle, 1937.

Travail d'écriture – Sujet A → *énoncé p. 72*

> **Les clés pour réussir**
>
> ▶ **L'introduction**
> - **Introduisez le sujet** : vous pouvez faire référence au texte étudié ou à l'opposition ville/campagne.
> - **Présentez le sujet** : reprenez la question posée par le sujet.
> - Annoncez clairement votre **plan**.
>
> ▶ **Le développement**
> - Vous pouvez **opter pour une réponse positive** (la ville est un lieu hostile), pour une réponse **négative** (la ville est un lieu d'accueil ouvert) **ou pour un plan contradictoire** (la ville a des aspects positifs et négatifs).
> - Dans tous les cas, on attend un devoir construit clairement, avec des paragraphes bien mis en page, une introduction et une conclusion.
> - L'apport d'exemples issus de la culture littéraire et artistique est valorisé.
>
> ▶ **La conclusion**
> - **Résumez en d'autres termes** votre argumentation en précisant votre avis.
> - **Terminez avec une phrase d'ouverture**, pour élargir la question en restant sur le même thème.

France métropolitaine, juin 2017

> **Méthode**
> *Pour vous aider, nous vous avons indiqué en couleur les parties de la rédaction qui répondent aux consignes.*
> Indicateurs logiques   Arguments |...| Exemples

Dans son texte extrait de *Les Vraies Richesses*, J. Giono dresse le tableau d'une ville effrayante. On peut se demander si la ville est effectivement un lieu hostile. Nous verrons dans une première partie que les villes présentent bien des aspects inquiétants, puis nous essaierons de montrer qu'elles savent aussi se montrer accueillantes.

En premier lieu, les villes, par leur concentration de population, concentrent aussi les problèmes. Les citadins se plaignent en effet souvent de l'insécurité ou de l'insalubrité qui sont liées à la vie urbaine. Ainsi, Faïza Guène, dans son roman *Du Rêve pour les oufs*, décrit les problèmes des jeunes dans une banlieue parisienne, qui sont confrontés à la drogue, au chômage et à la délinquance.

Par ailleurs, la ville est souvent associée à l'agitation, au bruit ou à la foule anonyme que décrit Giono. L'espace urbain devient donc hostile à cause d'une forme de surpopulation qui nuit à la tranquillité des habitants. Ce phénomène n'est pas récent puisque Boileau par exemple soulignait déjà cet inconvénient au XVIIe siècle dans sa satire sur « les embarras de Paris ».

Pourtant, malgré ces inconvénients, les villes attirent toujours plus de monde, ce qui s'explique aussi par la proximité et la diversité des offres culturelles ou sportives qu'elles proposent. Ainsi, la ville de Paris permet à ses habitants de pouvoir sortir tous les jours pour visiter des expositions, aller au cinéma, au théâtre, alors que cette offre est bien plus limitée à la campagne.

Enfin, le brassage de population dans les villes est une occasion de s'ouvrir aux autres et d'échanger. Les différences sont bien mieux acceptées. Par exemple dans son roman *La Fée carabine*, Daniel Pennac décrit les échanges chaleureux entre les habitants de tous âges et de toutes origines dans le quartier de Belleville à Paris.

En définitive, le lieu de vie importe sans doute bien moins que l'état d'esprit des habitants : si l'on veut rencontrer les autres, il faut être ouvert et aller vers eux, que ce soit à la ville ou à la campagne.

2de ÉPREUVE

Travail d'écriture – Sujet B → *énoncé p. 73*

Les clés pour réussir

▸ **Le sujet**
- On attend un récit, **de type narratif**, qui contienne une **description** des lieux et l'expression des **impressions et des émotions** du narrateur.
- Il n'est pas obligatoire de raconter une expérience réelle et vécue, vous pouvez évoquer **toute découverte d'un espace urbain quel qu'il soit, réel ou imaginaire**.
- Pensez à vous appuyer sur votre connaissance de **textes liés à la ville** (programme de 4e : « La ville, lieu de tous les possibles »).

▸ **Le récit à la première personne**
- Le récit devra être rédigé **à la première personne**, comme un texte autobiographique, même si vous n'avez jamais été confronté(e) à l'expérience de la découverte d'une nouvelle ville.
- Pour enrichir le récit de votre expérience, vous veillerez à insérer les éléments suivants :
  – des **descriptions précises** ou des **portraits** pour que le lecteur puisse imaginer les objets, lieux, personnages de votre souvenir ;
  – des réflexions sur vos **sensations** et vos **sentiments**, pour cela pensez à utiliser un lexique approprié : « je sentais », « j'observais », « j'écoutais », « j'éprouvais », « il me semblait que », « j'avais l'impression de »… toutes ces tournures montreront que vous menez une introspection, c'est-à-dire que vous portez un **regard sur vous-même** ;
  – une évocation de vos **émotions** et de vos réflexions, en insistant sur ce qui les a déclenchées : « J'étais véritablement ému(e) parce que… » ; « C'était la première fois que… » ; « Je ressentais de la colère car… » ; « J'aurais aimé alors… »

Méthode

Pour vous aider, nous vous avons indiqué en couleur les parties de la rédaction qui répondent aux consignes.

Description   Narration à la première personne   Émotions

Enfin ! J'y suis ! Je sors de la gare Saint Lazare et je foule enfin le macadam parisien si souvent rêvé. L'arrivée en train m'a semblé interminable : j'apercevais çà et là entre deux tours la silhouette fascinante de la tour Eiffel et les eaux de la Seine. Le train ralentissait mais ne s'arrêtait jamais, comme s'il se jouait de mon impatience. J'avais l'impression d'attendre un gâteau derrière la vitrine d'une pâtisserie.

Je fais quelques pas devant la gare, les gens savent où ils vont, ils ont le pas décidé et je cherche à les imiter, mais je dois m'arrêter pour m'orienter. Mon objectif est simple : la tour Eiffel ! Je lève les yeux pour me repérer... de hautes façades barrent mon regard. Les habitations me volent le ciel et m'empêchent de trouver ma direction. Un plan est affiché sur un grand panneau : je suis sauvé ! « Vous êtes ici » : Belle indication ! Un point rouge perdu au milieu d'un entrelac de lignes matérialisant des bus, des routes, des métros... Je suis ici. Un peu désemparé, je m'engage dans une rue que semblent suivre de nombreux piétons : le troupeau doit bien savoir où aller lui ! Sans m'en rendre compte, je descends dans le métro. L'odeur est particulière, des courants d'air semblent guider mes pas. Je suis le mouvement.

Après quelques déambulations hasardeuses, un wagon me happe. Je suis un peu sonné, mais quelques noms rassurants s'affichent bientôt sur les murs des stations de métro : Roosevelt – Iena – Trocadéro... À la faveur d'un mouvement de foule, je quitte la rame. Je parviens à remonter des escaliers et c'est un éblouissement : le soleil m'accueille en m'obligeant à plisser les yeux : j'ai retrouvé le ciel ! La foule est toujours aussi dense, mais semble moins pressée et agitée qu'à la sortie de la gare. Les gens se parlent, se sourient, les terrasses s'animent. Imperceptiblement, le flot humain avance vers une esplanade, il serait malvenu de contrarier le mouvement, et c'est finalement un sentiment agréable de se laisser porter par ses semblables : nous sommes tous comme animés du même désir.

Je m'arrête un instant pour savourer ce plaisir, cette agitation sans nervosité. Je ferme les yeux, prends une grande inspiration : je respire la ville, je respire Paris. Je rouvre lentement les yeux et elle est là, grande Dame, fidèle au rendez-vous, elle porte son ombre presque jusqu'à moi pour me guider : la tour Eiffel !

2de ÉPREUVE

Sujets 24 à 28 — 2de épreuve complète du Brevet

100 pts — 5 heures

Pondichéry, mai 2017

HISTOIRE-GÉOGRAPHIE-EMC – FRANÇAIS

PARTIE 1
Comprendre, analyser et interpréter

3 h 10 — 75 pts

PARTIE 1.1 • Histoire, Géographie, Enseignement moral et civique

Exercice 1 : Analyser et comprendre des documents — 45 min — 20 pts

HISTOIRE

> **Document** — Les nouvelles aspirations de la jeunesse
>
> *Ce que n'est pas une vie normale*
> Avoir 20 ans et vivre en potache[1].
> Ne pas pouvoir recevoir son père ou son frère dans sa chambre mais dans un foyer totalement impersonnel.
> Demander l'autorisation pour danser dans un foyer qui nous est réservé.
> Vivre dans une ambiance malsaine parce que la société qui veille sur nous a peur des « abus » de la jeunesse.
> Enregistrer bêtement et passivement la culture imposée.
> Mener une vie misérable dans tous les sens du terme, faire un travail au noir pour payer ses études ou sa piaule[2].
> Abandonner ses études après trois ans en cité[3] parce qu'on est incapable de les payer.
>
> *Ce qu'est une vie normale*
> Vivre libre et être responsable.
> Être respecté au même titre que n'importe quel citoyen.
> Avoir les mêmes droits et les mêmes responsabilités, que l'on soit un garçon ou une fille.

Faire de la cité[3] un lieu d'animation culturelle et de création artistique qui soit le fait des étudiants.

Pouvoir arriver au terme de ses études sans être aidé financièrement par papa.

Pouvoir discuter sur un pied d'égalité avec l'administration et ne pas recevoir de bonbons pour nous faire plaisir.

Si vous contestez ou si vous approuvez la politique menée, manifestez-vous, exprimez-vous.

Réunion d'information […]

Au foyer F jeudi 8 février [1967] à 20 h 30.

Tract de l'« Association des résidents de la Cité universitaire de Nanterre » rapporté par Emmanuelle Loyer, *Mai 68 dans le texte*, Bruxelles, Complexe, coll. « De source sûre », 2008.

1. *Potache* : collégien, lycéen (familier).
2. *Piaule* : chambre (familier).
3. *Cité universitaire* : résidence où sont logés des étudiants.

Questions → *corrigé p. 94*

1 Pourquoi peut-on dire que la jeunesse étudiante est confrontée à des difficultés financières selon les auteurs de ce texte ? **6 pts**

2 Relevez dans le document deux éléments qui montrent que les jeunes aspirent à plus de liberté et deux éléments qui montrent qu'ils aspirent à plus d'égalité. **6 pts**

3 Relevez la phrase du texte qui incite les jeunes à s'engager dans la vie politique. **4 pts**

4 À l'aide de vos connaissances, indiquez deux exemples d'évolution qui ont répondu aux aspirations de la jeunesse depuis les années 1960. **4 pts**

Exercice 2 : Maîtriser différents langages

GÉOGRAPHIE → *corrigé p. 96*

1 Rédigez un texte structuré d'une vingtaine de lignes montrant que la mondialisation transforme les espaces productifs français. Vous traiterez au choix : espaces productifs industriels OU espaces productifs agricoles OU espaces productifs touristiques OU espaces productifs d'affaires. Vous pouvez vous appuyer sur un exemple étudié en classe.

2 En utilisant la légende, localisez et nommez sur la carte :
– un grand port maritime ;
– deux métropoles ;

2ᵈᵉ ÉPREUVE

– placez sur la carte la principale façade maritime française ouverte sur le monde et reportez le figuré choisi en légende.

Territoire français et mondialisation : quelques aspects

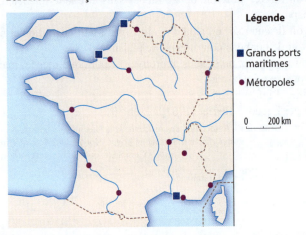

Exercice 3 : Enseignement moral et civique

  10 pts

Document 1 — La composition de l'Assemblée nationale au soir des élections du 17 juin 2012.

* Le Palais Bourbon est le lieu où siège l'Assemblée nationale.

Infographie du journal *L'Est républicain*, 17 juin 2012 (www.estrepublicain.fr).

Document 2 — Extrait de la Constitution de la Ve République

Article premier
La France est une République indivisible, laïque, démocratique et sociale. Elle assure l'égalité devant la loi de tous les citoyens sans distinction d'origine, de race ou de religion. […]
La loi favorise l'égal accès des femmes et des hommes aux mandats électoraux et fonctions électives, ainsi qu'aux responsabilités professionnelles et sociales.

Article 3
La souveraineté nationale appartient au peuple qui l'exerce par ses représentants et par la voie du référendum. […]
Le suffrage peut être direct ou indirect dans les conditions prévues par la Constitution. Il est toujours universel, égal et secret.

Article 4
Les partis et groupements politiques concourent à l'expression du suffrage. Ils se forment et exercent leur activité librement. Ils doivent respecter les principes de la souveraineté nationale et de la démocratie.
La loi garantit les expressions pluralistes des opinions et la participation équitable des partis et groupements politiques à la vie démocratique de la Nation.

Questions → *corrigé p. 98*

1 Quel problème pose le taux de participation aux élections du 17 juin 2012 indiqué dans le document 1 ?

2 À l'aide d'exemples du document 1, montrez que des opinions différentes s'expriment au sein de l'Assemblée nationale, comme le prévoit la Constitution (document 2).

3 Que révèle le nombre de femmes élues (document 1) sur la représentation des femmes à l'Assemblée nationale et dans la vie politique ?

4 À l'aide des documents et de vos connaissances, montrez que l'élection et la composition de l'Assemblée nationale mettent en œuvre les principes démocratiques de la République et indiquez ce qui pourrait être amélioré.

PARTIE 1.2 • Français

Document A — Texte littéraire

Simone de Beauvoir vient d'avoir 20 ans : en s'installant à Paris, dans une pension tenue par sa grand-mère, elle obtient enfin la liberté dont elle avait tant rêvé pendant ses années d'études... Elle raconte cette installation au deuxième tome de son œuvre autobiographique.

Ce qui me grisa lorsque je rentrai à Paris, en septembre 1929, ce fut d'abord ma liberté. J'y avais rêvé dès l'enfance, quand je jouais avec ma sœur à « la grande jeune fille ». Étudiante, j'ai dit avec quelle passion je l'appelai. Soudain, je l'avais ; à chacun de mes gestes, je m'émerveillais de ma légèreté. Le matin, dès que j'ouvrais les yeux, je m'ébrouais, je jubilais. Aux environs de mes 12 ans, j'avais souffert de ne pas posséder à la maison un coin à moi. Lisant dans *Mon journal*[1] l'histoire d'une collégienne anglaise, j'avais contemplé avec nostalgie le chromo[2] qui représentait sa chambre : un pupitre, un divan, des rayons couverts de livres ; entre ces murs aux couleurs vives, elle travaillait, lisait, buvait du thé, sans témoin : comme je l'enviai ! J'avais entrevu pour la première fois une existence plus favorisée que la mienne. Voilà qu'enfin moi aussi j'étais chez moi ! Ma grand-mère avait débarrassé son salon de tous ses fauteuils, guéridons, bibelots. J'avais acheté des meubles en bois blanc que ma sœur m'avait aidée à badigeonner d'un vernis marron. J'avais une table, deux chaises, un grand coffre qui servait de siège et de fourre-tout, des rayons pour mettre mes livres, un divan assorti au papier orange dont j'avais fait tendre les murs. De mon balcon, au cinquième étage, je dominais les platanes de la rue Denfert-Rochereau et le lion de Belfort. Je me chauffais avec un poêle à pétrole rouge et qui sentait très mauvais : il me semblait que cette odeur défendait ma solitude et je l'aimais. Quelle joie de pouvoir fermer ma porte et passer mes journées à l'abri de tous les regards ! Je suis très longtemps restée indifférente au décor dans lequel je vivais ; à cause, peut-être, de l'image de *Mon journal* je préférais les chambres qui m'offraient un divan, des rayonnages ; mais je m'accommodais de n'importe quel réduit : il me suffisait encore de pouvoir fermer ma porte pour me sentir comblée.

Je payais un loyer à ma grand-mère et elle me traitait avec autant de discrétion que ses autres pensionnaires ; personne ne contrôlait mes allées et venues. Je pouvais rentrer à l'aube ou lire au lit toute la nuit, dormir en plein midi, rester claquemurée vingt-quatre heures de suite, descendre brusquement dans la rue. Je déjeunais d'un *bortsch* chez

Dominique[3], je dînais à la Coupole d'une tasse de chocolat. J'aimais le chocolat, le *bortsch*, les longues siestes et les nuits sans sommeil, mais j'aimais surtout mon caprice. Presque rien ne le contrariait. Je consta-
40 tai joyeusement que le « sérieux de l'existence », dont les adultes m'avaient rebattu les oreilles, en vérité ne pesait pas lourd. Passer mes examens, ça n'avait pas été de la plaisanterie ; j'avais durement peiné, j'avais eu peur d'échouer, je butais contre des obstacles et je me fatiguais. Maintenant, nulle part je ne rencontrais de résistances, je me
45 sentais en vacances, et pour toujours.

Simone de Beauvoir, *La Force de l'Âge*, Gallimard, 1960.

---

1. *Mon journal* : mensuel de l'époque, pour filles et garçons de cinq à dix ans.
2. *Chromo* : illustration en couleur.
3. *Dominique* : restaurant russe qui servait entre autres choses le *bortsch*, un potage traditionnel de l'Est.

Document B Image

Vittorio Matteo Corcos, *Rêves*, 1896.

2ᵈᵉ ÉPREUVE

Questions → *corrigé p. 100* 20 pts

Sur le texte littéraire (document A)

1 Lignes 1 à 6 : relevez trois mots qui illustrent le sentiment dominant de ce passage. Quelle en est la cause ? **2 pts**

2 « J'aimais le chocolat, le *bortsch*, les longues siestes et les nuits sans sommeil, mais j'aimais surtout mon caprice. » (lignes 37-39)
Quels sont les goûts évoqués par la narratrice dans cette phrase ? Lequel est mis en avant et comment ? **3 pts**

3 « j'y avais rêvé dès l'enfance » (ligne 2) Dans cette proposition, à quel temps le verbe est-il conjugué ? Expliquez son emploi. **2 pts**

4 « j'avais durement peiné, j'avais eu peur d'échouer, je butais contre des obstacles et je me fatiguais. Maintenant, nulle part je ne rencontrais de résistances, je me sentais en vacances, et pour toujours. » (lignes 42 à 45)
a. Quel est le rapport logique entre ces deux phrases ?
b. Transformez ces deux phrases en une phrase complexe contenant une proposition subordonnée. **2 pts**

5 Que représente la nouvelle chambre dans la vie de la narratrice ? Vous développerez au moins deux idées. **4 pts**

6 Quelle est la place de la lecture dans la liberté nouvelle de la narratrice ? Justifiez en citant le texte. **3 pts**

Sur le texte littéraire et l'image (documents A et B)

7 Décrivez l'attitude de la jeune femme dans ce tableau. Quelle image particulière de la lectrice introduit-il ? Cette vision rejoint-elle celle que propose le texte ? **4 pts**

Réécriture → *corrigé p. 102* 5 pts

« Je suis très longtemps restée indifférente au décor dans lequel je vivais ; à cause, peut-être, de l'image de *Mon journal* je préférais les chambres qui m'offraient un divan, des rayonnages ; mais je m'accommodais de n'importe quel réduit. »
❯ Réécrivez ce passage en remplaçant la première personne du singulier (*je*) par la première personne du pluriel (*nous*) désignant la narratrice et sa sœur. Vous ferez toutes les modifications nécessaires.

Pondichéry, mai 2017 — **Sujets 24 à 28**

PARTIE 2
Rédaction et maîtrise de la langue

⏱ 1 h 50 — **25 pts**

Dictée → *corrigé p. 102* ⏱ 20 min — **5 pts**

❯ Écoutez la dictée sur le site abcbrevet.com.

Consignes :
– On dictera le texte à haute voix à plusieurs reprises.
– On inscrira au tableau de manière lisible par l'ensemble des candidats le titre de l'œuvre, le nom de l'auteur et le nom : **Herbaud**.

Travail d'écriture ⏱ 1 h 30 — **20 pts**

Vous traiterez au choix l'un des deux sujets suivants :

Sujet A → *corrigé p. 103*

❯ En quoi la lecture peut-elle être selon vous une source de liberté ?
Vous répondrez à cette question en envisageant notamment différentes pratiques ou différents supports de la lecture.
Votre rédaction sera d'une longueur minimale d'une soixantaine de lignes (300 mots environ).

Sujet B → *corrigé p. 105*

❯ La narratrice rencontre sa grand-mère dans la pension : cette dernière exprime ses sentiments face à la liberté et au bonheur de sa petite-fille. Elle lui raconte ce qu'était sa vie au même âge.
Votre rédaction sera d'une longueur minimale d'une soixantaine de lignes (300 mots environ) et mêlera dialogue et narration.

Sujets 24 à 28 Corrigés

PARTIE 1

PARTIE 1.1 • Histoire, Géographie, EMC

Exercice 1 → *énoncé p. 87*

Les clés pour réussir

▶ **Bien lire le document**

Identifier sa nature

• Ce document est un texte tiré d'un tract pour une réunion d'information organisée par l'« Association des résidents de la Cité universitaire de Nanterre » en 1967. Ce tract a été publié dans un livre d'histoire intitulé *Mai 68 dans le texte* écrit par Emmanuelle Loyer en 2008. Un tract est un papier que l'on distribue pour informer ou mobiliser la population. C'est donc un témoignage direct des revendications étudiantes à la veille des **événements de Mai 68**. → Fiche 9

Repérer les éléments importants

• **La date et les auteurs**, même si cela ne vous est pas demandé dans les questions.

• Les deux paragraphes qui correspondent à **ce que la jeunesse reproche** à la société (« ce que n'est pas une vie normale ») et à ce qu'elle voudrait pour que cela change (« ce qu'est une vie normale »).

• Le fait que chaque ligne commence par un verbe à l'infinitif pour exprimer les **points de vue** des étudiants.

▶ **Bien comprendre les questions**

Question 1

• Vous devez relever dans le texte les extraits qui permettent de montrer que les étudiants ont des **difficultés financières**. Vous trouverez essentiellement des exemples dans la première partie du tract, même si vous pouvez en relever un dans la seconde partie. Ne vous contentez pas de relever ces extraits, mais essayez d'expliquer la situation de beaucoup de jeunes étudiants à cette époque. Attention de relever toutes les difficultés financières citées dans le texte car la question est sur 6 points.

Question 2

• Dans cette deuxième question, on attend de vous que vous releviez quatre éléments du texte : deux extraits du tract doivent montrer que les jeunes aspirent à plus de **liberté** et deux autres à plus **d'égalité**. Faites bien la distinction entre les deux. On ne vous demande pas d'expliquer mais simplement de relever des extraits en citant le texte. Vous avez le choix entre de nombreux passages (on peut en trouver plus de quatre, mais limitez-vous à ce qui est demandé). N'oubliez pas les guillemets pour montrer que ce sont des citations.

Question 3
- Comme pour la question précédente, on attend de vous que vous citiez une phrase du tract. Une seule phrase du texte correspond à la réponse attendue. Encore une fois, n'oubliez pas les guillemets.

Question 4
- Pour répondre à cette question, vous avez besoin de connaissances personnelles qui permettent d'éclairer le document. Référez-vous à l'intitulé du chapitre indiqué au-dessus du document, mais aussi à la date du tract et à ses auteurs. En 1967, nous sommes à la veille des **événements de Mai 68**, qui débutent d'ailleurs à l'université de Nanterre. Lors de cette crise, les étudiants réclament plus de droits, notamment politiques, et se révoltent contre la société autoritaire de la Ve République mise en place par le président de Gaulle. Ce tract de 1967 permet de voir que ces aspirations sont déjà présentes un an avant les événements.
- En classe, vous avez étudié les réponses politiques à ces aspirations à plus d'égalité et de liberté : vous devez citer deux exemples d'évolution entre les années 1960 et les années 1980.

Les mots-clés

- **Aspirations** : volonté de changement pour atteindre un idéal ou une meilleure situation.
- **Travail au noir** : travail non déclaré, donc illégal et souvent mal payé.
- **Mai 68** : crise sociale et politique, ayant lieu en mai 1968. Elle débute par la révolte des étudiants contre une société qui ne les écoute pas et contre la société de consommation. Elle s'étend ensuite aux ouvriers qui déclenchent une grève générale pour réclamer de meilleures conditions de travail et de salaire.
- **Culture imposée** : désigne la culture des adultes, une culture « classique » qui s'oppose aux nouvelles formes de culture portées par la jeunesse, par exemple le rock.

1 Selon les auteurs de ce tract, la jeunesse étudiante est « obligée de mener une vie misérable », « de faire un travail au noir pour payer ses études ou sa piaule » voire même « d'abandonner ses études après trois ans en cité parce qu'on est incapable

L'astuce du prof
Ne vous contentez pas de citer le texte. Expliquez votre choix, en présentant la situation financière des jeunes étudiants à cette époque.

de les payer ». Tout cela montre que les jeunes, s'ils ne sont pas aidés financièrement par leurs parents, ont du mal à trouver un logement, même en cité universitaire, et à payer leurs études supérieures.

2 En 1967, les jeunes réclament plus de liberté. Ils se plaignent de « demander l'autorisation pour danser dans un foyer qui [leur] est réservé. » Ils veulent aussi « faire de la cité un lieu d'animation culturelle et de création artistique qui soit le fait des étudiants. »

Ils aspirent également à plus d'égalité. Ils veulent « avoir les mêmes droits et les mêmes responsabilités, que l'on soit un garçon ou une fille » et « pouvoir discuter sur un pied d'égalité avec l'administration ».

3 La phrase qui incite les jeunes à s'engager dans la vie politique est celle qui termine le tract : « Si vous contestez ou si vous approuvez la politique menée, manifestez-vous, exprimez-vous. »

4 En mai 1968, la jeunesse descend dans la rue pour faire entendre ses revendications. La génération du « baby-boom » ne veut plus de la société patriarcale sous l'autorité du général de Gaulle. Peu à peu, leurs revendications sont entendues : en 1974, la majorité passe de 21 à 18 ans donnant aux jeunes plus de responsabilités, notamment politiques. La même année, la loi Veil légalise l'avortement, répondant ainsi aux aspirations de la jeunesse, et surtout des femmes, à plus de liberté et d'égalité.

> **Gagnez des points !**
> Situez le contexte dans lequel ce tract a été écrit, un an avant Mai 68.

Exercice 2 → *énoncé p. 87*

Les clés pour réussir

▶ **Bien comprendre les consignes**

Consigne 1

● La consigne vous demande de **montrer**, c'est-à-dire d'expliquer à l'aide de vos connaissances, que la **mondialisation transforme les espaces productifs français**.

● Vous devez rédiger un texte **structuré**, c'est-à-dire **un développement construit**. Votre texte doit donc comporter une introduction, plusieurs parties et une conclusion. Rédigez un brouillon dans lequel vous organisez vos connaissances et vos exemples, sans nécessairement rédiger.

● Attention de bien lire le sujet car on vous demande de choisir **un seul type d'espace productif** : SOIT un espace industriel, SOIT un espace agricole, SOIT un espace touristique, SOIT un espace d'affaires. Vous avez donc le choix, mais vous ne devez pas mélanger ces différents types d'espaces productifs. Nous avons choisi dans ce corrigé de traiter des espaces industriels, car ils sont profondément transformés par la mondialisation.

> • Appuyez-vous sur un exemple traité en cours. On attend de vous que vous citiez au moins un espace précis, lié à une activité économique que vous devez décrire. → Fiche 11
>
> **Consigne 2**
> • Respectez bien les consignes de l'énoncé. Ne nommez pas toutes les métropoles et les grands ports maritimes (ou ZIP) présents sur la carte, mais **limitez-vous à un port, deux métropoles et la principale façade maritime**.
> • Attention de bien choisir votre figuré pour la principale façade maritime. Il doit la localiser et montrer en même temps qu'elle est ouverte sur le monde (fonction d'interface). Le figuré doit bien sûr être identique dans la légende et sur la carte.

Les mots-clés

Espace productif • Mondialisation • Métropole • Technopôles • Aire urbaine • ZIP • LVG • Innovation • Pôle de compétitivité • Délocalisation • Désindustrialisation

1 En France, la mondialisation transforme profondément les espaces productifs. Comment le voit-on pour les espaces productifs industriels ?

De nombreux espaces productifs industriels profitent des dynamiques de la mondialisation. Ces espaces productifs industriels sont situés dans les grandes métropoles. Ils bénéficient d'une main-d'œuvre nombreuse, très qualifiée qui leur permet d'innover sans cesse et d'être ainsi compétitifs à l'échelle mondiale. De plus, de nombreux technopôles sont créés au sein des principales aires urbaines pour soutenir cette innovation. Enfin, les espaces industriels les plus productifs sont ceux qui sont bien reliés au reste du territoire national, à l'Europe et au monde par des réseaux de transports et de communications performants : aéroports internationaux, autoroutes, LGV ou encore zones industrialo-portuaires (ZIP). Ainsi l'entreprise aéronautique Airbus est installée dans la métropole toulousaine, un espace qui bénéficie d'un aéroport, de plusieurs autoroutes et d'un accès à l'océan Atlantique par l'estuaire de la Gironde. On y trouve aussi des pôles de compétitivité associant des écoles, des centres de recherche et des entreprises pour développer l'innovation dans les domaines aéronautique et aérospatial.

> **Gagnez des points !**
> Posez la problématique du sujet sous forme de question. N'oubliez pas de bien indiquer quel type d'espace productif vous avez choisi.

> **Gagnez des points !**
> Placez dans votre texte le vocabulaire précis appris en cours qui montre au correcteur que vous maîtrisez les notions étudiées dans ce chapitre.

2ᵈᵉ ÉPREUVE

Toulouse est ainsi devenu un espace industriel compétitif à l'échelle mondiale.

À l'inverse, d'autres espaces productifs industriels se retrouvent peu à peu à l'écart, moins intégrés dans les dynamiques de la mondialisation. Ainsi, les anciens espaces productifs du textile et de la sidérurgie dans le Nord-Est de la France sont en crise, car ces activités ont été délocalisées dans des pays en développement. Cela entraîne la désindustrialisation de ces espaces. Le taux de chômage y est très important ; ils doivent se reconvertir et trouver de nouvelles activités productives.

La mondialisation a donc transformé les espaces industriels français en concentrant les activités dans les grandes métropoles du territoire et sur la façade Ouest du pays.

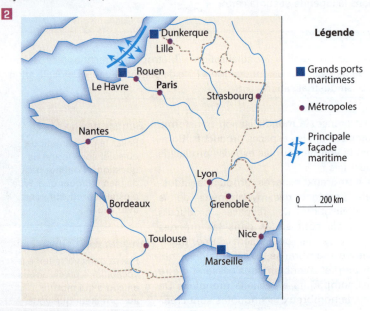

Exercice 3 → *énoncé p. 88*

Les clés pour réussir

▶ **Bien comprendre les consignes**

Consigne 1

● Pour répondre à cette question, vous devez bien observer le document 1 et **prélever le chiffre du taux de participation**. Pourtant, vous ne pouvez pas vous contenter de cette information. Vous devez **en déduire le problème posé par ce chiffre**.

Consigne 2
- Dans cette question, vous devez faire le lien entre l'article 4 de la Constitution et la composition de l'Assemblée nationale en 2012. Pour cela, vous devez maîtriser la notion de **pluralisme politique**.

Consigne 3
- Vous devez, là encore, ne pas vous contenter de prélever l'information dans le document 1, mais interpréter ce chiffre grâce à vos connaissances. Le document 2 vous rappelle, une nouvelle fois, le principe énoncé par la Constitution et qui devrait être respecté.
- Vous pouvez aussi vous appuyer sur la progression du chiffre pour montrer l'évolution depuis les élections précédentes.

Consigne 4
- Pour cette question, vous devez rédiger un petit paragraphe qui reprend les informations des questions 1 à 3, auxquelles vous devez impérativement rajouter des connaissances personnelles. **Le plan de ce paragraphe vous est donné par l'énoncé** : vous devez d'abord aborder les principes démocratiques de notre République respectés lors de cette élection ; puis indiquer dans un second temps ce qui pourrait être encore amélioré.

Les mots-clés
Principes démocratiques • Assemblée nationale • Élections législatives • Partis politiques • Pluralisme • Abstention • Parité • Suffrage universel • Souveraineté nationale • Constitution • Députés

1 Lors des élections législatives du 17 juin 2012, le taux de participation a été de 57 %. Cela signifie que 43 % des électeurs se sont abstenus. Cela pose un problème de représentativité des personnes élues, car cette abstention est très forte.

2 La Constitution de la Ve République garantit, dans son article 4, « les expressions pluralistes des opinions et la participation équitable des partis et groupements politiques à la vie démocratique de la Nation ». Cela se reflète dans la composition de l'Assemblée nationale élue en 2012 : sept partis ou mouvements politiques sont représentés à l'Assemblée. Ces partis vont de l'extrême gauche (Front de gauche) à l'extrême droite (Front national). Les deux grands partis politiques de la Ve République (le Parti socialiste à gauche et l'UMP à droite) sont les partis qui regroupent le plus d'élus. Le PS est alors le parti majoritaire.

> **Gagnez des points !**
> Montrez que vous connaissez l'éventail des principaux partis politiques français, de gauche et de droite.

3 Sur les 577 députés élus en 2012, seuls 151 sont des femmes, ce qui représente moins d'un quart. Les femmes sont donc très minoritaires. Pourtant, elles étaient encore moins nombreuses auparavant, puisqu'il est dit que c'est un chiffre record. Malgré l'article 1er de la Constitution qui « favorise l'égal accès des femmes et des hommes aux mandats électoraux et fonctions électives », on peut dire que la représentation des femmes à l'Assemblée et dans la vie politique en général est insuffisante, même si on constate des progrès.

> **Gagnez des points !**
> Parlez de l'évolution de la représentation des femmes à l'Assemblée en expliquant le terme « chiffre record ».

4 Dans la Ve République, les principes démocratiques sont énoncés dans la Constitution. Les élections, notamment les élections législatives qui ont lieu tous les cinq ans pour élire les députés à l'Assemblée nationale, mettent en œuvre ces principes.

> **L'astuce du prof**
> Suivez bien le plan donné par l'énoncé.

Ces élections se font au suffrage universel, égal et secret (article 3). Ainsi, la souveraineté nationale appartient au peuple qui l'exerce en élisant ses représentants à l'Assemblée nationale. Les députés sont chargés de voter les lois.

À l'Assemblée nationale, les différents partis politiques reflètent la pluralité des opinions des Français, de gauche comme de droite, ainsi que le prévoit l'article 4 de la Constitution.

Pourtant certains principes démocratiques de notre République peuvent encore être mieux respectés. Quand l'abstention est très forte, la représentativité des candidats élus est fragile. Trop de Français ne se sont pas exprimés et leurs opinions ne sont alors pas représentées. De plus, alors que l'article 1er de la Constitution prévoit un « égal accès des femmes et des hommes aux mandats électoraux », le nombre de femmes députées est encore très inférieur au nombre d'hommes. La parité n'existe toujours pas réellement.

PARTIE 1.2 • Français

Questions → *énoncé p. 90*

> **Les clés pour réussir**
>
> **3** Les **temps composés** indiquent souvent une **antériorité** par rapport aux temps simples.
>
> **4 a.** Les liens logiques les plus fréquents sont la cause, la conséquence, l'opposition et le but. Attention, ici deux réponses sont possibles, mais vous ne devez en proposer qu'une seule.
>
> **b.** Attention à bien utiliser une conjonction de subordination (et non de coordination).

Pondichéry, mai 2017

5 Cette question demande à être développée : appuyez-vous sur le texte (que vous citerez) en repérant les différents passages où elle parle de sa chambre.

7 Cette question est divisée en trois parties : il faut d'abord décrire, puis interpréter et enfin faire un lien avec le texte. Pensez à regarder le titre de l'œuvre pour orienter votre compréhension du tableau. N'oubliez pas de citer le texte.

1 Le sentiment dominant dans ce passage est la joie, comme le montrent les verbes « me grisa » (l. 1), « je m'émerveillais » (l. 5) et je « jubilais » (l. 6). Cette joie est causée par la liberté qu'elle vient de découvrir : « ma liberté » (l. 2).

2 La narratrice parle ici de ses petits plaisirs culinaires « le chocolat » et « le *bortsch* » qui semblent constituer l'essentiel de ses repas, et de son goût pour une vie sans contraintes imposées, à l'inverse des comportements habituels des personnes actives : « longues siestes et nuits sans sommeil ». L'expression « mon caprice » qui résume tout cela, est mise en avant en étant rejetée en fin de phrase, après l'énumération des plaisirs et grâce à la répétition du verbe « j'aimais » renforcé par l'adverbe « surtout ».

3 Le verbe « rêver » est conjugué au plus-que-parfait de l'indicatif. Ce temps exprime ici l'antériorité par rapport à la phrase précédente : ce rêve de liberté est arrivé bien avant ses 20 ans : « dès l'enfance ».

4 a. Le rapport logique entre ces deux phrases est l'opposition.

b. « [...] j'avais durement peiné, j'avais eu peur d'échouer, je butais contre des obstacles et je me fatiguais alors que maintenant, nulle part je ne rencontrais de résistances, je me sentais en vacances, et pour toujours. » La conjonction de subordination « alors que » permet d'exprimer l'opposition. Un rapport logique de conséquence pourrait aussi être sous-entendu avec la conjonction « si bien que ».

5 La nouvelle chambre représente pour la narratrice la réalisation d'un rêve d'enfant, celui de la liberté : « ma liberté. J'y avais rêvé dès l'enfance » (l. 2). Elle symbolise aussi l'indépendance et l'émancipation : « Voilà qu'enfin j'étais chez moi ! » (l. 13). Enfin, la narratrice éprouve un sentiment de protection et de plénitude dans la solitude de sa chambre, en compagnie de ses livres : « à l'abri de tous les regards » (l. 24), « fermer ma porte pour me sentir comblée » (l. 30).

6 La lecture est la motivation principale de la narratrice dans sa quête de liberté, elle souhaite s'entourer de livres « des rayons pour mettre mes livres » (l. 17), le reste du mobilier compte peu. Son objectif est de pouvoir lire sans contraintes : « lire au lit toute la nuit » (l. 34), ce qui représente pour elle l'accomplissement de ce dont elle avait rêvé déjà grâce à la lecture : « Lisant [...] *Mon journal* » (l. 7)

2ᵈᵉ ÉPREUVE

7 Ce tableau de la fin du XIXᵉ siècle représente une jeune femme assise seule sur un banc public, elle a posé ses livres, son chapeau et son ombrelle à côté d'elle. Les jambes croisées et le menton appuyé sur sa main gauche, elle rêve en regardant dans le vague vers le spectateur. Cette lectrice est présentée comme solitaire et ne cherchant pas de compagnie : elle occupe tout l'espace avec ses livres et semble comme dans le texte « défendre sa solitude » (l. 22). On retrouve le plaisir que la narratrice exprime à la fin de l'extrait : « [...] je me sentais en vacances, et pour toujours. » (l. 45).

Réécriture → *énoncé p. 92*

Les clés pour réussir

- **On vous demande** de passer du singulier au pluriel en restant au féminin (la narratrice et sa sœur).
- **Vous devez modifier :**
– les pronoms personnels (sujets, réfléchis) ;
– l'accord d'un participe passé et d'un adjectif ;
– la conjugaison des verbes.

« **Nous sommes** très longtemps **restées indifférentes** au décor dans lequel **nous vivions** ; à cause, peut-être, de l'image de *Mon journal* **nous préférions** les chambres qui **nous offraient** un divan, des rayonnages ; mais **nous nous accommodions** de n'importe quel réduit. »

PARTIE 2

Dictée → *énoncé p. 93*

Les clés pour réussir

▶ **Bien conjuguer**
- Le **passé simple** du verbe avoir : eus/eus/eut/eûmes/eûtes/eurent.
- L'**imparfait** a des terminaisons très régulières : -ais/-ais/-ait/-ions/-iez/-aient.

▶ **Bien accorder**
- **Tel(s)/telle(s)** est un adjectif, il s'accorde toujours avec un nom.

▶ **Ne pas confondre**
- « **ce** » et « **se** » → « **ce** » est un pronom démonstratif, « **se** » est un pronom personnel réfléchi, on ne le trouve que devant un verbe pronominal (ex. : se reposer).

> **Bien orthographier**
> - Le trait d'union sert à unir deux mots qui forment un mot composé, ou à relier le pronom au verbe lorsqu'il est placé après lui (ex. « pensais-je », « dis-tu »…)

> **Les mots difficiles**
> - « **Exalter** » signifie élever très haut.
> - « **Gaieté** » peut s'écrire de trois manières différentes : « gaieté » / « gaîté » / « gaité », mais attention, il n'y a jamais de « e » à la fin.

Voilà pourquoi en rencontrant Herbaud j'eus l'impression de me trouver moi-même : il m'indiquait mon avenir. Ce n'était ni un bien-pensant, ni un rat de bibliothèque, ni un pilier de bar ; il prouvait par son exemple qu'on peut se bâtir, en dehors des vieux cadres, une vie orgueilleuse, joyeuse et réfléchie : telle exactement que je la souhaitais.

Cette fraîche amitié exaltait les gaietés du printemps. Un seul printemps dans l'année, me disais-je, et dans la vie une seule jeunesse : il ne faut rien laisser perdre des printemps de ma jeunesse.

Simone de Beauvoir, *Mémoires d'une jeune fille rangée*, Gallimard, 1958.

Travail d'écriture – Sujet A → *énoncé p. 93*

> **Les clés pour réussir**
>
> ▶ **L'introduction**
> - **Introduisez le sujet** : vous pouvez faire référence au texte étudié qui évoque le plaisir de la narratrice pour la liberté de lire : « lire au lit toute la nuit ».
> - **Présentez le sujet** : reprenez la question posée par le sujet.
> - Annoncez clairement votre **plan**.
>
> ▶ **Le développement**
> - La question posée appelle un développement en plusieurs parties qui énumèrent les raisons pour lesquelles la lecture peut être une source de liberté. Les raisons peuvent être :
> – l'apport de connaissances ;
> – le temps libre ;
> – l'évasion du monde réel…
> - Dans chaque partie vous sélectionnerez un exemple pertinent et précis en ayant soin de les varier comme vous le demande le sujet : « différentes pratiques ou différents supports de la lecture ».

2de ÉPREUVE

> **La conclusion**
> ● **Résumez en d'autres termes** votre argumentation en précisant votre avis.
> ● Terminez avec une **phrase d'ouverture**, en proposant par exemple une autre question sur la place de la lecture aujourd'hui.

> **Méthode**
> *Pour vous aider, nous vous avons indiqué en couleur les parties de la rédaction qui répondent aux consignes.*
> Indicateurs logiques   Arguments   ⋮ Exemples

Simone de Beauvoir insiste dans son texte sur le sentiment de liberté qu'elle éprouve en ayant la possibilité de « lire au lit toute la nuit ». Liberté et lecture sont ici associées, et l'on peut se demander dans quelle mesure la lecture peut être une source de liberté. Nous proposerons trois raisons principales en nous appuyant sur des exemples précis.

Avant tout, la lecture est une source de liberté car elle nous donne accès à la connaissance et exerce notre esprit critique. Qu'il s'agisse de la lecture d'un journal, d'un ouvrage documentaire ou d'un essai, la maîtrise de la lecture nous permet de mieux appréhender le monde qui nous entoure. Ainsi, en lisant quotidiennement *L'Actu*, que ce soit en version numérique ou papier, nous nous tenons informés sur l'actualité et nous en comprenons mieux les enjeux qu'avec les informations télévisuelles car nous pouvons prendre le temps nécessaire à la réflexion sans être focalisés sur les images.

De plus, la lecture est un divertissement qui permet de se libérer du quotidien, de l'ennui ou de ses problèmes de façon simple et accessible pour tout le monde. La variété des écrits (romans, BD, poèmes…) offre en effet à chacun la possibilité de trouver du plaisir dans ce loisir. Par exemple, les romans publiés en format de poche, peuvent nous accompagner partout, c'est le cas du *Tour du monde en 80 jours* de Jules Verne où l'on est emporté avec le héros dans des aventures extraordinaires.

Enfin, la lecture nous libère en élargissant notre horizon, en nous faisant découvrir d'autres univers, réels ou imaginaires. Dès que l'on entre dans un livre, on change notre regard sur le monde en envisageant la manière de penser ou de voir de quelqu'un d'autre. Ainsi, la lecture d'un roman de science-fiction comme *Ravages* de Barjavel libère notre façon de voir en remettant en question l'usage intensif des technologies.

Pour conclure, l'acte de lire, qu'il soit entrepris pour s'informer, se divertir ou pour découvrir les autres est bien un acte libérateur car il ouvre toujours notre esprit et développe notre réflexion. On pourrait

Pondichéry, mai 2017

alors s'interroger aujourd'hui sur les raisons pour lesquelles, la lecture n'est pas toujours un loisir populaire chez les adolescents.

Travail d'écriture – Sujet B → *énoncé p. 93*

Les clés pour réussir

▶ **La situation de communication**
- Il faut prendre en compte le texte initial, c'est la narratrice qui fait le récit de sa rencontre avec sa grand-mère, vous devez donc respecter le statut du narrateur (**première personne, jeune femme**).
- Vous pouvez reprendre des éléments du texte de départ pour conduire votre narration.
- Pensez à intégrer le vocabulaire des **sentiments** lorsque la grand-mère s'exprime.

▶ **La présentation du dialogue**
- Après la dernière phrase du récit il faut : mettre **deux points** (:), **aller à la ligne**, **ouvrir des guillemets** («) et **mettre un tiret** (–). Ensuite, à chaque fois que quelqu'un intervient dans le dialogue, vous devez aller à la ligne, et mettre un tiret. Les guillemets ne seront fermés qu'à la fin du dialogue.
- Pensez à varier les verbes introducteurs : s'exclamer, demander, répondre, chuchoter, murmurer...

Méthode

Pour vous aider, nous vous avons indiqué en couleur les parties de la rédaction qui répondent aux consignes.

Narration   Dialogue   Éléments du texte initial   Sentiments

    Un souvenir de cette période me revient en mémoire. C'était au printemps 1930, je me souviens que l'hiver m'avait semblé long et que je goûtais avec bonheur les premiers rayons de soleil de l'année, tout semblait renaître. De mon balcon, j'entendais les oiseaux qui reprenaient possession des platanes désertés pendant l'hiver. Une fin d'après-midi, je rentrais « chez moi » fière et légère car j'avais pris la décision de me faire couper les cheveux courts, suivant la mode « garçonne » qui émergeait alors à Paris. Je croisais ma grand-mère en entrant dans la pension, je crois que je n'oublierai jamais son regard : il s'y mêlait de la surprise et de l'admiration.

    « Que t'est-il arrivé ?, demanda-t-elle étonnée.

    – Je me suis fait couper les cheveux, tu n'aimes pas ? répondis-je avec un grand sourire.

– Si… bien sûr, mais je ne m'y attendais pas, je n'aurais jamais osé une telle coupe… »

Je sentis qu'elle se replongeait quelques années en arrière et j'eus envie d'en savoir plus :

« – Pourquoi ? Toi aussi tu es libre, tu peux te coiffer comme bon te semble !

– Les choses ne sont pas si simples Simone, aujourd'hui tu suis des études, tu es libre et indépendante, tu peux faire les choix que tu veux, mais dans ma jeunesse, ce n'était pas la même chose.

– Pourquoi ? Je ne comprends pas.

– Eh bien, les mentalités n'étaient pas aussi ouvertes : on considérait, encore plus qu'aujourd'hui, qu'une femme ne devait rien entreprendre sans la permission de son mari. Moi, j'avais de la chance, ton grand-père n'était pas un tyran, mais il y avait le regard des autres : et se couper les cheveux ainsi ou suivre des études nous aurait complètement isolés du reste du monde ! Sais-tu par exemple, que je n'ai pu passer mon permis de conduire qu'après la mort de mon mari ? Heureusement, les mentalités semblent commencer à changer, j'ai même vu la semaine dernière, des femmes qui manifestaient pour que l'on ait le droit de voter ! J'espère que tu connaîtras cela, j'en serais heureuse… et pour tout dire un peu envieuse ! », conclut-elle en me prenant dans ses bras.

Je regagnais ma chambre pensive et un peu plus consciente encore de mon bonheur. En ouvrant la fenêtre j'eus le sentiment qu'une nouvelle ère commençait et qu'il me fallait y participer pleinement « Mamie, un jour nous irons voter ensemble ! », m'exclamai-je seule dans ma chambre… et j'entendis un petit rire complice derrière la porte.

Sujet inédit **Sujet 29**

Sujet 29 — L'accès à l'eau potable

Sujet inédit

Exposé

Seul : 5 min **En groupe : 10 min**

Projet

Parmi les parcours et les EPI que nous avons étudiés tout au long du cycle 4, nous avons choisi de vous expliquer pourquoi l'accès à l'eau potable est une nécessité pour les êtres humains. Puis nous avons étudié ce qui pourrait être fait pour améliorer l'accès à l'eau potable dans les camps pour réfugiés ou migrants.

EPI Sciences, technologie et société
Discipline Physique-Chimie et SVT
Titre du projet L'accès à l'eau potable
Objectif du projet Rechercher et exploiter des documents scientifiques liés à une problématique sociétale

Doc. 1 Les camps pour réfugiés ou migrants dans le monde

Traquées par la guerre, la misère ou les tragédies humanitaires, douze millions de personnes vivent regroupées dans des camps pour réfugiés ou migrants partout dans le monde […] « De la bâche plastique à l'ingénierie urbaine, en passant par les villages consolidés ou les quartiers pérennisés, les camps sont l'enjeu d'une architecture spécifique et variée », estime l'anthropologue Michel Agier. Contre toute attente, l'urgence humanitaire ne rime pas nécessairement avec anarchie et désordre. Ainsi, agissant en véritable maître d'œuvre, le Haut-Commissariat des Nations Unies pour les réfugiés (HCR) requiert désormais l'intervention de spécialistes dès la fondation d'un camp, afin de rationaliser au mieux les installations.

D'après « Recherches : Camps et réfugiés : un monde de transformations, décembre 2014- janvier 2015 », *Sciences au Sud*, n° 77.

Doc. 2 ▸ Les actions des associations humanitaires

En Somalie comme dans d'autres pays, l'eau potable manque dans les camps pour réfugiés ou migrants. Des actions sont alors mises en œuvre par des associations humanitaires :
– travaux et actions permettant aux populations d'avoir accès à de l'eau potable (construction et réhabilitation de puits, distribution de filtres en céramique, distribution d'eau par camion, création et maintenance d'un stock de plaquettes de chlore distribuées en cas d'urgence) ;
– travaux assurant aux populations une meilleure situation sanitaire (construction de latrines[1], organisation de séances de promotion à l'hygiène, distribution de kits de première nécessité non alimentaires).

1. Latrines : W.-C.

D'après www.solidarites.org/missions/Somalie/action-humanitaires.html

Doc. 3 ▸ Les maladies liées à l'eau

Dans la nature, l'eau n'est pas toujours source de vie, loin s'en faut. Elle véhicule en particulier nombre de micro-organismes, bactéries et virus en tout genre, qui y vivent et s'y développent, ainsi que nombre de parasites qui ont besoin d'eau pour vivre ou se reproduire. Or de tels organismes peuvent engendrer des maladies parfois graves lorsqu'ils pénètrent dans le corps humain. L'eau est ainsi le vecteur de transmission privilégié de ces maladies que l'on dit hydriques.
Les micro-organismes abondent dans les eaux souillées par les déjections animales et humaines, et leur transmission à l'Homme se fait par simple ingestion d'eau infectée. Ils se propagent donc rapidement dans les pays qui ne disposent pas de bonnes conditions d'hygiène. Certaines bactéries

déclenchent de fortes diarrhées. Aujourd'hui, ces épidémies sont surtout le drame des pays chauds qui ne disposent pas de latrines septiques, ni de traitements des eaux. Dans ces conditions en effet, les matières fécales des personnes malades contaminent rapidement les eaux de boisson consommées par les personnes saines […].

Ces maladies hydriques sont à l'origine de la mortalité très élevée des populations des pays en voie de développement. Dans le monde, environ 6 millions d'enfants meurent chaque année des suites de gastro-entérites et 100 millions de personnes souffrent en permanence de gastro-entérites hydriques. La raison principale de cette situation catastrophique est la pauvreté. Nombre de populations ne disposent pas d'eau potable, les aménagements indispensables aux traitements des eaux usées et à la fabrication d'eau potable étant trop coûteux, ni même des soins que ces affections nécessitent, les infrastructures médicales n'étant pas suffisantes.

D'après http://www.cnrs.fr, CNRS : Centre national de recherches scientifiques

Doc. 4 ▸ Dispositifs de traitement de l'eau

Les filtres céramiques pour le traitement des eaux sont en usage depuis plusieurs siècles […] Ils ont souvent la forme d'un pot de fleur ou d'un bol et sont imprégnés de fines particules colloïdales[1] en argent servant de désinfectant et empêchant la prolifération des bactéries dans le filtre. […] Les tests en laboratoire ont montré que ces dispositifs, s'ils sont bien conçus et bien fabriqués, peuvent éliminer ou désactiver presque toutes les bactéries et parasites protozoaires. Leur efficacité contre les virus est inconnue.

Le nettoyage et la maintenance du filtre sont critiques : […] il est recommandé d'y joindre un programme éducatif sur un stockage salubre, le nettoyage du filtre et d'autres actions recommandées.

Les avantages des filtres céramiques sont leur facilité d'emploi, leur longue durée de vie (s'ils ne se cassent pas) et leur coût relativement bas. Les inconvénients comprennent une possible recontamination de l'eau conservée sans chlore résiduel et un débit faible, en général un à deux litres par heure.

1. Colloïdale : solution liquide contenant un corps dispersé sous forme de particules minuscules en suspension.

D'après http://drinking-water.org, site Internet de l'Académie nationale des sciences, Washington, USA

ÉPREUVE D'ORAL — EPI – Sciences, technologie et société

Doc. 5 — Quelques paramètres de potabilité d'une eau

Pour être consommée, l'eau doit répondre à des critères de qualité très stricts :

Paramètres	Critères de qualité	Normes
Micro-biologiques	– Parasites – Virus – Bactéries	Présence non tolérée
Chimiques	– Sels minéraux – Substances chimiques toxiques	– Présence possible – Normes très sévères (quantités très limitées)
Physiques et gustatifs	– Aspects – Saveur, odeur	– Limpide – Non désagréables

D'après http://www.lesagencesdeleau.fr

Entretien avec les examinateurs

Voici des questions que pourrait vous poser le jury :

1. Où y a-t-il des camps pour réfugiés ou migrants ?
2. Pourquoi ne doit-il pas y avoir de parasites dans une eau potable ?
3. Pourquoi les filtres céramiques ne permettent-ils pas d'éliminer les virus ?

Sujet 29 — Corrigé

Les clés pour réussir

L'essentiel à savoir

- Les **critères de potabilité** d'une eau portent sur les **paramètres microbiologiques, chimiques, physiques et gustatifs** de cette eau.
- Les **micro-organismes** sont des organismes microscopiques, généralement unicellulaires, tels que les bactéries et les levures.
- Certains micro-organismes sont **pathogènes** et peuvent provoquer des maladies.
- Les **virus** sont de taille beaucoup plus petite que les micro-organismes.
- Un **parasite** vit aux dépens d'un individu chez lequel il provoque des troubles plus ou moins importants en consommant ses tissus et ses molécules.
- La **contamination** est l'envahissement d'un organisme vivant ou d'un milieu par des micro-organismes.

Sujet inédit **Corrigé 29**

- Des **filtres céramiques** peuvent être employés pour traiter l'eau dans les pays en voie de développement. Ils permettent d'éliminer la plupart des parasites et des bactéries, mais leur efficacité sur la destruction des virus présents dans l'eau n'est pas démontrée.
- Des **pastilles de chlore** permettent d'éviter une **contamination** trop rapide de l'eau traitée.

▶ Exploiter les documents

Doc. 1 : sa lecture permet de se rendre compte du nombre de réfugiés ou de migrants en 2015. Ce nombre a malheureusement augmenté aujourd'hui.

Doc. 2 : il précise quelques actions menées par des associations humanitaires dans des camps pour réfugiés ou migrants.

Doc. 3 : il décrit les maladies dues à l'eau polluée et donne des informations sur les modes de contamination de cette eau.

Doc. 4 : plusieurs dispositifs de traitement de l'eau adaptés aux pays en voie de développement sont détaillés dans ce document.

Doc. 5 : plusieurs paramètres de potabilité d'une eau sont donnés dans ce document.

▶ Préparer un exposé

Exposer la problématique et la méthodologie suivie

Expliquez pourquoi vous avez choisi d'étudier l'accès à l'eau potable dans les camps pour réfugiés ou migrants, puis comment vous avez travaillé pour rechercher et analyser les documents présentés précédemment.

Répondre à la problématique

Le jury attend un exposé en deux parties :

I. Pourquoi l'accès à l'eau potable est-il une nécessité pour les êtres humains ?

II. Comment améliorer l'accès à l'eau potable dans les camps pour réfugiés ou migrants ?

Exposé

Comme vous le savez, **plus de douze millions de personnes**, traquées par la guerre, la misère ou les tragédies humanitaires, **doivent vivre dans des camps pour réfugiés ou migrants**. La situation de ces populations est **souvent préoccupante en matière d'accès à l'eau potable**. Nous avons donc décidé d'étudier l'importance de l'accès à l'eau potable pour les

> **L'astuce du prof**
> Prenez le temps de bien expliquer pourquoi vous avez choisi de présenter cet EPI.

êtres humains avant de nous intéresser à son acheminement dans les camps pour réfugiés ou migrants de certains pays du Sud notamment. Pour cela, nous avons recherché des documents portant sur ce sujet avant de les analyser et d'en faire une synthèse que nous vous présentons aujourd'hui.

La consommation d'eau non potable entraîne de très **nombreuses maladies graves** comme des gastro-entérites et des diarrhées qui **tuent** énormément de **personnes**, déjà affaiblies par la dénutrition. D'après un document du CNRS traitant des maladies liées à l'eau, environ **6 millions d'enfants meurent chaque année dans le monde suite à ces maladies hydriques**. En effet, les habitants de certains pays disposent de très peu de latrines septiques et ne sont pas en mesure de traiter l'eau, ce qui explique les micro-organismes, les parasites et les virus retrouvés dans l'eau consommée, en raison notamment de la présence dans l'eau de matières fécales de personnes malades.

> **Gagnez des points !**
> Reprenez dès que possible les données chiffrées des documents.

Malheureusement, dans les pays du Sud, comme la Somalie, l'eau potable manque souvent dans les camps pour réfugiés et migrants, et l'eau utilisée par les populations pour boire ou se laver peut être souillée. Les normes de potabilité ne sont pas respectées et des parasites, des virus et des bactéries sont présents dans l'eau. Il est donc indispensable de traiter cette eau souillée qui est un vecteur très important de maladies. Pour cela, **des filtres céramiques** peu coûteux et relativement simples d'utilisation permettent d'éliminer la plupart des parasites et des bactéries dans l'eau. Leur efficacité sur la destruction des virus présents dans l'eau n'est toutefois pas démontrée, et des intervenants doivent être formés pour éduquer la population à l'utilisation correcte de ce matériel. De plus, l'envoi de ce matériel doit être accompagné de **plaquettes de chlore** qui permettent de **mieux conserver l'eau déjà filtrée** et qui peuvent peut-être mieux traiter l'eau en éliminant éventuellement les virus (des tests devront être mis en place pour le vérifier). Cependant, si l'envoi de ce matériel pour traiter les eaux polluées est indispensable pour pallier les situations d'urgence, ce traitement des eaux avec des filtres à céramiques et du chlore n'est pas satisfaisant à long terme. En effet, l'eau traitée contient encore des virus et peut-être d'autres substances chimiques toxiques. Pour améliorer cette situation à plus long terme et pour éviter au maximum la pollution des eaux, il est alors nécessaire :
– de **construire des latrines** afin d'éviter que les déjections polluent l'eau et de limiter la propagation de germes d'origine fécale ;
– de **construire ou** de **réhabiliter des puits** pour augmenter le nombre d'accès directs à l'eau potable. Cela permettrait aussi de

> **L'astuce du prof**
> Ne mélangez pas les différentes parties de votre argumentation : parlez d'abord des mesures d'urgence avant de développer les solutions plus pérennes.

mieux irriguer les cultures afin d'améliorer le rendement des surfaces agricoles ;
– de **distribuer des notices d'éducation** à l'hygiène pour que les habitants comprennent mieux le lien entre les déjections dans l'environnement, la pollution des eaux et les maladies hydriques ;
– d'**augmenter le nombre de personnels** soignants et non soignants dans les camps pour réfugiés et migrants afin d'accompagner, de soigner et de former les populations.

En espérant vous avoir convaincu de l'urgence de la situation, nous vous remercions pour votre écoute attentive.

Entretien avec les examinateurs

Les réponses aux questions posées par les examinateurs peuvent être les suivantes :

1 Il y a malheureusement des camps de réfugiés ou migrants **partout dans le monde** : en Afrique, en Europe, en Asie, en Amérique…

2 Il ne doit pas y avoir de parasites dans une eau potable, car ils occasionnent des **troubles plus ou moins importants** dans les organismes des êtres vivants en consommant leurs tissus et leurs molécules.

3 Les filtres céramiques ne permettent pas d'éliminer les virus, car ces derniers sont **beaucoup plus petits** que les micro-organismes.

ÉPREUVE D'ORAL — EPI - Culture et création artistique

Sujet 30 — Eras, *Rappeur entouré de crânes*

Sujet inédit

Exposé

Seul : 5 min   En groupe : 10 min

Projet

Parmi les choix de parcours et les EPI que nous avons étudiés tout au long du cycle 4, nous avons choisi de vous présenter l'œuvre d'art *Rappeur entouré de crânes* d'Eras.

EPI Culture et création artistique
Discipline Français – Histoire des arts
Titre du projet Eras, *Rappeur entouré de crânes*
Objectif du projet Analyser une peinture murale éphémère

Document Eras, *Rappeur entouré de crânes*, 2008. Peinture murale éphémère, rue Ordener, Paris, XVIIIe arrondissement

Sujet inédit Corrigé 30

Entretien avec les examinateurs

Voici des questions que pourrait vous poser le jury :
1. Pourquoi avez-vous choisi de nous présenter cette œuvre ?
2. Dans quelle tradition de l'histoire de l'art peut-on inscrire cette œuvre ?

Sujet 30 Corrigé

Les clés pour réussir

▶ **Replacer l'œuvre dans son contexte**

- **Le lieu d'exposition de l'œuvre** est important ici car il est indissociable de l'œuvre. Cette peinture murale a été réalisée sur dans le XVIIIe arrondissement de Paris sur un mur de la rue Ordener.
- Depuis 2003, c'est un mur d'expression libre qui accueille des fresques monumentales et éphémères, les œuvres étant vite recouvertes par de nouveaux graffitis.

▶ **Décrire la scène**

- Demandez-vous ce que l'artiste a voulu représenter à travers sa peinture. Commencez par identifier qui est le personnage au centre de l'œuvre.
- Il peut également être utile de vous interroger sur **la mise en scène des relations entre les personnages** : ici, le pantin et la main du marionnettiste.
- Dans cette œuvre, **le décor fait partie intégrante de la scène**. Observez attentivement les crânes et décrivez les différents éléments qui les caractérisent.

▶ **Expliquer la signification de l'œuvre**

- Pour expliquer une œuvre, il vous faut **identifier les symboles** présents dans l'œuvre et les interpréter. Par exemple ici, les crânes, les billets, la fumée ou encore le bijou autour du cou du pantin.
- Pensez à faire des liens entre les thèmes traités dans l'œuvre présentée et d'autres œuvres que vous connaissez.

Exposé

Cette œuvre intitulée ***Rappeur entouré de crânes*** est une **peinture murale réalisé par le graffeur Eras en 2008**. Elle se trouve sur le mur de la rue Ordener, dans le XVIIIe arrondissement de Paris.

L'auteur est un « graffeur » qui signe « Eras » et participe au street art ou art urbain, mouvement artistique contemporain qui existe depuis les années 1960. Le street art regroupe toutes les formes d'art réalisées dans la rue ou dans des endroits publics, et comprend diverses techniques telles que le graffiti, le pochoir ou les stickers. C'est un art éphémère vu par un très large public.

Sur la peinture, la main d'un **marionnettiste** aux doigts violets fait danser un **rappeur-pantin** de bois à la tête baissée, coiffé d'une casquette et tenant dans une main un micro et dans l'autre des **billets** de 500 euros. Son cou est orné d'un **lourd collier en or** et d'une médaille en forme d'euro.

À gauche, des **crânes** sont entassés et portent les marques de morts violentes : l'un est poignardé, l'autre présente un impact de balle en plein front, un troisième est transpercé par un os, et du dernier, ouvert en son sommet, sortent des billets de 500 euros. À droite, on voit d'autres crânes aux **allures menaçantes**, tous sont brisés et laissent s'échapper une fumée blanchâtre.

> **Pièges à éviter**
>
> La partie « décrire » ne doit pas être trop longue : ne faites pas une liste sans fin de chaque détail de l'œuvre, mais relevez les éléments les plus importants et que vous pourrez ensuite expliquer.

Le rappeur est manipulé par un marionnettiste dont les doigts ont tellement touché l'argent qu'ils ont la couleur des billets de 500 euros. Le chanteur en récupère quelques-uns pour se donner une **illusion de réussite** : celle-ci est symbolisée par un bijou *bling-bling*, signe extérieur de richesse ostentatoire et éloigné des véritables valeurs artistiques. On peut donc voir dans ce graff une **œuvre de contestation**, dénonçant les dérives du show-business qui oublie trop souvent le spectacle au profit du « business ».

Cependant, le rappeur devient vite **esclave de cette richesse qui l'enchaîne** et l'attire inexorablement vers le sol... et vers **la mort qui sera la véritable gagnante**, puisque c'est finalement dans le crâne que s'entassent les billets violets.

Cette peinture murale reprend ainsi tous les thèmes des tableaux baroques appelés **vanités**, qui suggèrent par de nombreux symboles que l'existence humaine est « vaine », c'est-à-dire vide, fragile et soumise aux apparences. Selon la devise latine *memento mori* (« souviens-toi que tu vas mourir »), l'homme ne doit pas oublier qu'il est mortel pour ne pas perdre son temps à de vaines activités. Les symboles usuels des vanités sont bien présents ici :

– l'argent et les bijoux : **vanité des richesses**,
– les crânes, la fumée, les armes : **fragilité de la vie humaine**,
– le micro (la musique) : **vanité des plaisirs**.
– enfin, le street art, par essence éphémère, puisque destiné à être bientôt recouvert, est une sorte de **mise en abyme du caractère transitoire de la vie humaine**, thème majeur des vanités.

Entretien avec les examinateurs

1 J'ai choisi cette œuvre parce que je suis sensible à toutes les formes d'art urbain (graffitis, slam, rap...) qui s'adressent de façon explicite à tout le monde. Ce sont des œuvres éphémères, mais qui auront un très large écho. J'aime aussi l'idée que l'art vienne à notre rencontre sans que l'on ait soi-même décidé du moment (à la différence de la visite d'un musée par exemple).

2 Cette œuvre s'inscrit dans un parcours culturel qui montre la permanence de certaines grandes questions humaines que l'on retrouve à travers différentes formes d'expression artistique. La tradition des vanités questionne sur le rapport de l'homme au temps et sur la meilleure façon d'en profiter. Cette œuvre invite à se recentrer sur l'essentiel, qui doit primer sur une certaine « tyrannie » des apparences. On retrouve d'ailleurs ce thème dans la poésie dès l'antiquité avec le *Carpe Diem* d'Horace, plus tard avec les sonnets de Ronsard et au XXe siècle sous la plume de R. Queneau dans sa chanson « Si tu t'imagines ».

ÉPREUVE D'ORAL — Parcours Avenir

Sujet 31 — Les métiers de l'informatique

Sujet inédit

Exposé

Seul : 5 min En groupe : 10 min

Projet

Parmi les parcours et les EPI que nous avons étudiés tout au long du cycle 4, nous avons choisi de reprendre le travail que nous avons effectué dans le cadre des parcours Avenir en vous présentant différents métiers dans le domaine de l'informatique, ainsi que les compétences à acquérir au collège pour les exercer.

Parcours Avenir
Titre du projet Les métiers de l'informatique
Contenu du projet Connaître les compétences à acquérir pour travailler dans l'informatique

Doc. 1 Technicien(ne) de maintenance en informatique

Une carte son à changer ? Un ordinateur à installer ? Un écran noir ? Polyvalent, le technicien de maintenance en informatique est capable de faire face à de nombreux problèmes. Et ce, avec le plus de rapidité et d'efficacité possible.

Pour devenir technicien de maintenance en informatique, un métier qui ne connaît pas la crise, les formations se situent à deux niveaux : bac professionnel et bac + 2. Actuellement, ce dernier a souvent la préférence des recruteurs. La maîtrise de l'anglais technique est requise.

Après la 3e : Bac pro SEN (systèmes électroniques numériques), spécialité télécommunications et réseaux.

Après le baccalauréat :
– BTS systèmes numériques ou services informatiques aux organisations ;
– DUT informatique, réseaux et télécommunications ou génie électrique et informatique industrielle ;
– DEUST maintenance et installation de réseaux ;
– Licence professionnelle, mention métiers de l'informatique.

D'après http://www.onisep.fr/Ressources/Univers-Metier/Metiers/technicien-technicienne-de-maintenance-en-informatique

Doc. 2 ▶ Entretien avec un ingénieur informatique dans le domaine du traitement d'images

Dans le domaine du traitement d'images, Pierre, ingénieur informatique en recherche et développement, est amené à développer des algorithmes, des applications et à concevoir des systèmes d'acquisition (éclairage, caméra). Les applications sont variées : réalité augmentée, robotique, biométrie, imagerie médicale, etc.

Quelles sont les compétences requises pour exercer le métier d'ingénieur informatique ?

L'informaticien résout des problèmes techniques et scientifiques tout en utilisant le travail réalisé par des millions d'autres informaticiens à travers le monde. L'évolution constante et l'émergence de nouvelles technologies imposent de se former en continu et d'acquérir de nouvelles compétences : nouveau langage informatique, nouveau système d'exploitation, etc.

Dans ce métier, il est également très important de savoir chercher de l'information sur Internet et de maîtriser l'anglais scientifique, qui est la langue d'échange dans ce milieu.

Quelle formation avez-vous suivie ?

Après un baccalauréat scientifique, j'ai continué mes études à l'université. J'y ai obtenu un Master en « Systèmes Intelligents et Communicants » recouvrant des domaines tels que l'informatique embarquée et le traitement du signal et de l'image.

En quoi vos connaissances scientifiques sont-elles utiles dans votre pratique quotidienne ?

Je travaille dans le secteur de la biométrie et plus particulièrement dans celui de la reconnaissance d'iris de l'œil. Le système d'acquisition utilisé pour la reconnaissance d'iris est constitué d'une caméra et d'un éclairage spécifique, ce qui permet de distinguer la texture de l'iris, même pour les gens ayant les yeux sombres. S'en suit une étape de détection de l'iris dans l'image, basée sur des algorithmes de traitement d'images. D'autres algorithmes permettent de comparer cet iris à un ou plusieurs millions d'autres iris sur un *smartphone*, un ordinateur ou un supercalculateur.

Qu'aimez-vous dans votre métier ?

La diversité : je peux travailler sur des sujets très variés, dans différents domaines d'application et pour différents supports (téléphones, robots, caméras, etc.). Au quotidien, je développe de nouvelles applications qui seront utilisées par des centaines de personnes.

Entretien avec les examinateurs

Voici des questions que pourrait vous poser le jury :

1 Faut-il forcément suivre des études scientifiques pour travailler dans l'informatique ?

2 Les métiers de l'informatique sont-ils réservés aux garçons ?

3 Qu'est-ce que la biométrie ?

Sujet 31 Corrigé

Les clés pour réussir

▶ L'essentiel à savoir

- Une **carte son** est une carte d'extension d'un ordinateur. La principale fonction de cette carte est de gérer tous les sons reçus ou émis par l'ordinateur, pour les envoyer vers les haut-parleurs. Cette carte se présente sous la forme d'un périphérique que l'on peut connecter à l'ordinateur.
- Un **algorithme** est une suite d'opérations ou d'instructions qui permettent de résoudre un problème.
- Un **système d'exploitation** est un ensemble de programmes qui dirige l'utilisation des capacités d'un ordinateur. C'est l'intermédiaire entre le système informatique et les logiciels utilisés par les êtres humains.
- Un **œil** est constitué notamment d'un **iris**, qui limite la lumière pénétrant dans l'œil par la pupille.

▶ Exploiter les documents

Doc. 1 : ce document de l'Onisep précise les différentes formations que l'on peut suivre pour devenir technicien(ne) de maintenance informatique.

Doc. 2 : l'entretien avec Pierre, ingénieur informatique, permet de mieux comprendre la réalité de son métier.

▶ Préparer un exposé

Exposer la problématique et la méthodologie suivie

Expliquez pourquoi vous avez choisi d'étudier les métiers de l'informatique, puis comment vous avez travaillé dans votre parcours Avenir pour rechercher des documents et pour réaliser l'entretien avec Pierre, ingénieur informatique.

Répondre à la problématique

Pour cet exposé, le jury attend un exposé en deux parties :

I. Les différents métiers de l'informatique

II. Les compétences à acquérir au collège pour pouvoir travailler plus tard dans l'informatique

ÉPREUVE D'ORAL   Parcours Avenir

Exposé

L'informatique recrute ! Nous nous sommes donc intéressé(e)s à ce **secteur porté par des innovations constantes** : robots programmés en médecine, logiciels de commande d'avion, système de commerce électronique… Pour cela, nous avons recherché des documents au CDI avec le professeur documentaliste sur les métiers de l'informatique et nous avons également rencontré Pierre, un ingénieur informatique dans le domaine du traitement d'images.

> **Gagnez des points !**
> N'hésitez pas à insister sur les initiatives que vous avez prises en dehors du collège, par exemple la rencontre avec un ingénieur informatique.

Présent dans tous les domaines et porté par les innovations technologiques, le secteur informatique **génère de nombreux débouchés**. **Du niveau baccalauréat au niveau bac + 5**, les informaticiens sont recherchés pour leurs connaissances pointues dans un domaine en **perpétuelle évolution**. En effet, des bureaux d'étude aux services administratifs, en passant par les usines et les hôpitaux, les entreprises ne fonctionneraient plus sans l'informatique. Les logiciels interviennent pendant la conception et la fabrication des produits et gèrent également des flux d'information à travers le monde (achats de matières, stocks, ventes, congés, paies, etc.). Internet a également permis le développement du commerce électronique, du multimédia et des jeux vidéo. Ainsi, de nombreuses embauches sont attendues dans les années à venir, notamment dans le Web et le e-commerce. Aujourd'hui, près de la moitié des informaticiens travaillent pour des éditeurs de logiciels ou des sociétés de services. Les autres exercent pour des entreprises qui mettent l'informatique au service de leurs métiers, notamment le secteur public avec l'e-administration (déclaration sur Internet, dossier médical informatisé dans les hôpitaux…), la bancassurance, les transports, l'énergie… **Derrière le terme « informaticien » se cache donc aujourd'hui une multitude de métiers, au niveau technicien ou ingénieur.**

> **L'astuce du prof**
> Ne cherchez pas à être exhaustif. Le but n'est pas de faire la liste de tous les métiers existants liés à l'informatique.

Si l'on souhaite s'orienter vers les métiers de l'informatique, il faut **acquérir dès le collège de nombreuses compétences**. Par exemple, **en mathématiques et en technologie**, il est indispensable de comprendre toutes les parties du programme sur la **programmation informatique**. Il est nécessaire de **savoir écrire, mettre au point et exécuter un programme**, mais aussi de c**omprendre le fonctionnement d'un réseau informatique**, c'est-à-dire d'être capable :
– d'analyser les composants et l'architecture d'un réseau ;
– d'**étudier les notions de protocole, d'organisation de protocoles en couche, d'algorithme de routage ;**

– de comprendre le fonctionnement d'Internet…

De plus, si l'acquisition de ces compétences scientifiques est indispensable, cela n'est pas suffisant. Il faut absolument **travailler le français mais aussi l'anglais** pour être **capable de communiquer** convenablement avec l'ensemble de ses interlocuteurs. Enfin, de façon générale, il est important de travailler l'ensemble des disciplines enseignées au collège, car il est nécessaire aujourd'hui d'avoir au minimum le baccalauréat ou un bac + 2 pour travailler dans le secteur informatique.

En conclusion, ce travail sur les métiers de l'informatique a conforté notre idée de travailler dans ce secteur plus tard, ce qui nous a motivé(e)s encore davantage pour obtenir de bons résultats au collège !

Entretien avec les examinateurs

Les réponses aux questions posées par les examinateurs peuvent être les suivantes :

1 Pour travailler dans l'informatique, il faut **suivre des études scientifiques** pour être ingénieur, technicien ou développeur informatique. Cependant, il existe des **exceptions** : une personne ayant fait des études artistiques peut travailler dans le domaine informatique pour rédiger un scénario ou pour créer les personnages d'un jeu vidéo par exemple.

2 Comme quasiment tous les métiers aujourd'hui, l'informatique n'est **pas réservée aux garçons**. Les filles peuvent réussir aussi bien que les garçons dans ce milieu.

3 La biométrie signifie « **mesure du vivant** » ; elle désigne dans un sens très large l'étude quantitative des êtres vivants. L'usage de ce terme se rapporte aujourd'hui de plus en plus à l'usage de techniques informatisées à des fins de **reconnaissance, d'authentification et d'identification**, comme par exemple la reconnaissance de l'iris d'un œil, tel que cela est expliqué par Pierre, l'ingénieur informatique.

ÉPREUVE D'ORAL — Parcours citoyen

Sujet 32 — Aménagement des territoires français et engagement citoyen

Sujet inédit

Exposé

Seul : 5 min   En groupe : 10 min

Projet

Dans le cadre du « Parcours citoyen » que nous avons suivi au collège, nous avons choisi de nous intéresser à la place et au rôle des citoyens dans la mise en œuvre des mesures prises en matière d'aménagement des territoires français.

Parcours Citoyen

Titre du projet Aménagement des territoires français et engagement citoyen

Contenu du projet Comprendre le rôle des citoyens dans l'aménagement des territoires

Document Manifestation contre le projet d'aéroport de Notre-Dame des Landes à Nantes en janvier 2016

Entretien avec les examinateurs

Voici des questions que pourrait vous poser le jury :
1 Quel est le principal mode d'expression de la citoyenneté dans la démocratie ?
2 À quelle liberté fondamentale peut-on associer le droit de manifester ?

Sujet 32 Corrigé

Les clés pour réussir

▶ Présenter le sujet

- Le parcours Citoyen a pour double objectif de vous faire connaître les valeurs de la République et de vous conduire à devenir des citoyens responsables et libres : il faut donc montrer d'emblée aux examinateurs que votre sujet répond à ces deux exigences.
- Compte tenu de l'ampleur du sujet et du temps imparti, il convient de préciser au jury que vous ne pourrez pas multiplier les exemples dans le cadre de l'exposé (en prévoyant d'en citer d'autres au moment de l'entretien…).

▶ Croiser les différentes approches disciplinaires

- La dimension géographique du sujet est essentielle. Elle relève principalement du Thème 2 du programme « Pourquoi et comment aménager le territoire ? ».
- Pour autant, n'oubliez pas que l'exposé et l'entretien doivent également mobiliser les connaissances et les compétences que vous avez construites dans d'autres champs disciplinaires (en histoire et en EMC notamment) tout au long de votre scolarité dans le cycle 4. Il s'agit donc d'employer certaines expressions-clés telles que « modèle social républicain », « liberté », « démocratie », « conquête des droits politiques »…

Exposé

Les inégalités sociales et économiques s'observent à toutes les échelles du territoire français. Ces disparités ont tendance à s'accentuer depuis quelques décennies sous l'effet de la métropolisation, de l'intégration européenne et de la mondialisation. Pour en atténuer la portée, l'État et les collectivités territoriales mettent en œuvre des **politiques d'aménagement du territoire**. Les mesures correspondantes ne sont pas toujours acceptées par les citoyens. Certains

> **Gagnez des points !**
> Inscrivez votre réflexion dans une perspective suffisamment large pour vous permettre d'apporter de nouvelles informations pendant l'entretien ; n'oubliez pas de « problématiser » l'exposé en terminant l'introduction par une question.

d'entre eux s'engagent alors dans une démarche de contestation parfois virulente... **Comment s'exerce la citoyenneté des Français en matière d'aménagement du territoire ?**

Envisageons l'exemple du projet de construction d'un nouvel aéroport international dans l'ouest de la France, à Notre-Dame-des-Landes. Le projet a été envisagé dès les années 1960 pour remplacer l'actuel aéroport de Nantes. Il a été relancé dans les années 2010 afin de répondre à la croissance attendue des flux aériens.

Depuis, ses détracteurs multiplient les initiatives pour que les autorités publiques renoncent à sa construction. Ils dénoncent en particulier les conséquences économiques et environnementales du projet. Privés de leurs terres et de leurs exploitations, les agriculteurs n'auraient en effet d'autre choix que de partir ; les paysages ruraux du territoire concerné en seraient profondément bouleversés.

Dans cette lutte, de simples citoyens unissent leurs efforts à ceux des militants de mouvements écologistes, de partis politiques ou d'organisations syndicales. Ils utilisent des moyens variés pour arriver à leurs fins : occupation de la ZAD (zone d'aménagement différé), pétitions, manifestations, blocages des voies de communication... En niant l'intérêt général et en refusant les nuisances subies par les riverains, les opposants sont accusés d'avoir un comportement de type « Nimby » ou « Banana ».

> **Gagnez des points !**
> Pour montrer l'étendue de vos connaissances et prendre appui sur l'actualité, vous pouvez établir des parallèles entre cette manifestation et d'autres mouvements d'opposition à des projets d'aménagement du territoire : installation de lignes à haute tension, construction du centre d'enfouissement des déchets nucléaires dans la Meuse...

> **Gagnez des points !**
> « Banana » (de l'anglais *build absolutely nothing anywhere near anyone*, soit « ne rien construire nulle part ni près de personne ») et « Nimby » (*not in my backyard*, soit « pas dans mon arrière-cour ») sont des acronymes qui désignent la résistance de la population locale face à des décisions d'aménagement de l'État.

L'expression de cette opposition est pourtant un signe de bonne santé de la démocratie en France : elle montre qu'un dialogue est possible entre citoyens et pouvoirs publics. L'exercice du débat contradictoire entre citoyens d'une part, et avec ceux qui les représentent d'autre part, garantit le respect des libertés fondamentales des Français.

Cette forme d'exercice de la citoyenneté se heurte à certaines limites comme en témoignent des actes de violence et de sabotage commis à l'occasion de manifestations récentes. C'est alors à la justice d'appliquer les règles de droit ; c'est également à elle de rendre un jugement quand les négociations entre l'État et ses opposants n'ont pas permis de trouver un compromis.

Entretien avec les examinateurs

1 Le vote au suffrage universel est un élément fondamental de la citoyenneté : c'est le fondement de la République française.

2 Manifester relève de la liberté d'expression, droit fondamental de tout citoyen français.

3 Cette question est l'occasion de démontrer que vous vous intéressez à la vie de votre commune, de votre département ou de votre région et que vous en serez bientôt un citoyen actif et éclairé. Vous pouvez en outre préciser de quelle manière les médias locaux ont rendu compte des arguments en présence pour aborder le rôle joué par la presse dans la vie sociale et politique du territoire concerné.

ÉPREUVE D'ORAL — Parcours d'éducation artistique et culturelle

Sujet 33 — Otto Dix, *Les Joueurs de skat*

Sujet inédit

Exposé

Seul : 5 min — En groupe : 10 min

Projet

Dans le musée virtuel que nous avons élaboré dans notre Parcours Éducation culturelle et artistique, nous avons choisi *Les Joueurs de skat* d'Otto Dix. Nous vous présentons cette œuvre.

Parcours Éducation culturelle et artistique
Titre du projet Otto Dix, *Les Joueurs de skat*
Contenu du projet Savoir analyser une œuvre d'art

Document Otto Dix, *Les Joueurs de skat*, 1920.
Huile sur toile, 110 × 87 cm, Neue Nationalgalerie, Berlin

Sujet inédit Corrigé 33

Entretien avec les examinateurs

Voici des questions que pourrait vous poser le jury :
1 Pourquoi avez-vous choisi de nous présenter cette œuvre ?
2 Pouvez-vous développer un peu plus la biographie d'Otto Dix et nous dire ce qui lui est arrivé quand Hitler est arrivé au pouvoir en Allemagne ?
3 Connaissez-vous d'autres tableaux qui ont le même thème que celui d'Otto Dix ?
4 Connaissez-vous d'autres tableaux qui concernent la Première Guerre mondiale ?

Sujet 33 Corrigé

Les clés pour réussir

▶ Présenter le document

- Pour présenter un tableau, il vous faut relever le nom du peintre, le titre de l'œuvre, la date de sa création, ses dimensions, la technique utilisée et le type de support (ici, une peinture à l'huile sur une toile).
- Le lieu d'exposition de l'œuvre, indiqué ici, est moins indispensable.

▶ Décrire les personnages et le décor

- Pour décrire les personnages, demandez-vous qui ils sont, ce qu'ils font et comment ils sont représentés.
- Il vous faut également vous demander comment le peintre place ses personnages dans le tableau, ce qu'il met dans la lumière et ce qu'il laisse dans l'ombre. Il faut donc s'interroger sur la « mise en scène », c'est-à-dire la composition du tableau choisie par le peintre.
- Vous pouvez essayer de repérer les lignes directrices du tableau, sa perspective, etc. Ici, il faut remarquer que l'espace est déformé.

▶ Expliquer le tableau

- Pour expliquer un tableau, il faut se demander pourquoi le peintre a représenté cette scène et éventuellement si son tableau porte un message critique sur la société dans laquelle il vit.
- Pour *Les Joueurs de skat,* il existe un décalage entre le titre de l'œuvre qui semble nous présenter une scène conviviale de la vie quotidienne et son sens réel.
- Demand ez-vous pourquoi Otto Dix a peint ce tableau et faites le lien entre vos observations et vos connaissances personnelles tirées du cours.

ÉPREUVE D'ORAL — Parcours d'éducation artistique et culturelle

Exposé

Ce tableau intitulé *Les Joueurs de skat* est **une peinture d'Otto Dix datant de 1920**. C'est une **huile sur toile**, dont les dimensions sont de **1 m 10 sur 87 cm** ; c'est donc une peinture relativement petite. Otto Dix est lui-même un ancien combattant allemand de la Première Guerre mondiale. On l'a rattaché au mouvement expressionniste allemand qui cherchait à provoquer l'émotion du spectateur en déformant la réalité.

Les personnages présents ici ont tout le **corps mutilé et déformé**. Ce sont **d'anciens combattants**, **des « gueules cassées »** qui jouent aux cartes (au skat). Par exemple, le personnage de gauche n'a plus d'œil ; un conduit auditif posé sur la table lui sert d'oreille ; il a une main mécanique et tient ses cartes avec son pied. **Les autres personnages sont tout aussi déformés** ; celui de droite est juste posé sur sa chaise, dépourvu de jambes. **La déformation des corps est accentuée par la déformation de l'espace** : les chaises s'entremêlent à la table et aux jambes artificielles ; **des journaux rappelant des événements de la guerre** semblent être affichés au-dessus des têtes. **La lumière d'une ampoule électrique éclaire fortement la scène et souligne encore davantage la déformation des corps**.

À travers cette scène, Otto Dix dénonce **la violence des combats et le traumatisme subi par les anciens combattants**. Les mutilations sont là pour rappeler l'horreur des combats et **la brutalisation qu'a entraînée l'armement moderne**. Ces « gueules cassées » sont exclus de la société : ils ne peuvent plus que jouer aux cartes. **Otto Dix dénonce donc la guerre, mais aussi ses conséquences sur la société d'après-guerre**. Le traumatisme est physique, mais aussi psychologique et ne s'effacera jamais.

Gagnez des points !
Mobilisez vos connaissances d'histoire des arts pour mieux présenter le tableau et son auteur. Si vous connaissez le courant artistique auquel il se rattache, n'hésitez pas à l'insérer dans votre réponse.

Pièges à éviter
La partie « décrire » ne doit pas être trop longue : ne faites pas une liste sans fin de chaque détail du tableau, mais relevez les éléments les plus importants et que vous pourrez ensuite expliquer.

Gagnez des points !
Pensez à utiliser un vocabulaire précis appris en cours : « mutilés », « gueules cassées », « traumatisme », « brutalisation », etc.

MATHÉMATIQUES

SOMMAIRE

INFOS-BREVET

L'épreuve expliquée 133
La méthode pour le brevet 134

SUJET 1 — Amérique du Nord, juin 2017 136

1. Calcul numérique 136
2. Géométrie dans le plan 136
3. Probabilités et arithmétique 137
4. Statistiques et pourcentages 138
5. Algorithmique et programmation 139
6. Fonctions et tableur 140

SUJET 2 — Centres étrangers, juin 2017 153

1. Géométrie plane et calculs numériques 153
2. Fonctions et calculs numériques 154
3. Volumes 156
4. Tableur, probabilités et pourcentages 156
5. Problème concret et grandeurs composées ... 157
6. Algorithme et géométrie plane 157
7. Calculs numériques et pourcentages 159

SUJET 3 — Pondichéry, mai 2017 173

1. Calcul littéral 173
2. Probabilités 173
3. Algorithmique et programmation 174
4. Statistiques et fonctions 175
5. Pourcentages 176
6. Géométrie plane 178
7. Problème concret 179

L'épreuve de Mathématiques expliquée   INFOS-BREVET

L'épreuve de Mathématiques expliquée

▶ Comment s'organise l'épreuve ?

- Durée : 2 heures.
- Notation : sur 50 points.

Les points sont répartis de la façon suivante : 45 points pour les exercices et 5 points réservés à la présentation de la copie et à l'utilisation de la langue française.

- Un ou plusieurs exercices portent sur une thématique commune (par exemple la sécurité routière).
- Les exercices peuvent prendre différentes formes : exercices à prise d'initiative, questionnaire à choix multiples.
- Ils peuvent s'appuyer sur des situations issues de la vie courante ou d'autres disciplines.

Top chrono !

Pour vous organiser efficacement, prévoyez environ :

- **5 minutes pour lire attentivement le sujet.** Cela vous permet de cibler les exercices avec lesquels vous êtes le plus à l'aise et de commencer par ceux-là ;
- **10 à 30 minutes par exercice,** selon sa longueur. Surveillez attentivement le temps qu'il vous reste. Ne vous éternisez pas sur une question ;
- **10 minutes pour vous relire** en fin d'épreuve : mettez en évidence les résultats, effacez les ratures, vérifiez l'orthographe...

▶ Quel matériel pour cette épreuve ?

- **Le kit du bon géomètre** : compas, règle, équerre et rapporteur.
- **Votre calculatrice** (avec les piles chargées) : indispensable et irremplaçable !
- **Attention** : « *L'utilisation des téléphones portables et, plus largement, de tout appareil permettant des échanges ou la consultation d'informations, est interdite* » et ce, dans tous les examens. Aussi vous n'avez pas le droit d'utiliser votre téléphone pour effectuer des calculs ou pour consulter l'heure. Vous devrez veiller à le ranger éteint (pas même en veille ou en mode silencieux) dans votre sac, lui-même déposé à l'entrée ou au fond de la salle d'examen.

La méthode pour le Brevet

De l'organisation

▶ Comment aborder votre sujet

● **Prenez le temps de lire l'intégralité du sujet** avant de commencer. Ainsi, vous prenez connaissance des thèmes abordés et commencez à réfléchir aux exercices par lesquels vous commencerez.

● **Commencez** par les exercices avec lesquels vous êtes le plus à l'aise. En effet, vous pouvez traiter les exercices dans l'ordre de votre choix.

● **Gérez correctement votre temps.** Prévoyez de garder un peu de temps pour la relecture.

▶ Au brouillon

● **Utilisez les feuilles de brouillon** pour faire certains **calculs**, tracer les **figures** ou les **constructions** de manière à apprécier la place nécessaire à la réalisation sur la copie.

● **Pour les QCM**, faites les calculs intégralement sur votre brouillon pour vous assurer de la bonne réponse. Pas de précipitation !

> **En bref**
>
> Commencez par les exercices que vous préférez, vous prendrez confiance en vous au début de l'épreuve et gagnerez tout de suite des points !

De la rigueur et de la cohérence

● **Énoncez clairement les théorèmes utilisés** sans négliger de vérifier les hypothèses. Par exemple, pour faire de la trigonométrie, assurez-vous de travailler dans un triangle rectangle ; pour utiliser le théorème de Thalès, vous devez avoir des droites parallèles.

> **Conseil**
>
> Écrivez lisiblement : tout doute du correcteur est compté comme une erreur.

● **En géométrie**, complétez les mesures données par l'énoncé sur la figure si elle est fournie dans le sujet ou bien dessinez-en une sur votre brouillon. Cela vous aidera dans votre réflexion.

● **Essayez de traiter les questions les unes après les autres** dans un même exercice. Si toutefois vous séchez sur une question, passez à la suite (en laissant un peu de place, quitte à y revenir plus tard éventuellement) en considérant le résultat comme démontré.

> **Astuce**
>
> Parfois, le résultat d'une question peut apparaître plus loin dans l'exercice (d'où encore l'intérêt de lire avec attention l'énoncé en entier).

La méthode pour le Brevet — INFOS-BREVET

- **Soyez cohérent dans vos réponses.**
→ Si l'on vous demande de montrer qu'un triangle est rectangle, c'est qu'il l'est ! Ne concluez pas qu'il n'est pas rectangle. Si tel est le cas, c'est qu'il y a une erreur quelque part… (si elle n'est pas dans l'énoncé, où est-elle d'après vous ?).
→ De même dans un QCM, si vos calculs ne mènent à aucune des réponses proposées, vous devez chercher l'erreur…
→ Si en calculant le prix d'un pain au chocolat par exemple, vous trouvez 256 €, interrogez-vous.

En bref
Les mathématiques sont une discipline scientifique qui requiert de la rigueur. Aussi, pensez à expliquer le plus clairement possible vos raisonnements.

Du soin

- **Faites attention à l'orthographe.** Un théorème de Phythagore ou un théorème de Talès ne sont pas les bienvenus ! On leur préfère de très loin Pythagore et Thalès.
- **Évitez les ratures** qui nuisent à la lisibilité ou les « pâtés » de blanc correcteur.
- **Évitez le « je »** ou le **« nous »** dans la rédaction.
- **Soulignez ou encadrez vos résultats.** Et vérifiez par la même occasion que ce que vous avez mis en évidence répond bien à la question posée dans le sujet.
- **Notez bien les numéros des questions** quand vous traitez un exercice.

Conseil
Les sujets de rédaction s'appuient sur le texte donné en première partie d'épreuve : laissez-le sur la table afin de vous y reporter si nécessaire.

En bref
Les enseignants qui corrigent vos copies sont sensibles aux efforts faits pour rendre une copie soignée et agréable à lire. Prenez alors votre plus belle écriture et rendez un travail propre !

MATHÉMATIQUES

Sujet 1 — Amérique du Nord, juin 2017

Toutes les réponses doivent être justifiées, sauf si une indication contraire est donnée.
Pour chaque question, si le travail n'est pas terminé, laisser tout de même une trace de la recherche ; elle sera prise en compte dans la notation.

Exercice 1

Recopier la bonne réponse (aucune justification n'est attendue).

1,5 pt par réponse

		Réponse A	Réponse B	Réponse C
1	La somme $\frac{7}{4} + \frac{2}{3}$ est égale à :	$\frac{9}{7}$	$\frac{29}{12}$	$\frac{9}{12}$
2	L'équation $5x + 12 = 3$ a pour solution :	1,8	3	–1,8
3	Une valeur approchée, au dixième près, du nombre $\frac{\sqrt{5}+1}{2}$ est :	2,7	1,6	1,2

Exercice 2

Avec un logiciel de géométrie, on exécute le programme ci-dessous (voir figure obtenue en fin d'exercice).

Programme de construction :
- construire un carré ABCD ;
- tracer le cercle de centre A et de rayon [AC] ;
- placer le point E à l'intersection du cercle et de la demi-droite [AB) ;
- construire un carré DEFG.

1 Sur la copie, réaliser la construction avec **AB = 3 cm**. **1,5 pt**

2 Dans cette question, **AB = 10 cm**.
a. Montrer que AC = $\sqrt{200}$ cm. **2 pts**
b. Expliquer pourquoi AE = $\sqrt{200}$ cm. **1 pt**
c. Montrer que l'aire du carré DEFG est le triple de l'aire du carré ABCD. **3 pts**

Amérique du Nord, juin 2017 **Sujet 1**

3 On admet pour cette question que pour n'importe quelle longueur du côté [AB], l'aire du carré DEFG est toujours le triple de l'aire du carré ABCD.
En exécutant ce programme de construction, on souhaite obtenir un carré DEFG ayant une aire de 48 cm².
Quelle longueur AB faut-il choisir au départ ? **2 pts**
Figure obtenue :

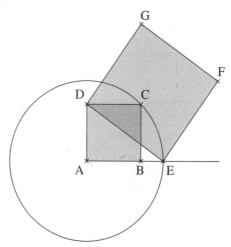

Exercice 3 **6 pts**

Il y a dans une urne 12 boules indiscernables au toucher, numérotées de 1 à 12. On veut tirer une boule au hasard.

1 Est-il plus probable d'obtenir un numéro pair ou bien un multiple de 3 ?
2 pts

2 Quelle est la probabilité d'obtenir un numéro inférieur à 20 ? **1 pt**

3 On enlève de l'urne toutes les boules dont le numéro est un diviseur de 6. On veut à nouveau tirer une boule au hasard.
Expliquer pourquoi la probabilité d'obtenir un numéro qui soit un nombre premier est alors 0,375. **3 pts**

MATHÉMATIQUES

Exercice 4 25 min 10 pts

Les données et les questions de cet exercice concernent la France métropolitaine.

Doc. 1 Les allergies alimentaires

En 2015, environ 4,7 % de la population française souffrait d'allergies alimentaires.
En 2010, les personnes concernées par des allergies alimentaires étaient deux fois moins nombreuses qu'en 2015.
En 1970, seulement 1 % de la population était concernée.

Source : Agence nationale de la sécurité sanitaire de l'alimentation, de l'environnement et du travail.

Doc. 2 Population en France métropolitaine entre 1970 et 2015

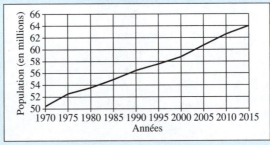

Partie 1

1 Déterminer une estimation du nombre de personnes, à 100 000 près, qui souffraient d'allergies alimentaires en France en 2010.   **3 pts**

2 Est-il vrai qu'en 2015, il y avait environ 6 fois plus de personnes concernées qu'en 1970 ?   **2,5 pts**

Partie 2

En 2015, dans un collège de 681 élèves, 32 élèves souffraient d'allergies alimentaires.
Le tableau suivant indique les types d'aliments auxquels ils réagissaient.

Aliments	Lait	Fruits	Arachides	Poisson	Œuf
Nombre d'élèves concernés	6	8	11	5	9

1 La proportion des élèves de ce collège souffrant d'allergies alimentaires est-elle supérieure à celle de la population française ?   **1,5 pt**

2 Jawad est étonné : « J'ai additionné tous les nombres indiqués dans le tableau et j'ai obtenu 39 au lieu de 32 ». Expliquer cette différence.   **1 pt**

Amérique du Nord, juin 2017 — **Sujet 1**

3 Lucas et Margot ont chacun commencé un diagramme pour représenter les allergies des 32 élèves de leur collège :

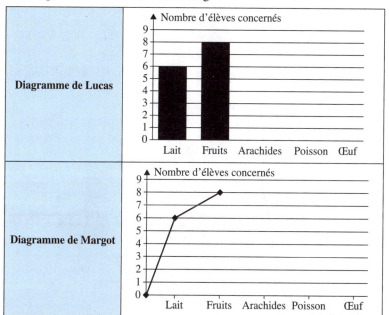

a. Qui de Lucas ou de Margot a fait le choix le mieux adapté à la situation ? Justifier la réponse. **1 pt**

b. Reproduire et terminer le diagramme choisi à la question **a.**. **1 pt**

Exercice 5   15 min   5 pts

L'image ci-dessous représente la position obtenue au déclenchement du bloc départ d'un programme de jeu.

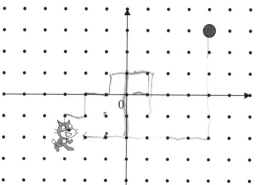

L'arrière-plan est constitué de points espacés de 40 unités.
Dans cette position, le chat a pour coordonnées (– 120 ; – 80).
Le but du jeu est de positionner le chat sur la balle.

1 Quelles sont les coordonnées du centre de la balle représentée dans cette position ? **1 pt**

2 Dans cette question, le chat est dans la position obtenue au déclenchement du bloc départ.
Voici ci-dessous le script du lutin « chat » qui se déplace.
a. Expliquez pourquoi le chat ne revient pas à sa position de départ si le joueur appuie sur la touche → puis sur la touche ←. **1 pt**
b. Le joueur appuie sur la succession de touches suivante :
→ → ↑ ← ↓
Quelles sont les coordonnées x et y du chat après ce déplacement ? **1 pt**
c. Parmi les propositions de succession de touches ci-dessous, laquelle permet au chat d'atteindre la balle ? **1 pt**

Déplacement 1	Déplacement 2	Déplacement 3
→ → → → → → ↑ ↑ ↑ ↑	→ → → ↑ ↑ ↑ → ↓ ←	↑ → ↑ → ↑ → → ↓ ↓

3 Que se passe-t-il quand le chat atteint la balle ? **1 pt**

Exercice 6

 10 pts

Le schéma ci-dessous représente le jardin de Leïla. Il n'est pas à l'échelle.
[OB] et [OF] sont des murs, OB = 6 m et OF = 4 m.
La ligne pointillée BCDEF représente le grillage que Leïla veut installer pour délimiter **un enclos rectangulaire OCDE.**
Elle dispose d'un rouleau de 50 m de grillage qu'elle veut utiliser entièrement.
Leïla envisage plusieurs possibilités pour placer le point C.

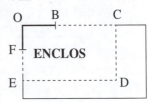

Amérique du Nord, juin 2017 — **Corrigé 1**

1 En plaçant C pour que BC = 5 m, elle obtient que FE = 15 m.
a. Vérifier qu'elle utilise les 50 m de grillage. **1,5 pt**
b. Justifier que l'aire $\mathcal{A}$ de l'enclos OCDE est 209 m². **1,5 pt**

2 Pour avoir une aire maximale, Leïla fait appel à sa voisine professeure de mathématiques qui, un peu pressée, lui écrit sur un bout de papier :
   « En notant BC = x, on a $\mathcal{A}(x) = -x^2 + 18x + 144$ »
Vérifier que la formule de la voisine est bien cohérente avec le résultat de la question **1**. **2 pts**

3 *Dans cette partie, les questions* **a.** *et* **b.** *ne nécessitent pas de justification.*
a. Leïla a saisi une formule en B2 puis l'a étirée jusqu'à la cellule I2.

	A	B	C	D	E	F	G	H	I	J
1	x	5	6	7	8	9	10	11	12	
2	$A(x) = -x^2 + 18x + 144$	209	216	221	224	225	224	221	216	
3										

B2 : `=-B1*B1+18*B1+144`

Quelle formule est alors inscrite dans la cellule F2 ? **1,5 pt**
b. Parmi les valeurs figurant dans le tableau, quelle est celle que Leïla va choisir pour BC afin obtenir un enclos d'aire maximale ? **1 pt**
c. Donner les dimensions de l'enclos ainsi obtenu. **2,5 pts**

Sujet 1 Corrigé

Les clés pour réussir

> **Exercice 1**
>
> **Révisez Les fractions, les équations et la calculatrice**
> - Pour additionner deux fractions, on les met au même dénominateur.
> - Une solution d'une équation est une valeur de x pour laquelle l'égalité est vraie.
>
> **Les difficultés du sujet**
> Cet exercice est un QCM dans lequel on ne vous demande pas de justification. Le piège à éviter est de se précipiter vers une réponse sans l'avoir justifiée au brouillon (car certaines réponses fausses sont attirantes).

MATHÉMATIQUES

▶ Exercice 2

Révisez La géométrie dans le plan

● Le théorème de Pythagore permet de calculer la longueur manquante dans un triangle rectangle dans lequel on connaît deux longueurs sur trois.

● La distance d'un point du cercle au centre du cercle est égale au rayon.

Les difficultés du sujet

1 Le cercle a pour rayon [AC], diagonale du carré ABCD.
Construisez le carré DEFG en utilisant compas et équerre.

2 b. [AE] est un rayon du cercle.
c. Calculez les aires des deux carrés, puis comparez.

3 Partant de l'aire du carré DEFG, calculez l'aire du carré ABCD. Puis déduisez-en la longueur du côté [AB] du carré ABCD.

▶ Exercice 3

Révisez Les probabilités et l'arithmétique

● En situation d'équiprobabilité, une probabilité p se calcule avec la formule :

$$p = \frac{\text{nombre d'issues favorables}}{\text{nombre d'issues possibles}}$$

● Un nombre a est un multiple de 3 s'il s'écrit sous la forme : $a = 3 \times$ (un entier).

● b est un diviseur de 6 si le nombre $6 \div b$ est un entier.

● Un nombre premier est un nombre qui admet exactement deux diviseurs : 1 et lui-même.

Les difficultés du sujet

1 Il s'agit de comparer deux probabilités.

2 Toutes les boules de l'urne portent un numéro inférieur à 20.

3 Étudiez les boules restant dans l'urne : il y en a 8. Parmi celles-ci, comptez combien d'entre elles sont numérotées avec un nombre premier.

▶ Exercice 4

Révisez Les pourcentages et les statistiques

● Prendre t % d'une quantité revient à la multiplier par $\frac{t}{100}$.

● Proportion de A dans E $= \dfrac{\text{effectif de A}}{\text{effectif de E}}$.

Amérique du Nord, juin 2017 — **Corrigé 1**

Les difficultés du sujet

Partie 1

1 Le calcul se fait en plusieurs étapes :
– déterminez la population française en 2015 ;
– calculez le nombre de personnes concernées par les allergies alimentaires en 2015 ;
– déduisez-en le nombre d'allergiques alimentaires en 2010 grâce au *document 1*.

2 Calculez grâce aux deux documents le nombre de personnes concernées par les allergies alimentaires en 1970. Multipliez le résultat par 6, puis comparez avec la population allergique en 2015.

Partie 2

1 Comparez la proportion obtenue avec le résultat mentionné dans le *document 1*.

3 a. Les diagrammes en bâtons sont utilisés pour des caractères qualitatifs, c'est-à-dire qui ne se comptent pas (comme les aliments).

▶ Exercice 5

Révisez Les algorithmes et la programmation

Les difficultés du sujet

1 Il s'agit de bien comprendre les unités du repère : un espace représente 40.

2 a. Dans le script, comparez un déplacement → et un déplacement ←.
b. Représentez le trajet du chat sur le graphique.
c. Testez les trois déplacements en les représentant dans le repère.

▶ Exercice 6

Révisez Le tableur, les aires, les périmètres et les fonctions
- Aire d'un rectangle = longueur × largeur.
- Une formule dans un tableau est précédée par le signe « = ».

Les difficultés du sujet

1 a. La longueur du grillage correspond à la longueur des pointillés.

2 Il s'agit de remplacer x par 5 dans la formule proposée, puis de vérifier que le résultat obtenu est 209.

3 c. Les dimensions de l'enclos correspondent aux longueurs OC et OE. OC s'obtient par addition. En revanche, il faut utiliser l'aire $\mathcal{A}$ de l'enclos pour déterminer OE, puisque OC × OE = $\mathcal{A}$.

MATHÉMATIQUES

Exercice 1

1 Calcul d'une somme

$$\frac{7}{4} + \frac{2}{3} = \frac{7 \times 3}{4 \times 3} + \frac{2 \times 4}{3 \times 4} = \frac{21}{12} + \frac{8}{12} = \frac{29}{12}$$

Réponse B

> **L'astuce du prof**
>
> On peut utiliser la calculatrice pour trouver la réponse exacte.

2 Solution d'une équation

$5x + 12 = 3$ ⟶ on soustrait 12 à chaque membre
$5x = 3 - 12$
$5x = -9$
$x = -\frac{9}{5} = -1,8$ ⟶ on divise par 5 chaque membre

Réponse C

> **Méthode**
>
> C'est une équation du premier degré dans laquelle on isole le x.

> **Autre méthode**
>
> On teste chacune des valeurs de x proposées :
> - si $x = 1,8$ alors $5 \times 1,8 + 12 = 21$ et $21 \neq 3$.
>
> Donc 1,8 n'est pas solution de l'équation $5x + 12 = 3$;
> - si $x = 3$ alors $5 \times 3 + 12 = 27$ et $27 \neq 3$.
>
> Donc 3 n'est pas solution de l'équation $5x + 12 = 3$;
> - si $x = -1,8$ alors $5 \times (-1,8) + 12 = 3$.
>
> Donc −1,8 est solution de l'équation $5x + 12 = 3$.

3 Valeur approchée d'un nombre

À la calculatrice, on obtient pour valeur approchée du nombre $\frac{\sqrt{5} + 1}{2}$: 1,6.

Réponse B

> **Pensez-y !**
>
> N'oubliez pas les parenthèses autour de $\sqrt{5} + 1$.

Exercice 2

1 Construction

Programme de construction :
– Construisez le carré ABCD de côté 3 cm.
– Tracez le cercle 𝒞 de centre A et de rayon AC.
– Prolongez la droite (AB) : elle coupe 𝒞 en E.
– À l'aide de votre compas et d'une équerre, construisez les sommets F et G du carré DEFG.

Amérique du Nord, juin 2017 — Corrigé 1

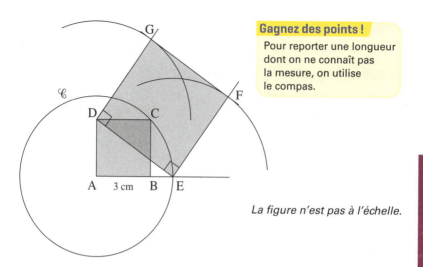

Gagnez des points !
Pour reporter une longueur dont on ne connaît pas la mesure, on utilise le compas.

La figure n'est pas à l'échelle.

2 a. Calcul de la longueur AC

ABCD est un carré. Le triangle ABC est donc rectangle en B.
D'après le théorème de Pythagore :
$AC^2 = AB^2 + BC^2$
$AC^2 = 10^2 + 10^2$
$AC^2 = 100 + 100$
$AC^2 = 200$.
D'où **AC = $\sqrt{200}$ cm**.
C'est le résultat annoncé.

Remarque
La valeur obtenue de AC est une valeur exacte.

b. Justification du résultat AE = $\sqrt{200}$ cm

Le cercle 𝒞 tracé a pour rayon AC = $\sqrt{200}$ cm. Or E est l'intersection de 𝒞 avec la droite (AB).
Par conséquent, E appartient à 𝒞.
Et donc AE est aussi un rayon de 𝒞, soit AE = $\sqrt{200}$ cm.

c. Calculs d'aires

- ABCD est un carré de côté AB = 10 cm.
$\mathcal{A}_{ABCD} = 10^2 = 100$ cm².

- DEFG est un carré de côté DE.
Il s'agit d'abord de calculer la longueur DE.
Dans le triangle ADE rectangle en A, d'après le théorème de Pythagore :
$DE^2 = AD^2 + AE^2$
$DE^2 = 10^2 + (\sqrt{200})^2$
$DE^2 = 100 + 200$
$DE^2 = 300$

Rappel
Pour tout $a \geq 0$:
$(\sqrt{a})^2 = a$.

On en déduit : DE = $\sqrt{300}$ cm.
Et par conséquent, $\mathcal{A}_{DEFG} = DE^2 = (\sqrt{300})^2 = 300$ cm².

MATHÉMATIQUES

- On remarque que : $\mathcal{A}_{DEFG} = 300 = 3 \times 100 = 3 \times \mathcal{A}_{ABCD}$.

Ainsi, **l'aire du carré DEFG est le triple de l'aire du carré ABCD**.

3 Calcul de AB quand $\mathcal{A}_{DEFG} = 48$ cm²

On cherche la longueur AB telle que $\mathcal{A}_{DEFG} = 48$.
Comme $\mathcal{A}_{DEFG} = 3 \times \mathcal{A}_{ABCD}$, on déduit :

$$\mathcal{A}_{ABCD} = \frac{\mathcal{A}_{DEFG}}{3} = \frac{48}{3} = 16 \text{ cm}^2.$$

Méthode
Il s'agit de faire le raisonnement à l'envers.

Le carré ABCD ayant pour aire 16 cm², soit AB², on déduit que AB = $\sqrt{16}$ cm, soit **AB = 4 cm**.

Vérification :
Avec AB = 4 cm, $\mathcal{A}_{ABCD} = 4^2 = 16$ cm² et $\mathcal{A}_{DEFG} = 3 \times \mathcal{A}_{ABCD} = 3 \times 16 = 48$ cm².

> **Autre méthode**
>
> On note x la longueur AB cherchée.
> $\mathcal{A}_{ABCD} = x \times x = x^2$ et $\mathcal{A}_{DEFG} = 3 \times x^2 = 3x^2$.
> On cherche x tel que : $\mathcal{A}_{DEFG} = 48$.
> On est ramené à l'équation :
> $3x^2 = 48$
> $x^2 = \dfrac{48}{3}$
> $x^2 = 16$
> $x = 4$ ou $x = -4$
> Comme x est une longueur, $x > 0$.
> En conclusion, $x = 4$.

Exercice 3

1 Comparaison de probabilités

- L'urne contient 12 boules, parmi lesquelles 6 ont un numéro pair (2, 4, 6, 8, 10, 12).
La probabilité p_1 d'obtenir un numéro pair est :
$p_1 = \dfrac{6}{12} = \dfrac{1}{2} = 0{,}5$.

Pensez-y !
Les boules sont indiscernables au toucher, donc on est en situation d'équiprobabilité.

- Parmi les 12 boules de l'urne, 4 boules portent un nombre multiple de 3 (3, 6, 9, 12).
La probabilité p_2 d'obtenir un multiple de 3 est :
$p_2 = \dfrac{4}{12} = \dfrac{1}{3}$ soit $p_2 \approx 0{,}33$.

Amérique du Nord, juin 2017 — **Corrigé 1**

- $\frac{1}{2} > \frac{1}{3}$ soit $p_1 > p_2$.

Il est plus probable d'obtenir un numéro pair qu'un multiple de 3.

> **Gagnez des points !**
> N'oubliez pas la conclusion.

Autre méthode

Sur les 12 boules de l'urne, 6 ont un numéro pair et 4 ont un multiple de 3. Comme il y a davantage de boules à numéro pair que de boules à numéro multiple de 3, il est plus probable d'obtenir un numéro pair qu'un multiple de 3.

2 Probabilité p_3 d'obtenir un numéro inférieur à 20

Parmi les 12 boules de l'urne, toutes ont un numéro inférieur à 20.

D'où $p_3 = \frac{12}{12}$.

$p_3 = 1$

> **Remarque**
> On dit que l'événement « obtenir un numéro inférieur à 20 » est un événement certain.

3 Justification d'une probabilité

- Les boules dont le numéro est un diviseur de 6 sont {1 ; 2 ; 3 ; 6}.

On enlève ces 4 boules de l'urne. Il reste alors 8 boules dans l'urne : {4 ; 5 ; 7 ; 8 ; 9 ; 10 ; 11 ; 12}.

- Parmi ces huit nombres, trois sont premiers : {5 ; 7 ; 11}.

- La probabilité p_4 d'obtenir alors un nombre premier est :

$p_4 = \frac{3}{8}$

$p_4 = 0{,}375$

C'est le résultat annoncé.

> **L'astuce du prof**
> Les diviseurs de 6 se trouvent grâce aux tables de multiplication : $6 = 1 \times 6 = 2 \times 3$.

> **L'astuce du prof**
> La seule façon de décomposer un nombre premier, c'est de l'écrire comme $1 \times$ (lui-même).

Exercice 4

Partie 1

1 Estimation du nombre de personnes souffrant d'allergies alimentaires en 2010

- En 2015, selon le *document 2*, la France comptait 64 millions d'habitants.

> **Remarque**
> On fait tous les calculs dans la même unité : en millions de personnes.

MATHÉMATIQUES

- D'après le *document 1*, 4,7 % de la population souffrait d'allergies alimentaires en 2015.
Cela représente : $64 \times \dfrac{4,7}{100} = 3,008$ millions de personnes.

> **Méthode**
> Prendre 4,7 % d'une quantité revient à la multiplier par $\dfrac{4,7}{100}$.

- En 2010 (*doc. 2*), les personnes concernées par les allergies alimentaires étaient deux fois moins nombreuses qu'en 2015.
Elles étaient donc au nombre de :
$\dfrac{3,008}{2} = 1,504$ millions.

En conclusion, **environ 1,5 million de personnes** (résultat arrondi à 100 000 près) **souffraient d'allergies alimentaires en France en 2010.**

2 Comparaison avec les chiffres de 1970

- En 1970, la France métropolitaine comptait environ 50,5 millions d'habitants (*doc. 2*).
- En 1970, 1 % de la population seulement (*doc. 1*) était concernée par ces allergies, soit $50,5 \times 0,01 = 0,505$ million de personnes.

> **Remarque**
> Comme dans la question **1**, le résultat s'obtient en plusieurs étapes.

- $6 \times 0,505 = 3,03$ et 3,03 millions est très proche de 3,008 millions.
Ainsi, il est vrai de dire qu'**en 2015, il y avait environ 6 fois plus de personnes concernées par les allergies alimentaires qu'en 1970.**

Partie 2

1 Étude des allergies alimentaires dans un collège

- En 2015, la proportion p des élèves de ce collège souffrant d'allergies alimentaires est $p = \dfrac{32}{681} \approx 0,047$ soit 4,7 %.

- D'après le *document 1*, la proportion de la population allergique en France est de 4,7 %.
Les résultats sont identiques.
Donc **la proportion des élèves de ce collège souffrant d'allergies alimentaires n'est pas supérieure à celle de la population française.**

> **Remarque**
> Une proportion est un nombre compris entre 0 et 1, souvent exprimé en %.

2 Explication d'un résultat

32 élèves souffrent d'allergies alimentaires.
$6 + 8 + 11 + 5 + 9 = 39$
Cette différence est liée au fait que **certains élèves réagissent à plusieurs aliments à la fois.**

3 Étude des diagrammes

a. Diagramme le plus adapté
Le diagramme le mieux adapté à la situation est **celui de Lucas**, car le caractère étudié est qualitatif (des aliments).

b. Diagramme complété

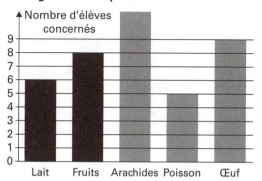

Remarque

Un caractère qualitatif est un caractère qui ne se compte pas (lait, fruits, arachides…), à l'inverse d'un caractère quantitatif (taille, poids, âge, salaire).

Exercice 5

1 Coordonnées du centre de la balle

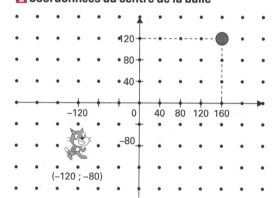

Pensez-y !

Pour vous aider, graduez les axes du repère.

Les coordonnées du centre de la balle sont **(160 ; 120)**.

2 Analyse de l'algorithme

a. Explication du non-retour du chat en position initiale

● Le joueur appuie sur → (flèche droite) : le chat se déplace en x de 80, donc 2 espaces vers la droite.

Remarque

→ et ← ne sont pas deux déplacements « contraires ».

● Puis le joueur appuie sur ← (flèche gauche), le chat se déplace en x de –40, donc 1 espace vers la gauche.

● Au final, le chat se retrouve 1 espace plus loin vers la droite (donc à $x + 40$) qu'en position initiale. C'est pourquoi **le chat n'est pas revenu à sa position de départ**.

MATHÉMATIQUES

> **Autre méthode**
>
> On peut aussi « calculer » la position finale du chat.
> Les flèches → et ← correspondent à des déplacements en x : +80 pour → et −40 pour ←.
> Ainsi, partant de $x = -120$, le chat arrive en : $-120 + 80 - 40 = -80$.
> $-80 \neq -120$: il n'est pas revenu à sa position initiale.

b. Coordonnées du chat après un déplacement

Après le déplacement → → ↑ ← ↓, le chat est au point de coordonnées $x = 0$ et $y = -40$.

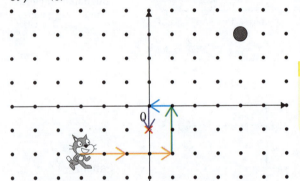

> **Pensez-y !**
>
> De même, ↑ et ↓ ne sont pas deux déplacements contraires.

c. Déplacement permettant d'atteindre la balle

Déplacement 1 : → → → → → → → ↑ ↑ ↑ ↑ ↑

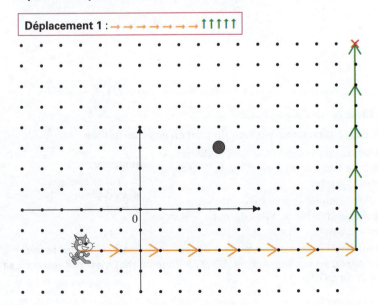

Amérique du Nord, juin 2017 — **Corrigé 1**

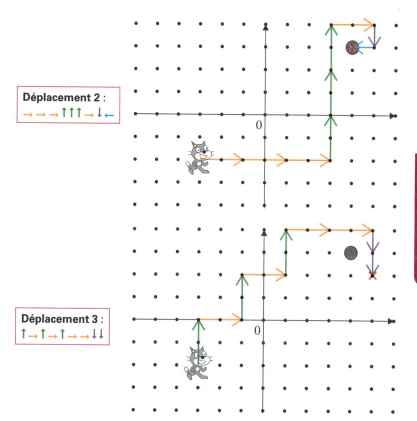

Déplacement 2 :
→ → → ↑ ↑ ↑ → ↓ ←

Déplacement 3 :
↑ → ↑ → ↑ → → ↓ ↓

C'est le déplacement 2 qui permet au chat d'atteindre la balle.

3 Fin du programme

Quand le chat atteint la balle, le chat dit « Je t'ai attrapé » pendant 2 secondes. Puis il revient à sa position initiale.

Exercice 6

1 a. Utilisation de la totalité du grillage

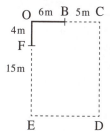

En prenant BC = 5 m et FE = 15 m, la longueur ℓ du grillage est :
ℓ = BC + CD + DE + EF
= 5 + 19 + 11 + 15
= 50

Leïla utilise les 50 m du grillage.

Pensez-y !
Notez les longueurs connues sur un croquis pour mieux visualiser et comprendre la situation.

Remarque
La longueur du mur ne compte pas.

b. Aire 𝒜 de l'enclos

L'enclos est un rectangle de dimensions OC = 11 m et OE = 19 m.
L'aire 𝒜 de l'enclos est : $\mathcal{A} = OC \times OE = 11 \times 19 =$ **209 m²**.
On trouve le résultat annoncé.

2 Vérification de la cohérence de la formule

Dans la configuration envisagée par Leïla,
BC = 5, soit $x = 5$.
On calcule 𝒜 avec la formule proposée par
la voisine pour $x = 5$.
$\mathcal{A}(x) = -5^2 + 18 \times 5 + 144 = -25 + 90 + 144 = 209$
Ce résultat est cohérent avec celui de la question 1 b..

> **Méthode**
> Remplacez x par 5 dans la formule et concluez.

3 a. Formule inscrite dans la cellule F2

Dans la cellule F2 figure le nombre 225.
C'est la formule $-x^2 + 18x + 144$ appliquée
en $x = 9$, nombre contenu dans la cellule F1.
Ainsi en F2 est inscrite la formule :

$$= - \text{F1} * \text{F1} + 18 * \text{F1} + 144$$

> **L'astuce du prof**
> Pour déterminer la formule, aidez-vous du contenu de la ligne de saisie.

b. Choix de la longueur BC pour un enclos d'aire maximale

La valeur maximale de 𝒜(x) est 225, obtenue pour $x = 9$.
Leïla doit donc choisir BC = 9 m pour obtenir un enclos d'aire maximale.

c. Dimensions de l'enclos d'aire maximale

Pour $x = 9$, soit BC = 9 m, l'enclos est un rectangle de dimensions OC et OE.

- OC = OB + BC = 6 + 9 = 15 m.
- OE est tel que 𝒜 = 225, soit :
OC × OE = 225
15 × OE = 225
OE = $\dfrac{225}{15}$ = 15 m.

> **Remarque**
> OE ne s'obtient pas directement.

En conclusion, **l'enclos d'aire maximale est un carré de côté 15 m.**

> ### ▶ Autre méthode
>
> - OC = 6 + 9 = 15
> - En notant y la longueur FE et en utilisant le fait que le grillage a une longueur totale de 50 m, on obtient l'équation : $y + 9 + (y + 4) + (6 + 9) = 50$.
>   FE BC   CD   DE
> - $2y + 28 = 50$ d'où $2y = 22$ et $y = 11$.
> - On en déduit que EF = 11 et donc que OE = 11 + 4 = 15. Ainsi, l'enclos d'aire maximale est un carré de côté 15 m.

Sujet 2 — Centres étrangers, juin 2017

Toutes les réponses doivent être justifiées, sauf si une indication contraire est donnée.
Pour chaque question, si le travail n'est pas terminé, laisser tout de même une trace de la recherche ; elle sera prise en compte dans la notation.

Exercice 1 — 15 min — 6 pts

Pour chacune des affirmations suivantes, dire si elle est vraie ou fausse. Chaque réponse doit être justifiée.

1 Affirmation 1 — 2 pts

Un menuisier prend les mesures suivantes dans le coin d'un mur à 1 mètre au-dessus du sol pour construire une étagère ABC :
AB = 65 cm ; AC = 72 cm et BC = 97 cm.
Il réfléchit quelques minutes et assure que l'étagère a un angle droit.

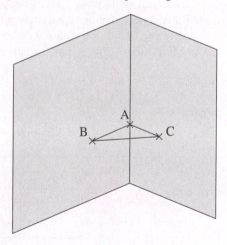

2 Affirmation 2 — 2 pts

Les normes de construction imposent que la pente d'un toit représentée ici par l'angle $\widehat{CAH}$ doit avoir une mesure comprise entre 30° et 35°.

MATHÉMATIQUES

Une coupe du toit est représentée ci-contre.
AC = 6 m et AH = 5 m.
H est le milieu de [AB].
Le charpentier affirme que sa construction respecte la norme.

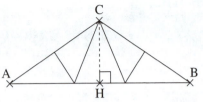

3 Affirmation 3   2 pts

Un peintre souhaite repeindre les volets d'une maison. Il constate qu'il utilise $\frac{1}{6}$ du pot pour mettre une couche de peinture sur l'intérieur et l'extérieur d'un volet. Il doit peindre ses 4 paires de volets et mettre sur chaque volet 3 couches de peinture.
Il affirme qu'il lui faut 2 pots de peinture.

Exercice 2   20 min   7 pts

1 Pour réaliser une étude sur différents isolants, une société réalise trois maquettes de maison strictement identiques à l'exception près des isolants qui diffèrent dans chaque maquette. On place ensuite ces trois maquettes dans une chambre froide réglée à 6 °C. On réalise un relevé des températures, ce qui permet de construire les trois graphiques suivants :

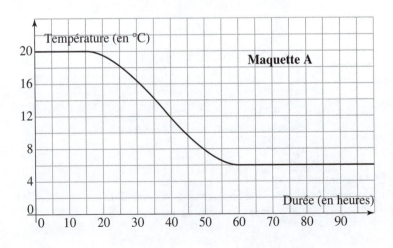

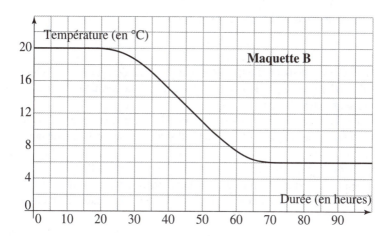

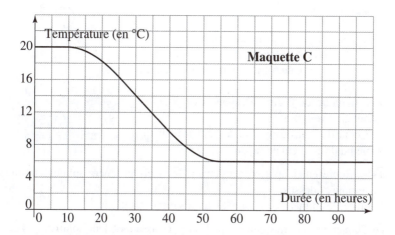

a. Quelle était la température des maquettes avant qu'elles soient mises dans la chambre froide ? 1 pt
b. Cette expérience a-t-elle duré plus de deux jours ?
Justifier votre réponse. 1,5 pt
c. Quelle est la maquette qui contient l'isolant le plus performant ?
Justifier votre réponse. 1,5 pt

2 Pour respecter la norme RT2012 des maisons BBC (bâtiments basse consommation), il faut que la résistance thermique des murs, notée R, soit supérieure ou égale à 4.

lculer cette résistance thermique, on utilise la relation :

$$R = \frac{e}{c}$$

où e désigne l'épaisseur de l'isolant en mètres et c désigne le coefficient de conductivité thermique de l'isolant. Ce coefficient permet de connaître la performance de l'isolant.

a. Noa a choisi comme isolant la laine de verre dont le coefficient de conductivité thermique est : $c = 0{,}035$. Il souhaite mettre 15 cm de laine de verre sur ses murs. **1,5 pt**
Sa maison respecte-t-elle la norme RT2012 des maisons BBC ?
b. Camille souhaite obtenir une résistance thermique de 5 ($R = 5$). Elle a choisi comme isolant du liège dont le coefficient de conductivité thermique est : $c = 0{,}04$.
Quelle épaisseur d'isolant doit-elle mettre sur ses murs ? **1,5 pt**

Exercice 3   15 min   6 pts

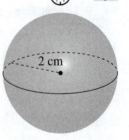

Voici les dimensions de quatre solides :
- une pyramide de 6 cm de hauteur dont la base est un rectangle de 6 cm de longueur et de 3 cm de largeur ;
- un cylindre de 2 cm de rayon et de 3 cm de hauteur ;
- un cône de 3 cm de rayon et de 3 cm de hauteur ;
- une boule de 2 cm de rayon.

1 a. Représenter approximativement les trois premiers solides comme l'exemple ci-dessus. **1 pt**
b. Placer les dimensions données sur les représentations. **1 pt**

2 Classer ces quatre solides dans l'ordre croissant de leur volume. **4 pts**

Quelques formules :	
$\frac{4}{3} \times \pi \times \text{rayon}^3$	$\pi \times \text{rayon}^2 \times \text{hauteur}$
$\frac{1}{3} \times \pi \times \text{rayon}^2 \times \text{hauteur}$	$\frac{1}{3} \times \text{aire de la base} \times \text{hauteur}$

Exercice 4   10 min   4 pts

Un fabricant de volets roulants électriques réalise une étude statistique pour connaître leur fiabilité.

Centres étrangers, juin 2017 — **Sujet 2**

Il fait donc fonctionner un échantillon de 500 volets sans s'arrêter, jusqu'à une panne éventuelle. Il inscrit les résultats dans le tableur ci-dessous :

	A	B	C	D	E	F	G	H
1	Nombre de montées-descentes	Entre 0 et 999	Entre 1000 et 1999	Entre 2000 et 2999	Entre 3000 et 3999	Entre 4000 et 4999	Plus de 5000	TOTAL
2	Nombre de volets roulants tombés en panne	20	54	137	186	84	19	

1 Quelle formule faut-il saisir dans la cellule H2 du tableur pour obtenir le nombre total de volets testés ? **1 pt**

2 Un employé prend au hasard un volet dans cet échantillon. Quelle est la probabilité que ce volet fonctionne plus de 3 000 montées/descentes ?
1,5 pt

3 Le fabricant juge ses volets fiables si plus de 95 % des volets fonctionnent plus de 1 000 montées/descentes. Ce lot de volets roulants est-il fiable ? Expliquer votre raisonnement. **1,5 pt**

Exercice 5 **6 pts**

Sarah vient de faire construire une piscine dont la forme est un pavé droit de 8 m de longueur, 4 m de largeur et 1,80 m de profondeur. Elle souhaite maintenant remplir sa piscine. Elle y installe donc son tuyau d'arrosage.
Sarah a remarqué qu'avec son tuyau d'arrosage, elle peut remplir un seau de 10 litres en 18 secondes.
Pour remplir sa piscine, un espace de 20 cm doit être laissé entre la surface de l'eau et le haut de la piscine.
Faut-il plus ou moins d'une journée pour remplir la piscine ? Justifier votre réponse.

Exercice 6 **9 pts**

Pour tracer une « rue », on a défini le tracé d'une « maison ».

Programme principal

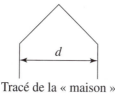
Tracé de la « maison »

1 Vérifier que d est environ égal à 71 à l'unité près. **2 pts**

MATHÉMATIQUES

2 Un point dans une fenêtre d'exécution de votre programme a son abscisse qui peut varier de − 240 à 240 et son ordonnée qui peut varier de −180 à 180.
Quel est le plus grand nombre entier n que l'on peut utiliser dans le programme principal pour que le tracé de la « rue » tienne dans la fenêtre de votre ordinateur où s'exécute le programme ? **2,5 pts**

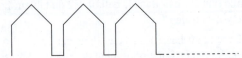

Vous pourrez tracer sur votre copie tous les schémas (à main levée ou non) qui auront permis de répondre à la question précédente et ajouter toutes les informations utiles (valeurs, codages, traits supplémentaires, noms de points…).

3 *Attention, cette question est indépendante des questions précédentes et la « maison » est légèrement différente.*
Si on désire rajouter une sortie de cheminée au tracé de la maison pour la rendre plus réaliste, il faut faire un minimum de calculs pour ne pas avoir de surprises.
Exemples :

On suppose que :
– les points H, E et A sont alignés ;
– les points C, M et A sont alignés ;
– [CH] et [EM] sont perpendiculaires à [HA] ;
– AM = 16, MC = 10, $\widehat{HAC} = 30°$.

Calculer EM, HC et HE afin de pouvoir obtenir une belle sortie de cheminée. **4,5 pts**

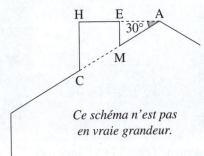

*Ce schéma n'est pas
en vraie grandeur.*

Corrigé 2

Exercice 7

 7 pts

Bob doit refaire le carrelage de sa cuisine dont la forme au sol est un rectangle de 4 m par 5 m.
Il a choisi son carrelage dans un magasin. Le vendeur lui indique qu'il faut commander 5 % de carrelage en plus pour compenser les pertes dues aux découpes.
Le carrelage choisi se vend dans des paquets permettant de recouvrir 1,12 m² et chaque paquet coûte 31 €.

1 Montrer que Bob doit commander au moins 21 m² de carrelage. **1,5 pt**

2 Combien doit-il acheter de paquets de carrelage ? **1 pt**

3 Quel sera le coût de l'achat du carrelage de sa cuisine ? **1 pt**

4 Bob se rend ensuite dans un autre magasin pour acheter le reste de ses matériaux.
Compléter la facture ci-dessous. **3,5 pts**

Matériaux	Quantité	Montant unitaire Hors Taxe	Montant total Hors Taxe
Seau de colle	3	12 €	36 €
Sachet de croisillons	……	7 €	……
Sac de joint pour carrelage	2	……	45 €
		TOTAL HORS TAXE	88 €
		TVA (20 %)	……
		TOTAL TOUTES TAXES COMPRISES	……

Sujet 2 Corrigé

Les clés pour réussir

▶ **Exercice 1**

Révisez **Le théorème de Pythagore et la trigonométrie**

● Dans un triangle ABC :
– si $BC^2 = AB^2 + AC^2$, alors le triangle est rectangle en A d'après la réciproque du théorème de Pythagore ;
– si $BC^2 \neq AB^2 + AC^2$, alors le triangle n'est pas rectangle en A par contraposée du théorème de Pythagore.

MATHÉMATIQUES

- Dans un triangle rectangle :

$$\cos \hat{A} = \frac{\text{côté adjacent à } \hat{A}}{\text{hypoténuse}} \qquad \sin \hat{A} = \frac{\text{côté opposé à } \hat{A}}{\text{hypoténuse}}$$

$$\tan \hat{A} = \frac{\text{côté opposé à } \hat{A}}{\text{côté adjacent à } \hat{A}}$$

Les difficultés du sujet

2 En utilisant la touche $\cos^{-1}$, vous obtenez une mesure de l'angle à partir de la valeur de son cosinus.

3 Il y a 8 volets qui auront chacun 3 couches de peinture.

▶ Exercice 2

Révisez **Les lectures graphiques et les calculs numériques**

Les difficultés du sujet

1 b. Il s'agit de lire si l'expérience dure plus ou moins de 48 heures.

c. L'isolant le plus performant est celui qui permet que la maison conserve sa température initiale le plus longtemps possible, c'est celui grâce auquel la maquette atteindra 6 °C le plus tard possible.

2 b. Calculez e dans la formule $R = \dfrac{e}{c}$.

▶ Exercice 3

Révisez **Les volumes**

Les difficultés du sujet

2 Il s'agit d'associer les formules proposées aux solides.

$$\mathcal{V}_{\text{boule}} = \frac{4}{3}\pi r^3 \qquad \mathcal{V}_{\text{cylindre}} = \pi r^2 h$$

$$\mathcal{V}_{\text{cône}} = \frac{1}{3}\pi r^2 h \qquad \mathcal{V}_{\text{pyramide}} = \frac{1}{3} \times \mathcal{B} \times h \text{ avec } \mathcal{B} \text{ aire de la base.}$$

▶ Exercice 4

Révisez **Le tableur, les statistiques et les probabilités**

- Dans une situation d'équiprobabilité, on calcule une probabilité avec la formule : $\dfrac{\text{nombre de cas favorables}}{\text{nombre de cas possibles}}$.

- Proportion = $\dfrac{\text{effectif}}{\text{effectif total}}$

Les difficultés du sujet

1 Pensez à écrire le signe « = » devant la formule utilisée.

3 Écrivez la proportion obtenue sous forme de pourcentage, puis concluez.

▶ Exercice 5

Révisez **Les grandeurs composées**
- Volume d'un pavé = longueur × largeur × hauteur.
- $1\ m^3 = 1\ 000$ L.
- $24\ h = 24 \times 60 \times 60$ s.

Les difficultés du sujet

La difficulté de cet exercice réside dans le fait qu'il n'y a qu'une seule question. Aussi, vous devez procéder par étapes :
- Calculez le volume d'eau nécessaire pour remplir la piscine (en pensant à laisser les 20 cm de marge !).
- Après avoir converti le volume d'eau en litres, estimez l'équivalent du nombre de seaux d'eau à remplir.
- Déduisez-en le temps de remplissage de la piscine en secondes.
- Comparez ce temps à 1 journée pour conclure.

▶ Exercice 6

Révisez **Les algorithmes et la géométrie dans le plan**

- Le théorème de Pythagore permet de calculer la longueur manquante quand on connaît deux longueurs dans un triangle rectangle.

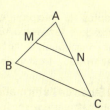

- La trigonométrie permet de calculer une longueur dans un triangle rectangle quand on connaît un angle et une longueur.
- Si (MN) // (BC), d'après le théorème de Thalès :
$\dfrac{AM}{AB} = \dfrac{AN}{AC} = \dfrac{MN}{BC}$.

Les difficultés du sujet

2 Faites un croquis de la fenêtre d'affichage (de largeur 480) et des maisons. Chaque motif « maison » occupe 71 + 20 = 91 unités. La première maison est placée à – 230. Il s'agit de déterminer combien de motifs de largeur 91 on pourra placer dans la fenêtre.

MATHÉMATIQUES

3 Les trois longueurs se calculent par étapes :
- EM s'obtient avec la trigonométrie ;
- HC se calcule grâce à la trigonométrie ou au théorème de Thalès ;
- HE est la différence entre AH et AE, obtenus tous deux avec le théorème de Pythagore ou la trigonométrie.

Exercice 7

Révisez Les pourcentages et les calculs numériques
- $\mathcal{A}_{rectangle}$ = longueur × largeur
- Prendre t % d'un nombre, c'est le multiplier par $\dfrac{t}{100}$.

Les difficultés du sujet

3 • Le montant total des croisillons s'obtient par soustraction.
• La TVA correspond à 20 % de 88 € (le prix hors taxe).

Exercice 1

1 Étude de l'affirmation 1

Il s'agit d'étudier si le triangle ABC est rectangle. Et s'il l'est, il ne peut l'être qu'en A, car [BC] est le plus grand côté.

$$BC^2 = 97^2 = 9\ 409$$
$$AB^2 + AC^2 = 65^2 + 72^2 = 4\ 225 + 5\ 184 = 9\ 409$$
$$\Rightarrow AB^2 + AC^2 = BC^2$$

D'après la réciproque du théorème de Pythagore, le triangle ABC est rectangle en A. Par conséquent, l'étagère a un angle droit.
L'affirmation 1 est vraie.

Pensez-y !
Comparez BC^2 avec $AB^2 + AC^2$ pour déterminer si le triangle ABC est rectangle ou non.

2 Étude de l'affirmation 2

Pour calculer une mesure de $\widehat{CAH}$, on utilise la trigonométrie.
Dans le triangle ACH rectangle en H :

$$\cos\widehat{CAH} = \dfrac{\text{côté adjacent à } \widehat{CAH}}{\text{hypoténuse}} = \dfrac{AH}{AC} = \dfrac{5}{6}.$$

Gagnez des points !
Le quotient mettant en lien côté adjacent et hypoténuse d'un triangle rectangle est le cosinus.

À la calculatrice, on déduit : $\widehat{CAH} = \cos^{-1}\left(\dfrac{5}{6}\right)$

Pensez-y !
Vérifiez que votre calculatrice est en mode degré.

$\widehat{CAH} \approx 33,6°$ (valeur arrondie au dixième près).

Comme $30° < \widehat{CAH} < 35°$, la construction respecte la norme. Le charpentier a raison.
L'affirmation 2 est vraie.

3 Étude de l'affirmation 3

- Un volet complet (intérieur et extérieur) nécessite $\frac{1}{6}$ du pot de peinture pour une couche.
- Chaque volet sera peint de 3 couches et utilisera alors $3 \times \frac{1}{6} = \frac{3}{6} = \frac{1}{2}$ pot de peinture.
- La maison compte 4 paires de volets, soit $4 \times 2 = 8$ volets.
- Pour repeindre de 3 couches ses 8 volets, le peintre aura donc besoin de : $8 \times \frac{1}{2} = \frac{8}{2} = 4$ pots de peinture.

Le peintre affirme qu'il lui faut 2 pots de peinture.
L'affirmation 3 est fausse.

> **Remarque**
>
> Le résultat peut s'obtenir en un seul calcul :
> $\frac{1}{\cancel{6}} \times \cancel{3} \times 4 \times \cancel{2} = 4$ pots de peinture.

Exercice 2

1 a. Lecture de la température initiale

La température des maquettes avant qu'elles soient mises en chambre froide se lit en ordonnée à l'abscisse $t = 0$: elle est de **20 °C**.

> **L'astuce du prof**
>
> La température initiale est lisible sur les trois graphiques.

b. Durée de l'expérience

Les abscisses correspondent à la durée en heures de l'expérience.
2 jours = 2×24 h = 48 h.
Les relevés effectués vont (pour chaque maquette) **bien au-delà des 48 heures**.

> **Autre méthode**
>
> Les relevés ont duré jusqu'à 100 h :
> 100 h = 4×24 h + 4 h = 4 jours et 4 heures, soit plus de 2 jours.

c. Détermination de l'isolant le plus performant

Chaque maquette, initialement à 20 °C, est placée dans une chambre froide à 6 °C.

MATHÉMATIQUES

La maquette la mieux isolée est celle qui conserve sa température initiale le plus longtemps possible, celle qui mettra le plus de temps à atteindre 6 °C. **C'est la maquette B.**
En effet, pour celle-ci, le palier 20 °C est le plus long des trois (A : 17 h ; B : 22 h ; C : 12 h) et la température de 6 °C est atteinte le plus tard possible (A : 58 h ; B : 68 h ; C : 58 h).

> **Remarque**
> On dit que la maquette B a la plus grande inertie thermique.

2 a. Vérification du respect de la norme RT2012 des maisons BBC par la maison de Noa
La résistance thermique des murs de ces maisons est :

$$R = \frac{e}{c}$$

avec $e = 15$ cm $= 0{,}15$ m et $c = 0{,}035$.
$R = \dfrac{0{,}15}{0{,}035}$ d'où $R \approx 4{,}3$.

> **Pensez-y !**
> Convertissez e en mètres sachant que 1 m = 100 cm.

Comme $R \geq 4$, on peut conclure que **la maison de Noa respecte la norme RT2012 des maisons BBC.**

b. Calcul de l'épaisseur d'isolant à mettre sur les murs
L'épaisseur e d'isolant à mettre sur les murs vérifie la relation :
$R = \dfrac{e}{c}$ soit $5 = \dfrac{e}{0{,}04}$.
Par produit en croix, on obtient :
$e = 5 \times 0{,}04$
$e = 0{,}2$ m $= 20$ cm.

> **Rappel**
> Si $a = \dfrac{b}{c}$, alors $b = a \times c$.

Camille doit mettre 20 cm de liège sur ses murs pour obtenir la résistance thermique souhaitée.

Exercice 3

1 a. Schéma des trois solides

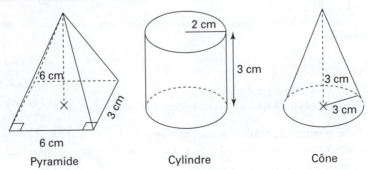

Pyramide — Cylindre — Cône

b. Dimensions des solides

Il s'agit de reporter toutes les longueurs données (largeur, longueur, hauteur, rayon) sur chacun des solides.

2 Comparaison des volumes des solides

• **Calcul du volume de la pyramide**

$\mathcal{V}_{pyramide} = \frac{1}{3} \times$ aire de la base $\times$ hauteur $= \frac{1}{3} \times (6 \times 3) \times 6 = 36$ cm^3.

• **Calcul du volume du cylindre**

$\mathcal{V}_{cylindre} = \pi \times$ rayon$^2 \times$ hauteur
$\mathcal{V}_{cylindre} = \pi \times 2^2 \times 3$
$\mathcal{V}_{cylindre} = 12\pi$ cm^3 (valeur exacte)
$\mathcal{V}_{cylindre} \approx 37,7$ cm^3 (valeur arrondie au dixième).

> **Remarque**
> πr^2 correspond à la surface du disque de rayon r.

• **Calcul du volume du cône**

$\mathcal{V}_{cône} = \frac{1}{3} \times \pi \times$ rayon$^2 \times$ hauteur $= \frac{1}{3} \times \pi \times 3^2 \times 3 = 9\pi$ cm^3 (valeur exacte)

$\mathcal{V}_{cône} \approx 28,3$ cm^3 (valeur arrondie au dixième).

• **Calcul du volume de la boule**

$\mathcal{V}_{boule} = \frac{4}{3} \times \pi \times$ rayon$^3 = \frac{4}{3} \times \pi \times 2^3 = \frac{32\pi}{3}$ cm^3 (valeur exacte)

$\mathcal{V}_{boule} \approx 33,5$ cm^3 (valeur arrondie au dixième).

> **Piège à éviter**
> N'oubliez pas la conclusion !

• **Comparons les quatre volumes par ordre croissant :**
$28,3 < 33,5 < 36 < 37,7$
soit $\mathcal{V}_{cône} < \mathcal{V}_{boule} < \mathcal{V}_{pyramide} < \mathcal{V}_{cylindre}$.

Exercice 4

1 Formule à saisir en H2

La cellule H2 contient la somme des volets testés de la cellule B2 à la cellule G2.
On entre en H2 :

= SOMME (B2 : G2)

ou

= B2 + C2 + D2 + E2 + F2 + G2

> **L'astuce du prof**
> Pour déterminer la formule, on remplace les nombres par le contenu de la cellule correspondante.

2 Calcul de probabilité

Sur 500 volets testés, les volets fonctionnant plus de 3 000 montées/descentes sont au nombre de :
$186 + 84 + 19 = 289$.

> **Gagnez des points !**
> Commencez par calculer le nombre d'issues favorables.

MATHÉMATIQUES

Un volet étant pris au hasard, la probabilité p correspondante est :
$p = \dfrac{289}{500} = \mathbf{0{,}578}$.

3 Étude de la fiabilité du lot de volets

Les volets fonctionnant plus de 1 000 montées/descentes sont au nombre de : 500 − 20 = 480.

> **Autre méthode**
>
> On pouvait aussi calculer directement le nombre de volets fonctionnant plus de 1 000 montées/descentes par somme :
> 54 + 137 + 186 + 84 + 19 = 480
> Mais ce calcul est plus long.

La proportion correspondante p' est :
$p' = \dfrac{480}{500} = 0{,}96 = \dfrac{96}{100} = 96\ \%$.

$p' > 95\ \%$: ce lot de volets roulants est fiable.

> **Pensez-y !**
>
> La proportion est un nombre compris entre 0 et 1, exprimé ici en %.

Exercice 5

- **Volume d'eau $\mathcal{V}_{eau}$ contenu dans la piscine**

20 cm = 0,2 m
Le volume d'eau contenu dans la piscine est celui d'un pavé droit de 8 m de long, de 4 m de large et de 1,80 − 0,20 = 1,60 m de haut.

> **L'astuce du prof**
>
> Aidez-vous d'un croquis pour mieux comprendre.

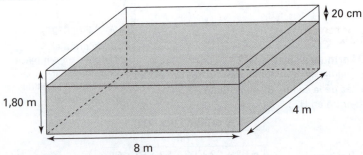

$\mathcal{V}_{eau}$ = longueur × largeur × hauteur
$\mathcal{V}_{eau} = 8 \times 4 \times 1{,}60 = 51{,}2\ m^3$.

- 1 m^3 = 1 000 L

$\mathcal{V}_{eau} = 51{,}2\ m^3 = 51{,}2 \times 1\ 000\ L = 51\ 200\ L$.
Sarah remplit un seau de 10 L en 18 s.
51 200 ÷ 10 = 5 120.

> **Gagnez des points !**
>
> Respectez les unités :
> 1 m^3 = 1 000 dm^3 = 1 000 L.

Sarah doit donc remplir l'équivalent de 5 120 seaux d'eau.
Un seau d'eau est rempli en 18 s.
5 120 × 18 = 92 160 s.
La piscine sera donc remplie en 92 160 s.

> **Autre méthode**
>
> On peut aussi utiliser un tableau de proportionnalité.
>
> | Volume d'eau v (en litres) | 10 | 51 200 |
> |-------------------------------------|----|--------|
> | Temps de remplissage t (en secondes) | 18 | x |
>
> Par produit en croix, on obtient : $10 \times x = 18 \times 51\,200$.
> D'où $x = \dfrac{18 \times 51\,200}{10} = 92\,160$.

- 92 160 s = 92 160 ÷ 60 min
   = 1 536 min
   = 1 536 ÷ 60 h
   = 25,6 h > 24 h.

> **Pensez-y !**
>
> $1\,\text{s} = \dfrac{1}{60}\,\text{min}$
>
> $1\,\text{min} = \dfrac{1}{60}\,\text{h}$.

En conclusion, il faudra plus d'une journée (24 h) à Sarah pour remplir sa piscine.

> **Autre méthode**
>
> 1 journée = 24 h = 24 × 60 min = 1 440 min = 1 440 × 60 s = 86 400 s.
> 92 160 s > 86 400 s.
> Il faut plus d'une journée pour remplir la piscine.

Exercice 6

1 Vérification de la largeur de la maison

- **Explication du motif « maison »**

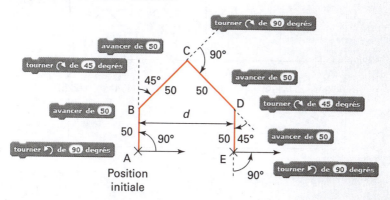

MATHÉMATIQUES

- **Calcul de la longueur BD**

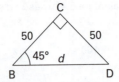

Gagnez des points !
Décomposez le programme pour en comprendre chaque étape.

L'angle $\widehat{CBD}$ mesure 45° car le triangle CBD est rectangle isocèle.
Dans le triangle BCD rectangle en C, d'après le théorème de Pythagore :
$BD^2 = BC^2 + CD^2 = 50^2 + 50^2 = 5\,000$
BD étant une longueur, BD > 0, d'où :
$BD = \sqrt{5\,000}$ (valeur exacte) soit BD ≈ 70,7

La longueur d est donc bien égale à 71, arrondie à l'unité près.

Méthode
Aidez-vous d'un croquis sur lequel vous portez les informations connues.

Pensez-y !
Le théorème de Pythagore s'applique dans un triangle rectangle.

2 Détermination du nombre maximal de répétitions du motif maison

- Initialement, le curseur est placé en (– 230 ; 0) `aller à x: -230 y: 0`, et chaque maison sera distante de 20.

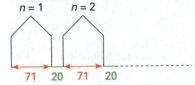

Il s'agit de déterminer combien de fois le motif maison peut être répété.

- La fenêtre va de l'abscisse – 240 à 240, sa largeur est donc de :
240 – (– 240) = 480.

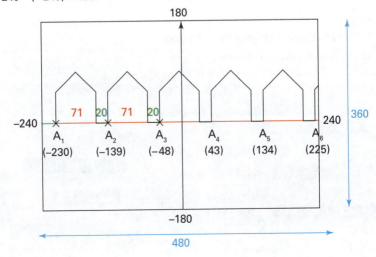

Centres étrangers, juin 2017 — **Corrigé 2**

$x_{A_1} = -230$
$x_{A_2} = -230 + 71 + 20 = -139$
$x_{A_3} = -139 + 91 = -48$
$x_{A_4} = -48 + 91 = 43$
$x_{A_5} = 43 + 91 = 134$
$x_{A_6} = 134 + 91 = 225$

> **Remarque**
> Ici, on calcule les abscisses de chaque « début de motif ».

En conclusion, le plus grand *n* que l'on peut utiliser pour que le tracé de la « rue » tienne dans la fenêtre **est *n* = 5**.

> **Autre méthode**
> La largeur disponible pour le tracé de la « rue » est 480 − 10 = 470.
> Chaque motif « maison » occupe 71 + 20 = 91 unités.
> 470 ÷ 91 ≈ 5,1.
> On pourra donc tracer 5 motifs maison (mais il n'y a pas assez de place pour 6 !).

3 Calcul des dimensions de la cheminée

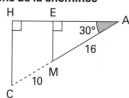

• Dans le triangle AEM rectangle en E,

$\sin \hat{A} = \dfrac{\text{côté opposé à } \hat{A}}{\text{hypoténuse}} = \dfrac{EM}{AM}$

$\sin 30° = \dfrac{EM}{16}$

$EM = 16 \times \sin 30°$
EM = 8

> **Gagnez des points !**
> Identifiez les côtés par rapport à l'angle Â. Ici, on connaît l'angle et l'hypoténuse, et on cherche le côté opposé. On utilise donc le sinus.

• Les droites (CH) et (EM) sont toutes deux perpendiculaires à la même droite (AH), elles sont donc parallèles.
D'après le théorème de Thalès :

$\dfrac{AE}{AH} = \dfrac{AM}{AC} = \dfrac{EM}{HC}$

$\dfrac{AE}{AH} = \boxed{\dfrac{16}{16 + 10} = \dfrac{8}{HC}}$

> **Pensez-y !**
> L'énoncé ne précise pas que les droites sont parallèles. C'est donc à vous de le démontrer.

> **Remarque**
> Comme A, M et C sont alignés :
> AC = AM + MC = 16 + 10.

De l'égalité encadrée, on déduit par produit en croix :
$16 \times HC = 8 \times 26$
$HC = \dfrac{208}{16}$
HC = 13.

> ### Autre méthode
> Comme pour calculer EM, on pouvait aussi utiliser la trigonométrie dans le triangle AHC rectangle en H.
> $\sin \hat{A} = \dfrac{HC}{AC}$
> $\sin 30° = \dfrac{HC}{26}$
> $HC = 26 \times \sin 30°$
> $HC = 13.$

• Le calcul de HE se fait en deux temps : on détermine AE et AH, et on obtient HE par soustraction.

– Dans le triangle AEM rectangle en E, d'après le théorème de Pythagore :
$AM^2 = AE^2 + EM^2$
$16^2 = AE^2 + 8^2$
$256 = AE^2 + 64$
$AE^2 = 256 - 64$
$AE^2 = 192$
$AE > 0$ d'où $AE = \sqrt{192}$ (valeur exacte).
Ainsi, $AE \approx 13{,}86$ (valeur arrondie au centième).

> **Gagnez des points !**
> Précisez le triangle dans lequel vous travaillez, surtout quand il y en a plusieurs sur la figure !

– On procède de la même façon dans le triangle AHC rectangle en H. D'après le théorème de Pythagore :
$AC^2 = AH^2 + HC^2$
$26^2 = AH^2 + 13^2$
$676 = AH^2 + 169$
$AH^2 = 676 - 169$
$AH^2 = 507$
D'où $AH = \sqrt{507}$ (valeur exacte).
Soit $AH \approx 22{,}52$ (valeur arrondie au centième).

– On déduit :
$HE = AH - AE$
$HE = \sqrt{507} - \sqrt{192}$
$HE \approx 8{,}66$.

> **Remarque**
> Le calcul : 22,52 – 13,86 donne aussi 8,66, mais c'est un calcul à partir de valeurs approchées.

Centres étrangers, juin 2017 — **Corrigé 2**

> ### Autres méthodes
> On pouvait aussi obtenir les longueurs AH et AE grâce à la trigonométrie.
> - Dans le triangle AEM rectangle en A :
>
> $\cos \hat{A} = \dfrac{AE}{AM}$ ou $\tan \hat{A} = \dfrac{EM}{AE}$
>
> $\cos 30° = \dfrac{AE}{16}$ $\tan 30° = \dfrac{8}{AE}$
>
> $AE = 16 \times \cos 30°$ $AE = \dfrac{8}{\tan 30°}$
>
> $AE \approx 13{,}86.$ $AE \approx 13{,}86.$
>
> - Dans le triangle AHC rectangle en H :
>
> $\cos \hat{A} = \dfrac{AH}{AC}$ ou $\tan \hat{A} = \dfrac{HC}{AH}$
>
> $\cos 30° = \dfrac{AH}{26}$ $\tan 30° = \dfrac{13}{AH}$
>
> $AH = 26 \times \cos 30°$ $AH = \dfrac{13}{\tan 30°}$
>
> $AH \approx 22{,}52.$ $AH \approx 22{,}52.$

Exercice 7

1 Commande de la surface de carrelage

- La surface $\mathcal{S}_1$ de la cuisine est :

$\mathcal{S}_1$ = longueur × largeur = 5 × 4 = 20 m².

- La surface $\mathcal{S}_2$ de carrelage supplémentaire à commander est :

$\dfrac{5}{100} \times 20 = 1$ m².

- Au final, Bob doit commander $\mathcal{S}_1 + \mathcal{S}_2$ = 20 + 1 = 21 m² au moins de carrelage.

> ### Autre méthode
> Augmenter un nombre de t %, c'est le multiplier par $1 + \dfrac{t}{100}$.
>
> $1 + \dfrac{5}{100} = 1{,}05$. Ce nombre est appelé coefficient multiplicateur et noté CM.
>
> 20 × 1,05 = 21.
> Bob aura besoin de 21 m² de carrelage.

2 Nombre de paquets de carrelage à acheter

Un paquet contient 1,12 m² de carrelage.
Bob a besoin de 21 m² de carrelage.
21 ÷ 1,12 = 18,75.
Bob doit commander 19 paquets de carrelage.

> **Pensez-y !**
> - Le nombre de paquets de carrelage est un entier.
> - 18 paquets ne suffiraient pas.

MATHÉMATIQUES

3 Coût du carrelage
Un paquet de carrelage coûte 31 €.
Bob a besoin de 19 paquets de carrelage.
$19 \times 31 = 589$.
Le coût du carrelage de la cuisine s'élève à 589 €.

4 Facture complétée des matériaux

- **Montant total HT des sachets de croisillons**
$88 - 45 - 36 = 7$ €.

- **Quantité de sachets de croisillons achetés**
Bob a acheté pour 7 € HT de sachets de croisillons. Un sachet coûtant 7 €, il en a acheté 1.

- **Montant unitaire Hors Taxe (HT) d'un sac de joint**
2 sacs de joint coûtent 45 € HT.
Donc 1 sac de joint coûte $45 \div 2 = 22{,}50$ €.

- **Montant de la TVA (20 %)**
La facture HT totale s'élève à 88 €.
$\dfrac{20}{100} \times 88 = 17{,}60$ €.

- **Total Toutes Taxes Comprises (TTC)**
$88 + 17{,}60 = 105{,}60$ €

> **Remarque**
> La TVA est une part du prix HT reversée à l'État.

> **Remarque**
> Le prix TTC est celui payé par Bob au magasin.

Matériaux	Quantité	Montant unitaire Hors Taxe	Montant total Hors taxe
Seau de colle	3	12 €	36 €
Sachet de croisillons	**1**	7 €	**7 €**
Sac de joint pour carrelage	2	**22,50**	45 €
		TOTAL HORS TAXE	88 €
		TVA (20 %)	17,60 €
		TOTAL TOUTES TAXES COMPRISES	105,60 €

Sujet 3 — Pondichéry, mai 2017

Toutes les réponses doivent être justifiées, sauf si une indication contraire est donnée. Pour chaque question, si le travail n'est pas terminé, laisser tout de même une trace de la recherche.

Exercice 1

15 min — 5 pts

On considère l'expression $E = (x - 2)(2x + 3) - 3(x - 2)$.

1 Développer E. *1,5 pt*

2 Factoriser E et vérifier que $E = 2F$, où $F = x(x - 2)$. *1,5 pt*

3 Déterminer tous les nombres x tels que $(x - 2)(2x + 3) - 3(x - 2) = 0$. *2 pts*

Exercice 2

15 min — 6 pts

Un sac contient 20 boules ayant chacune la même probabilité d'être tirée. Ces 20 boules sont numérotées de 1 à 20. On tire une boule au hasard dans le sac.

Tous les résultats seront donnés sous forme de fractions irréductibles.

1 Quelle est la probabilité de tirer la boule numérotée 13 ? *1 pt*

2 Quelle est la probabilité de tirer une boule portant un numéro pair ? *1,5 pt*

3 A-t-on plus de chances d'obtenir une boule portant un numéro multiple de 4 que d'obtenir une boule portant un numéro diviseur de 4 ? *2 pts*

4 Quelle est la probabilité de tirer une boule portant un numéro qui soit un nombre premier ? *1,5 pt*

MATHÉMATIQUES

Exercice 3

 20 min   7 pts

On considère le programme de calcul ci-dessous dans lequel x, Étape 1, Étape 2 et Résultat sont quatre variables.

1 a. Julie a fait fonctionner ce programme en choisissant le nombre 5. Vérifier que ce qui est dit à la fin est : « J'obtiens finalement 20 ».   **1 pt**

b. Que dit le programme si Julie le fait fonctionner en choisissant au départ le nombre 7 ?   **1 pt**

2 Julie fait fonctionner le programme, et ce qui est dit à la fin est : « J'obtiens finalement 8 ». Quel nombre Julie a-t-elle choisi au départ ?   **1,5 pt**

3 Si l'on appelle x le nombre choisi au départ, écrire en fonction de x l'expression obtenue à la fin du programme, puis réduire cette expression autant que possible.   **1,5 pt**

4 Maxime utilise le programme de calcul ci-dessous :

> Choisir un nombre.
> - Lui ajouter 2.
> - Multiplier le résultat par 5.

Peut-on choisir un nombre pour lequel le résultat obtenu par Maxime est le même que celui obtenu par Julie ?   **2 pts**

Pondichéry, mai 2017 — **Sujet 3**

Exercice 4
⏱ 15 min — **7 pts**

Pour ses 32 ans, Denis a acheté un vélo d'appartement afin de pouvoir s'entraîner pendant l'hiver. La fréquence cardiaque (FC) est le nombre de pulsations (ou battements) du cœur par minute.

1 Denis veut estimer sa fréquence cardiaque : en quinze secondes, il a compté 18 pulsations. À quelle fréquence cardiaque, exprimée en pulsations par minute, cela correspond-il ? **0,5 pt**

2 Son vélo est équipé d'un cardiofréquencemètre qui lui permet d'optimiser son effort en enregistrant, dans ce cardiofréquencemètre, toutes les pulsations de son cœur. À un moment donné, le cardiofréquencemètre a mesuré un intervalle de 0,8 seconde entre deux pulsations. Calculer la fréquence cardiaque qui sera affichée par le cardiofréquencemètre. **1 pt**

3 Après une séance d'entraînement, le cardiofréquencemètre lui a fourni les renseignements suivants :

Nombre de pulsations enregistrées	Fréquence minimale enregistrée	Fréquence moyenne	Fréquence maximale enregistrée
3 640	65 pulsations/ minute	130 pulsations/ minute	182 pulsations/ minute

a. Quelle est l'étendue des fréquences cardiaques enregistrées ? **1 pt**
b. Denis n'a pas chronométré la durée de son entraînement. Quelle a été cette durée ? **1,5 pt**

4 Denis souhaite connaître sa fréquence cardiaque maximale **conseillée** (FCMC) afin de ne pas la dépasser et ainsi de ménager son cœur. La FCMC d'un individu dépend de son âge a, exprimé en années, elle peut s'obtenir grâce à la formule suivante établie par Astrand et Ryhming :
   Fréquence cardiaque maximale conseillée = 220 – âge
On note $f(a)$ la FCMC en fonction de l'âge a, on a donc $f(a) = 220 - a$.
a. Vérifier que la FCMC de Denis est égale à 188 pulsations/minute. **0,5 pt**
b. Comparer la FCMC de Denis avec la FCMC d'une personne de 15 ans. **1 pt**

5 Après quelques recherches, Denis trouve une autre formule permettant d'obtenir sa FCMC de façon plus précise. Si a désigne l'âge d'un individu, sa FCMC peut être calculée à l'aide de la formule de Gellish :
   Fréquence cardiaque maximale conseillée = $191{,}5 - 0{,}007 \times \text{âge}^2$
On note $g(a)$ la FCMC en fonction de l'âge a, on a donc :
$$g(a) = 191{,}5 - 0{,}007 \times a^2$$

Denis utilise un tableur pour comparer les résultats obtenus à l'aide des deux formules :

	A	B	C
		f_x =220-A2	
1	Age a	FCMC $f(a)$ *(Astrand et Ryhming)*	FCMC $g(a)$ *(Gellish)*
2	30	190	185,2
3	31	189	184,773
4	32	188	184,332
5	33	187	183,877

Quelle formule faut-il insérer dans la cellule C2, puis recopier vers le bas, pour pouvoir compléter la colonne « FCMC $g(a)$ *(Gellish)* » ? **1,5 pt**

Exercice 5   **8 pts**

Un TeraWattheure est noté : 1 TWh.
La géothermie permet la production d'énergie électrique grâce à la chaleur des nappes d'eau souterraines. Le graphique ci-dessous représente les productions d'électricité par différentes sources d'énergie en France en 2014.

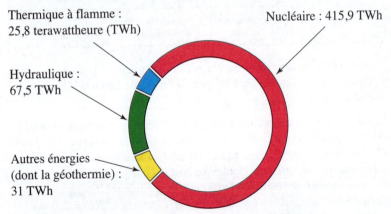

Statistiques de l'électricité en France 2014 RTE
Chiffres de production 2014 - EDF

1 a. Calculer la production totale d'électricité en France en 2014. **1 pt**
b. Montrer que la proportion d'électricité produite par les « Autres énergies (dont la géothermie) » est environ égale à 5,7 %. **1,5 pt**

2 Le tableau suivant présente les productions d'électricité par les différentes sources d'énergie, en France, en 2013 et en 2014.

Pondichéry, mai 2017 — Sujet 3

	Thermique à flamme	Hydraulique	Autres énergies (dont la géothermie)	Nucléaire
Production en 2013 (en TWh)	43,5	75,1	28,1	403,8
Production en 2014 (en TWh)	25,8	67,5	31	415,9
Variation de production entre 2013 et 2014	−40,7%	−10,1%	+10,3%	+3%

Alice et Tom ont discuté pour savoir quelle est la source d'énergie qui a le plus augmenté sa production d'électricité. Tom pense qu'il s'agit des « Autres énergies (dont la géothermie) » et Alice pense qu'il s'agit du « Nucléaire ». Quel est le raisonnement tenu par chacun d'entre eux ?

2,5 pts

3 La centrale géothermique de Rittershoffen (Bas Rhin) a été inaugurée le 7 juin 2016. On y a creusé un puits pour capter de l'eau chaude sous pression, à 2 500 m de profondeur, à une température de 170 degrés Celsius. Ce puits a la forme du tronc de cône représenté ci-dessous.

Grande base de 46 cm de diamètre

Hauteur : 2 500 m

Petite base de 20 cm de diamètre

Les proportions ne sont pas respectées.

On calcule le volume d'un tronc de cône grâce à la formule suivante :
$V = \dfrac{\pi}{3} \times h \times (R^2 + R \times r + r^2)$ où h désigne la hauteur du tronc de cône, R le rayon de la grande base et r le rayon de la petite base.

a. Vérifier que le volume du puits est environ égal à 225 m³. **1,5 pt**

b. La terre est tassée quand elle est dans le sol. Quand on l'extrait, elle n'est plus tassée et son volume augmente de 30 %.
Calculer le volume final de terre à stocker après le forage du puits.   **1,5 pt**

Exercice 6   **7 pts**

On obtient la pente d'une route en calculant le quotient du dénivelé (c'est-à-dire du déplacement vertical) par le déplacement horizontal correspondant. Une pente s'exprime sous forme d'un pourcentage. Sur l'exemple ci-dessous, la pente de la route est :

$$\frac{\text{dénivelé}}{\text{déplacement horizontal}} = \frac{15}{120} = 0{,}125 = 12{,}5\ \%$$

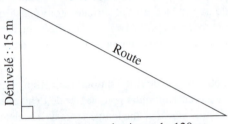

Classer les trois pentes suivantes dans l'ordre décroissant, c'est-à-dire de la pente la plus forte à la pente la moins forte.

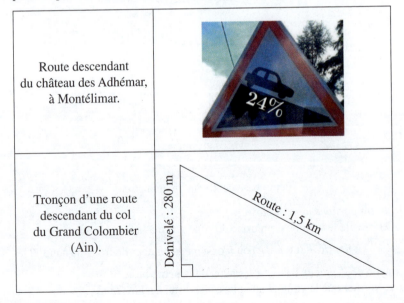

Pondichéry, mai 2017 — **Sujet 3**

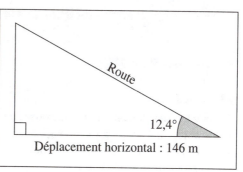

Tronçon d'une route descendant de l'Alto de l'Angliru (région des Asturies, Espagne).

Déplacement horizontal : 146 m

Exercice 7   15 min   5 pts

Alban souhaite proposer sa candidature pour un emploi dans une entreprise. Il doit envoyer dans une seule enveloppe : 2 copies de sa lettre de motivation et 2 copies de son *Curriculum Vitæ* (CV). Chaque copie est rédigée sur une feuille au format A4.

1 Il souhaite faire partir son courrier en lettre prioritaire. Pour déterminer le prix du timbre, il obtient sur Internet la grille de tarif d'affranchissement suivante :

Lettre prioritaire	
Masse jusqu'à	Tarifs nets
20 g	0,80 €
100 g	1,60 €
250 g	3,20 €
500 g	4,80 €
3 kg	6,40 €

Le tarif d'affranchissement est-il proportionnel à la masse d'une lettre ?

1,5 pt

2 Afin de choisir le bon tarif d'affranchissement, il réunit les informations suivantes :
- masse de son paquet de 50 enveloppes : 175 g ;
- dimensions d'une feuille A4 : 21 cm de largeur et 29,7 cm de longueur ;
- grammage d'une feuille A4 : 80 g/m² (le grammage est la masse par m² de feuille) ;
- 1 m² = 10^4 cm².

Quel tarif d'affranchissement doit-il choisir ?   **3,5 pts**

MATHÉMATIQUES

Sujet 3 Corrigé

Les clés pour réussir

Exercice 1

Révisez Les développements, la factorisation et la résolution d'équation

- $(a + b)(c - d) = a \times c - a \times d + b \times c - b \times d$ (on développe).
- $k(a + b) = k \times a + k \times b$ (on développe).
- $ka + kb = k(a + b)$ (on factorise).
- $A \times B = 0$ si et seulement si $A = 0$ ou $B = 0$.

Les difficultés du sujet

1 Attention aux signes quand vous développez les produits !

2 Pour factoriser, vous pouvez utiliser l'expression de départ ou bien celle que vous avez trouvée en développant.

3 Pour résoudre l'équation, utilisez la forme factorisée de E.

Exercice 2

Révisez Les probabilités

- Dans une situation où toutes les issues ont la même probabilité (situation d'équiprobabilité), une probabilité se calcule par :

$$p = \frac{\text{nombre d'issues favorables}}{\text{nombre total d'issues}}$$

- Un nombre a est un multiple de b s'il existe un entier n tel que $a = b \times n$. Par exemple, 8 est un multiple de 4 car $\underset{a}{8} = \underset{b}{4} \times \underset{n}{2}$.

- Un nombre a est un diviseur de b s'il existe un entier n tel que $b = a \times n$. Par exemple, 4 est un diviseur de 8 car $\underset{b}{8} = \underset{a}{4} \times \underset{n}{2}$.

- Un nombre premier est un entier positif qui admet exactement deux diviseurs entiers : 1 et lui-même.

Les difficultés du sujet

3 Comptez le nombre de boules portant un numéro multiple de 4, puis celui de celles portant un diviseur de 4.

4 Faites la liste des nombres premiers inférieurs à 20. N'oubliez pas que 1 n'est pas un nombre premier, car il n'admet qu'un seul diviseur : 1.

Exercice 3

Révisez **Les algorithmes et la programmation**

L'algorithme présenté est un programme de calcul dans lequel on trouve 4 variables : Étape 1, Étape 2, Résultat et x. Il faudra au fur et à mesure du programme suivre l'évolution de ces variables. On peut, pour schématiser la situation, présenter les choses sous la forme d'un tableau en indiquant les valeurs des différentes variables à chaque étape du programme.

Les difficultés du sujet

3 Attention aux parenthèses. À la dernière étape, on divise par 2 le résultat de l'étape précédente.

4 Pour résoudre ce problème, vous allez être amené à résoudre une équation.

Exercice 4

Révisez **Les fonctions, le tableur et les statistiques**

● L'étendue d'une série statistique est la différence entre la plus grande valeur du caractère étudié (ici la fréquence cardiaque) et la plus petite valeur du caractère.

● Pour la fonction f donnée dans cet exercice : quand on « entre » a (l'âge) dans la fonction, il en sort la FCMC.

Les difficultés du sujet

1 Pensez à la proportionnalité.

2 Calculez le nombre d'intervalles de temps de 0,8 s qu'il y a dans une minute, puis déduisez-en la FC.

3 b. Utilisez la moyenne et posez-vous la question : qu'est-ce que signifie « la fréquence moyenne est de 130 pulsations/minute » ?

4 Calculez les images de 32 et 15 par la fonction f, puis comparez les résultats.

5 Sur la capture d'écran, on voit la formule saisie dans la cellule B2 (dans la barre de saisie en haut). Prenez exemple sur cette formule pour écrire celle de la cellule C2.

Exercice 5

Révisez **Les pourcentages**

● On appelle proportion de A dans E le quotient du nombre d'éléments de A par le nombre d'éléments de E.

$$p = \frac{\text{effectif de A}}{\text{effectif de E}}$$

Une proportion peut s'exprimer en pourcentage.

● Pour augmenter une quantité de t %, on la multiplie par $1 + \frac{t}{100}$.

MATHÉMATIQUES

Les difficultés du sujet

1 b. Il y a une division à effectuer.

2 Si le raisonnement de Tom est assez évident, celui d'Alice l'est moins. Elle a utilisé des valeurs données dans le tableau et fait des « petits calculs » pour donner son avis.

3 a. Attention aux unités !
b. 30 % est l'augmentation en pourcentage et représente un taux d'évolution.

▶ Exercice 6

Révisez La géométrie plane

- Théorème de Pythagore :
Dans un triangle ABC rectangle en A, $AB^2 + AC^2 = BC^2$.
- Dans un triangle ABC rectangle en A :

$$\cos \hat{B} = \frac{\text{côté adjacent à } \hat{B}}{\text{hypoténuse}}$$

$$\sin \hat{B} = \frac{\text{côté opposé à } \hat{B}}{\text{hypoténuse}}$$

$$\tan \hat{B} = \frac{\text{côté opposé à } \hat{B}}{\text{côté adjacent à } \hat{B}}$$

Les difficultés du sujet

Pour calculer une pente, on a besoin du dénivelé et du déplacement horizontal.
La pente de la première route est 24 %.
Pour déterminer les deux autres pentes, vous devez calculer soit le déplacement horizontal, soit le dénivelé.
En regardant un peu plus haut, vous devez deviner ce que vous devez utiliser... non ?

▶ Exercice 7

Révisez Les aires, les masses et la proportionnalité

Les difficultés du sujet

1 Regardez si pour une masse deux fois plus grande, le prix est deux fois supérieur.

2 Procédez par étape en utilisant toutes les données.
Vous devez calculer la masse du courrier qui est constitué de 4 feuilles A4 et d'une enveloppe afin d'en déduire le tarif de l'affranchissement.
Votre résultat doit être cohérent. Le courrier n'aura pas une masse de 3 kg !

Pondichéry, mai 2017 — **Corrigé 3**

Exercice 1

1 Développement de E

$E = (x - 2)(2x + 3) - 3(x - 2)$

Il y a deux produits à développer :
$(x - 2)(2x + 3)$ et $-3(x - 2)$.

On développe $(x - 2)(2x + 3)$ en utilisant la double distributivité et $-3(x - 2)$ en utilisant la simple distributivité.

$E = (x - 2)(2x + 3) - 3(x - 2)$
$= x \times 2x + x \times 3 - 2 \times 2x - 2 \times 3 - 3 \times x + 3 \times 2$
$= 2x^2 + 3x - 4x - 6 - 3x + 6$
$= 2x^2 - 4x$

L'expression développée de E est $2x^2 - 4x$.

> **Méthode**
> Repérez bien la forme de l'expression à développer avant de commencer.

> **Méthode**
> Commencez par écrire le signe du produit, puis effectuez le produit. Attention au « – par – » qui donne « + ».

2 Factorisation de E

• $E = \boxed{(x - 2)(2x + 3)} - \boxed{3(x + 2)}$

Dans le premier terme, $(x - 2)$ est multiplié par $(2x + 3)$ et dans le deuxième, $(x - 2)$ est multiplié par 3.
$(x - 2)$ est donc un facteur commun.

$E = (x - 2)[(2x + 3) - 3]$
$E = (x - 2)(2x + 3 - 3)$
$E = (x - 2) \times 2x$
$E = 2x(x - 2)$

• On vérifie que $E = 2F$ avec $F = x(x - 2)$.
C'est bien le cas car $2 \times x(x - 2) = 2x(x - 2)$.

> **Méthode**
> • Repérez bien la forme de l'expression et identifiez un facteur commun.
> • On place le facteur commun devant, puis on complète dans les crochets par les expressions qui sont multipliées par $(x - 2)$ en les séparant d'un signe « – ».

Autre méthode

En prenant la forme développée de E, on peut également la factoriser avec un facteur commun : $2x$.
$E = 2x^2 - 4x = 2x(x - 2)$, ce qui amène au même résultat, évidemment !

3 Résolution de l'équation $(x - 2)(2x + 3) - 3(x - 2) = 0$

En l'état, on ne peut pas résoudre cette équation. Mais, en utilisant la forme factorisée de E, on obtient l'équation $2x(x - 2) = 0$, que l'on sait résoudre.

L'équation $\underbrace{2x(x-2)}_{\text{produit}} = \underbrace{0}_{\text{nul}}$ est une équation produit nul.
Un produit de deux facteurs est nul si et seulement si l'un au moins des deux facteurs est nul.

> **Pensez-y !**
> L'équation qu'il faut résoudre est en fait l'équation $E = 0$.
> On a deux formes de E. À vous de choisir la bonne !

$2x = 0$ ou $x - 2 = 0$

$x = \dfrac{0}{2}$ ou $x = 2$

$x = 0$ ou $x = 2$

Il y a deux nombres x qui vérifient $(x - 2)(2x + 3) - 3(x - 2) = 0$: les nombres 0 et 2.

Exercice 2

1 Probabilité de tirer la boule numérotée 13

On est dans une situation d'équiprobabilité, car on tire une boule au hasard et toutes les boules ont la même probabilité d'être tirées.
Une seule boule porte le numéro 13 sur les 20 boules.

Donc $p = \dfrac{1}{20}$ (fraction irréductible).

2 Probabilité de tirer une boule portant un numéro pair

Il y a 10 boules portant un numéro pair, celles numérotées : 2 ; 4 ; 6 ; 8 ; 10 ; 12 ; 14 ; 16 ; 18 et 20.

Donc $p = \dfrac{10}{20}$ soit $p = \dfrac{1}{2}$ (fraction irréductible).

> **Rappel**
> On calcule une probabilité à l'aide de la formule :
> $p = \dfrac{\text{nombre d'issues favorables}}{\text{nombre total d'issues}}$

3 Comparaison de deux probabilités

- Numéros des boules portant un multiple de 4 :

    4 ; 8 ; 12 ; 16 et 20

- Numéros des boules portant un diviseur de 4 :

    1 ; 2 et 4

Il y a 5 boules qui portent un numéro multiple de 4 et seulement 3 qui portent un diviseur de 4, donc **on a plus de chances d'obtenir une boule portant un multiple de 4.**

> **Remarque**
> - La probabilité d'obtenir une boule avec un multiple de 4 est $\dfrac{5}{20} = \dfrac{1}{4}$.
> - La probabilité d'obtenir une boule avec un diviseur de 4 est $\dfrac{3}{20}$. On a : $\dfrac{1}{4} > \dfrac{3}{20}$.

4 Probabilité de tirer une boule portant un numéro qui est un nombre premier

Numéros des boules portant un nombre premier :
2 ; 3 ; 5 ; 7 ; 11 ; 13 ; 17 et 19.

Il y a 8 boules portant un numéro qui est un nombre premier, donc $p = \dfrac{8}{20}$ soit $p = \dfrac{2}{5}$ (fraction irréductible).

> **Rappel**
> Un nombre est premier s'il admet exactement deux diviseurs : 1 et lui-même.

Exercice 3

Conseil
Soyez synthétique.
Procédez par étape.

1 a. Vérification d'un calcul
Valeur de x : 5.

Étape 1	5 × 6 = 30	On multiplie par 6.
Étape 2	30 + 10 = 40	On ajoute 10.
Résultat	40 ÷ 2 = 20	On divise par 2.

Le programme dit à la fin : « J'obtiens finalement 20 ».

b. Fonctionnement du programme avec 7

Étape 1	7 × 6 = 42	On multiplie par 6.
Étape 2	42 + 10 = 52	On ajoute 10.
Résultat	52 ÷ 2 = 26	On divise par 2.

Le programme dit à la fin : « J'obtiens finalement 26 ».

2 Détermination d'un nombre de départ
On procède en inversant les étapes :

Résultat	8	
Étape 2	8 × 2 = 16	On multiplie par 2.
Étape 1	16 − 10 = 6	On retranche 10.
Valeur de x	6 ÷ 6 = 1	On divise par 6.

Pensez-y !
Vous pouvez vérifier le résultat que vous trouvez en recommençant le programme avec $x = 1$.

Julie a choisi le nombre 1.

3 Expression obtenue en fonction de x

Étape 1	$6 \times x = 6x$	On multiplie par 6.
Étape 2	$6x + 10$	On ajoute 10.
Résultat	$(6x + 10) \div 2$ $= \dfrac{6x + 10}{2}$ $= \dfrac{6x}{2} + \dfrac{10}{2}$ $= 3x + 5$	On divise par 2.

Méthode
N'oubliez pas les parenthèses, car c'est $(6x + 10)$ qui est divisé par 2, pas seulement 10 !

Remarque
$3x + 5$ est une expression que l'on ne peut plus réduire.

L'expression obtenue à la fin du programme est $3x + 5$.

4 Détermination d'un nombre donnant le même résultat
Avec le programme de Maxime, si on choisit x comme nombre de départ, on obtient :

- on ajoute 2 : $x + 2$;
- on multiplie le résultat par 5 : $5 \times (x + 2)$. (N'oubliez pas les parenthèses !)

Le résultat obtenu par Maxime est : $5(x + 2)$.
En développant, on obtient :
$5(x + 2) = 5x + 10$.
On cherche une possible valeur de x qui donne le même résultat avec les deux programmes. On est donc amené à résoudre l'équation $3x + 5 = 5x + 10$.

$3x + 5 = 5x + 10$
$3x - 5x + 5 = 5x - 5x + 10$ (on retranche $5x$ dans chaque membre)
$-2x + 5 = 10$ (on réduit)
$-2x + 5 - 5 = 10 - 5$ (on retranche 5 dans chaque membre)
$-2x = 5$ (on réduit)
$\dfrac{-2x}{-2} = \dfrac{5}{-2}$ (on divise par -2 dans chaque membre)
$x = \dfrac{-5}{2} = -2,5$

> **Méthode**
>
> L'idée est de déterminer en fonction de x le résultat obtenu par Maxime et d'écrire l'égalité des deux résultats trouvés puisque l'on cherche la valeur de x éventuelle qui donne le même résultat final.

Si on choisit $-2,5$ comme nombre de départ dans les deux programmes, on obtient le même résultat.

▸ Remarques

- Si vous avez le temps, vérifiez que ce résultat est correct en prenant $-2,5$ comme nombre de départ dans les deux programmes. Vous devez obtenir dans les deux programmes $-2,5$ comme résultat final.
- C'est une coïncidence que le nombre de départ et le résultat soient égaux.

Exercice 4

1 Fréquence cardiaque en pulsations par minute

En 15 secondes, Denis a compté 18 pulsations. Dans une minute, il y a 4×15 secondes, donc le nombre de pulsations pour une minute peut être estimé à $4 \times 18 = 72$.

La fréquence cardiaque en pulsations par minute est 72.

> **Remarque**
>
> On suppose ici que les pulsations sont régulières. Il y a alors proportionnalité entre le temps et le nombre de pulsations.

▸ Autre méthode

Le tableau suivant est un tableau de proportionnalité :

Nombre de pulsations	18	x
Temps (en s)	15	60

L'égalité des produits en croix donne :

$15 \times x = 60 \times 18$

$x = \dfrac{60 \times 18}{15}$

$x = 72$

Pondichéry, mai 2017 — **Corrigé 3**

2 Fréquence cardiaque affichée par le cardiofréquencemètre

L'intervalle de temps entre 2 pulsations est 0,8 seconde. On cherche combien de fois il y a 0,8 seconde dans une minute (soit 60 secondes) :

$$\frac{60}{0,8} = 75$$

Il y a 75 intervalles de temps de 0,8 seconde dans une minute.
Cela correspond à 75 + 1 = **76 pulsations par minute**.

> **Remarque**
>
> Un petit schéma pour comprendre :
>
>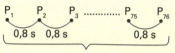
>
> En 3 intervalles de temps de 0,8 s, on a 4 pulsations.
>
> En 75 intervalles de temps de 0,8 s, on a 76 pulsations.

3 a. Étendue des fréquences cardiaques

L'étendue est donnée par la différence entre la plus grande fréquence et la plus petite. Ainsi, l'étendue est donnée par :
$$182 - 65 = 117$$
L'étendue des fréquences cardiaques est de 117 pulsations par minute.

b. Durée de l'entraînement

En moyenne, la fréquence cardiaque est de 130 pulsations par minute.
Sachant qu'au total, il y a eu 3 640 pulsations, on retrouve le temps en minutes en divisant le nombre total de pulsations par le nombre de pulsations par minute :

$$\frac{3\,640}{130} = 28$$

La durée de l'entraînement est de 28 minutes.

> **Remarque**
>
> La valeur de la moyenne (130) signifie que cela se passe comme si toutes les minutes, il y avait eu exactement 130 pulsations.

4 a. FCMC de Denis

Denis a 32 ans, donc $a = 32$.
$f(32) = 220 - 32$
$ = 188.$
La FCMC de Denis est bien de 188 pulsations par minute.

MATHÉMATIQUES

b. Comparaison de deux FCMC
La FCMC pour une personne de 15 ans est :
$f(15) = 220 - 15$
$ = 205$
205 > 188, donc **la FCMC de Denis est inférieure à celle d'une personne de 15 ans**.

> **Remarque**
> Plus une personne est jeune, plus sa FCMC est élevée.

> **Remarque**
> La fonction f définie par $f(a) = 220 - a$ est une fonction affine décroissante.
> Cela signifie que lorsque a augmente, les images $f(a)$ diminuent.

5 Formule dans la cellule C2
Dans cette cellule, il doit y avoir le résultat de $191{,}5 - 0{,}007 \times a^2$ où a désigne l'âge.
L'âge correspondant est dans la cellule A2.
Ainsi, la formule à insérer dans C2 et à recopier vers le bas est :

$\boxed{= 191{,}5 - 0{,}007 * A2^2}$

ou $\boxed{= 191{,}5 - 0{,}007 * A2 * A2}$

Exercice 5

1 a. Production totale d'électricité en France en 2014
On fait la somme de toutes les productions d'électricité :
$31 + 67{,}5 + 25{,}8 + 415{,}9 = 540{,}2$.
La production totale d'électricité en France en 2014 est 540,2 TWh.

> **Attention !**
> Vérifiez que les données ont les mêmes unités.

b. Proportion d'électricité produite par les « Autres énergies (dont la géothermie) »

$p = \dfrac{\text{Électricité produite par les « Autres énergies (dont la géothermie) »}}{\text{Production totale}}$

$p = \dfrac{31}{540{,}2}$

$p \approx 0{,}057$ soit $5{,}7\,\%$.

La proportion d'électricité produite par les « Autres énergies (dont la géothermie) » est bien d'environ 5,7 %.

> **Pensez-y !**
> $0{,}057 = \dfrac{5{,}7}{100} = 5{,}7\,\%$.

2 Description de deux raisonnements
Tom raisonne à partir des pourcentages.
En effet, avec une augmentation de 10,3 %, ce sont les « Autres énergies (dont la géothermie) » qui ont le plus augmenté.
Alice raisonne à partir des variations de production en TWh.

En effet :
- 415,9 − 403,8 = 12,1 : la production « Nucléaire » a augmenté de 12,1 TWh ;
- 31 − 28,1 = 2,9 : la production « Autres énergies (dont la géothermie) » a augmenté de 2,9 TWh ;
- les productions « Thermique à flamme » et « Hydraulique » ont diminué. Or 12,1 > 2,9. **C'est donc le « Nucléaire » qui a le plus augmenté sa production.**

> **Remarque**
>
> Mais alors, qui a raison ? Eh bien, les deux ! Tout dépend de ce que l'on considère. En effet, deux discours qui peuvent paraître contradictoires peuvent être tout à fait corrects. Alors, faites attention !

3 Volume du puits

a. On utilise la formule donnée avec
$h = 2\,500$ m ; $R = 23$ cm $= 0,23$ m ;
$r = 10$ cm $= 0,1$ m :
$V = \dfrac{\pi}{3} \times 2\,500 \times (0,23^2 + 0,23 \times 0,1 + 0,1^2)$
$V \approx 224,88$.

Pensez-y !
Toutes les valeurs doivent avoir les mêmes unités. Ici, on a choisi le mètre compte tenu du résultat que l'on veut obtenir.

Le volume du puits est bien environ égal à 225 m³.

b. Volume final de terre à stocker
Augmenter une quantité de 30 % revient à la multiplier par $1 + \dfrac{30}{100} = 1,3$.

Remarque
1,3 est appelé « coefficient multiplicateur ».

Ainsi, $225 \times 1,3 = 292,5$.

Le volume final de terre à stocker après le forage du puits est d'environ 292,5 m³.

> **Autre méthode**
>
> - On calcule 30 % de 225 :
> 30 % de 225 $= 0,3 \times 225 = 67,5$.
> Le volume de terre augmente de 67,5 m³.
> - On calcule le volume après l'augmentation :
> $225 + 67,5 = 292,5$.
> Le volume final de terre à stocker est de 292,5 m³.

Exercice 6

- **Pente de la route descendant du château des Adhémar à Montélimar**

La pente de la route descendant du château des Adhémar à Montélimar est de 24 %.

MATHÉMATIQUES

- **Calcul de la pente du tronçon d'une route descendant du col du Grand Colombier dans l'Ain**

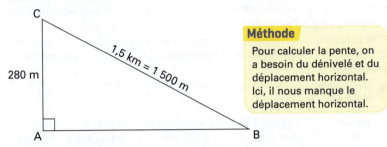

Méthode
Pour calculer la pente, on a besoin du dénivelé et du déplacement horizontal. Ici, il nous manque le déplacement horizontal.

On calcule le déplacement horizontal AB.
Dans le triangle ABC rectangle en A, d'après le théorème de Pythagore :
$AB^2 + AC^2 = BC^2$
$AB^2 + 280^2 = 1\,500^2$
$\quad AB^2 = 1\,500^2 - 280^2 = 2\,171\,600$
$\quad AB = \sqrt{2\,171\,600}$
$\quad AB \approx 1\,473,6$

Pensez-y !
Attention aux unités ! Les valeurs utilisées doivent être dans les mêmes unités.

Le déplacement horizontal est de 1 473,6 m.
La pente est donnée par :
$\dfrac{280}{1473,6} \approx 0,19$ soit 19 %.

Ce tronçon de route a une pente d'environ 19 %.

- **Calcul de la pente du tronçon d'une route descendant de l'Alto de l'Angliru (Espagne)**

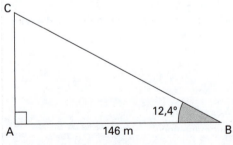

Méthode
Dans ce cas, on connaît le déplacement horizontal et l'angle $\hat{B}$. Pour calculer la pente, on a besoin du dénivelé.

Pour calculer le dénivelé (longueur AC), on utilise la trigonométrie.

$\tan \hat{B} = \dfrac{\text{côté opposé à } \hat{B}}{\text{côté adjacent à } \hat{B}} = \dfrac{AC}{AB}$

$\tan 12,4° = \dfrac{AC}{146}$ ⟵ produit en croix

$AC = 146 \times \tan 12,4°$
$AC \approx 32,1$

Méthode
Par rapport à l'angle $\hat{B}$, on connaît le côté adjacent et on cherche le côté opposé. C'est donc la tangente qu'il faut utiliser.

Le dénivelé est de 32,1 m environ.
La pente est donnée par : $\frac{32,1}{146} \approx 0,22$ soit 22 %.
Ce tronçon de route a une pente d'environ 22 %.

Conclusion :
Le classement des pentes est alors le suivant :
1. Pente de la route descendant du **château des Adhémar** à Montélimar (24 %).
2. Pente du tronçon d'une route descendant de l'**Alto de l'Angliru** (22 %).
3. Pente du tronçon d'une route descendant du **col du Grand Colombier** (19 %).

Exercice 7

1 Proportionnalité éventuelle entre le tarif et la masse

Si le tarif était proportionnel à la masse d'une lettre, alors pour une masse de 500 g, on devrait payer 2 fois plus cher que pour une masse de 250 g.
Ce n'est pas le cas.
En effet, $2 \times 3,2 = 6,4 \neq 4,8$.

> **Remarque**
> Vous pouvez évidemment prendre d'autres exemples, ou même calculer deux produits en croix et vérifier qu'ils ne sont pas égaux.

2 Tarif d'affranchissement

Le courrier d'Alban est composé d'une enveloppe et de 4 feuilles A4.

- **Masse de l'enveloppe**

$\frac{175}{50} = 3,5$

L'enveloppe a une masse de 3,5 g.

- **Masse des 4 feuilles A4**

$21 \times 29,7 = 623,7$
L'aire d'une feuille A4 est 623,7 cm².

> **Méthode**
> Calculez l'aire d'une feuille A4 en cm².

1 m² $= 10^4$ cm²

donc 1 cm² $= \frac{1}{10^4}$ m²

donc $623,7$ cm² $= \frac{623,7}{10^4}$ m²

soit $0,06237$ m².
L'aire d'une feuille A4 est $0,06237$ m².

> **Méthode**
> Transformez cette aire en m² pour pouvoir calculer sa masse puisque le grammage est donné en g/m².

MATHÉMATIQUES

Le grammage d'une feuille A4 est 80 g/m². 1 m² de feuilles a une masse de 80 g.
On utilise un tableau de proportionnalité pour trouver la masse de 0,06237 m² de feuille :

Masse (en g)	80	x
Aire (en m²)	1	0,06237

$x \times 1 = 0,06237 \times 80 = 4,9896$
Une feuille A4 a une masse de 4,9896 g.

Méthode
Recherchez la masse d'une feuille A4 en utilisant la donnée : « Grammage d'une feuille A4 : 80 g/m² » qui signifie que la masse d'un m² de feuilles A4 est 80 g.

$4 \times 4,9896 = 19,9584$
Les 4 feuilles A4 ont une masse de 19,9584 g.
$\underbrace{19,9584}_{\text{masse de 4 feuilles A4}} + \underbrace{3,5}_{\text{masse de l'enveloppe}} = 23,4584$

Calculez la masse totale du courrier qui comprend les 4 feuilles A4 et l'enveloppe.

La masse totale du courrier est d'environ 23,5 g et 23,5 > 20.
D'après le tableau, l'affranchissement est de 1,60 €

Recherchez dans le tableau le tarif sachant que la masse est supérieure à 20 g et inférieure à 100 g.

PHYSIQUE-CHIMIE - SVT - TECHNOLOGIE

SOMMAIRE

INFOS-BREVET
L'épreuve expliquée 195
La méthode pour le Brevet 196

SUJETS DE PHYSIQUE-CHIMIE

La constitution et les états de la matière, les transformations chimiques et l'énergie

1. L'aspirine
   - Amérique du Nord, juin 2017 198
2. Voyage à bord d'un voilier écologique
   - Polynésie, juin 2017 202
3. Approvisionnement énergétique en France
   - Pondichéry, mai 2017 208
4. Sécurité dans l'habitat
   - Asie, juin 2017 213

Les mouvements et l'organisation de la matière dans l'Univers

5. La loi de Hubble
   - Sujet inédit 218

SUJETS DE SVT

La Terre, la biodiversité, l'environnement et l'action humaine

6. L'impact de la pollution du sol
   - Asie, juin 2017 221
7. Approvisionnement énergétique de quelques villes français
   - Pondichéry, mai 2017 225

La protection de l'organisme, le système nerveux et l'appareil digestif

8. Le voyage de *Yersinia pestis*
   - Polynésie, juin 2017 230
9. Le comportement de l'automobiliste lors du freinage
   - Sujet zéro 234

L'organisation, l'évolution du monde vivant et la reproduction
10 Le syndrome de Klinefelter
- ■ Amérique du Nord, juin 2017 238

SUJETS DE TECHNOLOGIE

Le design, l'innovation et la créativité
11 Enceinte *Bluetooth*
- ■ Sujet inédit 242

Les objets techniques, les services et leur évolution
12 Du bouclier au supercalculateur
- ■ Sujet inédit 246

Le fonctionnement et la structure d'un objet
13 Lyre à LED de spectacle
- ■ Sujet inédit 250

La modélisation et la simulation du comportement d'un objet
14 Étude de l'implantation de lampadaires dans une rue
- ■ Sujet inédit 254

Le fonctionnement d'un réseau informatique
15 Réseau de capteurs domestiques
- ■ Sujet inédit 258

L'écriture, la mise au point et l'exécution d'un programme
16 Tondeuse autonome de jardin
- ■ Sujet inédit 262

L'épreuve expliquée **INFOS-BREVET**

L'épreuve de Physique-chimie – SVT – Technologie expliquée

▶ Comment s'organise l'épreuve ?

- **Durée :** 1 heure.
- **Structure :**
– la seconde partie de la 1re épreuve porte sur les programmes de **Physique-Chimie, SVT et Technologie.**
- **Notation :** sur 50 points.

Ces points sont répartis de la façon suivante :
– **45 points** pour les exercices de Physique-Chimie, SVT et Technologie ;
5 points réservés à la présentation de la copie et à l'utilisation de la langue française (précision et richesse du vocabulaire, correction de la syntaxe) pour rendre compte des observations, expériences, hypothèses, conclusions.

La commission nationale d'élaboration des sujets détermine, à chaque session, les **deux disciplines sur les trois** (Physique-Chimie, SVT, Technologie) qui sont évaluées (sur **25 points** chacune) lors de cette deuxième partie de l'épreuve.
Il y a donc 3 combinaisons possibles : Physique-Chimie et SVT, Physique-Chimie et Technologie, Technologie et SVT.

- **L'épreuve porte sur une thématique commune.**
- Les énoncés sont volontairement concis afin qu'une éventuelle difficulté en lecture ne constitue pas un obstacle supplémentaire. Les exercices sont identifiés pour chaque discipline.

▶ Quels sont les critères d'évaluation des copies de Brevet ?

On attend de vous que vous soyez capable de :
- **maîtriser** les attendus de fin de cycle prévus dans les programmes ;
- **pratiquer** différents langages (textuel, symbolique, schématique, graphique) pour observer, raisonner, argumenter et communiquer ;
- **exploiter** des données chiffrées et/ou expérimentales ;
- **analyser** et de comprendre des informations en utilisant les raisonnements, les méthodes et les modèles propres aux disciplines concernées ;
- **appliquer** les principes élémentaires de l'algorithmique et du codage à la résolution d'un problème simple.

PHYSIQUE-CHIMIE-SVT-TECHNO

La méthode pour le Brevet

▶ Comment s'organiser le jour de l'épreuve ?

- **Prenez le temps de lire l'intégralité du sujet** avant de commencer.
- **Commencez** par les questions avec lesquelles vous êtes le plus à l'aise.
- **Gérez correctement votre temps.** Prévoyez de garder un peu de temps pour la relecture des copies à la fin de l'épreuve.

▶ Comment aborder les différents exercices ?

- Les questions peuvent demander **une réponse rédigée ou prendre la forme de questionnaires à choix multiples** (dans le cas d'un QCM, chaque question est posée avec au moins une réponse juste).
- Quelle que soit la forme proposée, l'évaluation peut porter sur les **connaissances** et/ou sur leur utilisation, ainsi que sur la mise en œuvre d'un **raisonnement**.

▶ Comment travailler avec un brouillon ?

- Réécrivez précisément au brouillon les différents **termes des questions** et des consignes qui les accompagnent.
- Lorsque des documents sont proposés :
  – **repérez les informations qui sont en rapport avec la consigne** ;
  – **mettez en relation** les différents documents lorsque cela est possible ;
  – **reliez les informations** du ou des documents **avec vos connaissances**.
- Lorsque des calculs sont demandés, **vérifiez plusieurs fois vos calculs**, en faisant attention aux unités utilisées.

> **L'astuce du prof**
> Dans le cas d'un QCM, lisez bien la consigne pour savoir s'il y a une ou plusieurs bonnes réponses acceptées.

▶ Comment rédiger sa copie ?

- **Si la question nécessite uniquement l'utilisation de documents**, présentez d'abord les informations précises qui vous serviront d'arguments et terminez par votre interprétation.
- **Si la question exige une mise en relation des documents avec des connaissances**, utilisez d'abord les documents en les décrivant précisément, puis interprétez-les à l'aide de vos connaissances.

> **Gagnez des points !**
> Ne récitez pas systématiquement votre cours pour étoffer votre réponse. Les réponses aux questions posées sont souvent courtes, cela évite d'être hors sujet.

La méthode pour le Brevet — INFOS-BREVET

- **Si la question est une restitution de connaissances** ou **nécessite un raisonnement sans s'appuyer sur des documents**, soyez le plus clair et le plus précis possible.

▶ Comment présenter sa copie ?

Les contraintes

- **Rédigez chaque partie de l'épreuve sur une copie distincte par discipline**, car des enseignants de trois matières différentes corrigent cette épreuve.
- **Indiquez le titre de la partie traitée et précisez bien le numéro de la question** (surtout si vous n'avez pas répondu aux questions dans l'ordre) afin d'éviter les erreurs.

Le soin

- **Écrivez lisiblement**. Si votre écriture est difficile à lire, essayez d'aérer votre devoir, de soigner votre typographie et de bien séparer les lettres.
- **Soulignez à la règle les mots importants**. Vous pouvez utiliser des stylos de couleur pour faire ressortir les idées importantes de la copie, mais attention à la copie arc-en-ciel avec trop de couleurs !
- **Tracez les schémas à la règle.**
- **Construisez des phrases simples et assez courtes. Si la réponse est longue, créez des paragraphes** qui regrouperont des ensembles d'idées (ne créez pas de paragraphes au hasard de votre copie, juste pour l'aspect esthétique).
- **Faites attention à la syntaxe, à la grammaire et à l'orthographe**, notamment lors de la relecture : pas de phrase sans verbe conjugué, sans sujet, etc.

> **Les clés de la réussite !**
>
> - **Prenez le temps** de bien comprendre les termes du sujet et de la consigne.
> - **Reliez les informations pertinentes** des documents à vos connaissances.
> - Même si vous n'arrivez pas à trouver le résultat final, **détaillez les démarches suivies et vos essais de calcul sur vos copies**. Cela valorisera votre copie et vous pourrez gagner des points.

Sujet 1 — L'aspirine

25 pts — 30 min

Amérique du Nord, juin 2017

Toute réponse, même incomplète, montrant la démarche de recherche du candidat sera prise en compte dans la notation.

L'acide acétylsalicylique est plus connu sous le nom d'aspirine. C'est la substance active de nombreux médicaments utilisés dans les traitements de la douleur (antalgique), de la fièvre (antipyrétique) et des inflammations (anti-inflammatoire). En France, plus de 200 médicaments commercialisés contiennent de l'aspirine.

Doc. 1 — Formule de l'aspirine

$C_9H_8O_4$

1 Indiquer le nombre d'atomes d'oxygène présents dans la molécule d'aspirine.

2 Pour certains traitements médicaux particuliers, le médecin prescrit des gélules d'aspirine gastrorésistantes afin que l'absorption de la substance active se fasse au niveau de l'intestin plutôt qu'au niveau de l'estomac. Comme leur nom l'indique, les gélules gastrorésistantes résistent à l'acidité de l'estomac, dite acidité gastrique, grâce à la pellicule spécifique dont elles sont enrobées.

Doc. 2 — Système digestif

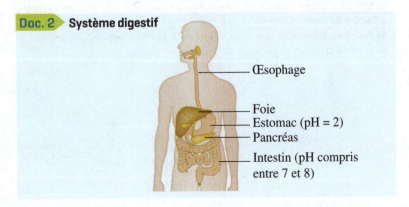

- Œsophage
- Foie
- Estomac (pH = 2)
- Pancréas
- Intestin (pH compris entre 7 et 8)

La constitution de la matière, les transformations chimiques et l'énergie — Corrigé 1

En exploitant le *document 2*, proposer un protocole expérimental permettant de prouver qu'une gélule d'aspirine gastrorésistante résiste à l'acidité gastrique. On pourra formuler la réponse sous forme de texte et/ou de schéma.

3 En cas de fièvre, il est recommandé d'ingérer 500 mg d'aspirine, sous la forme d'un comprimé à dissoudre au préalable dans un grand verre d'eau. Exploiter le *document 3* afin de déterminer le volume d'eau minimal nécessaire à la dissolution du comprimé. Commenter le résultat.

On rappelle que la dissolution est le processus par lequel une substance solide ou gazeuse mise au contact d'un liquide passe en solution. Par exemple, la dissolution du sel dans l'eau permet d'obtenir de l'eau salée.

Doc. 3 Solubilité de l'aspirine

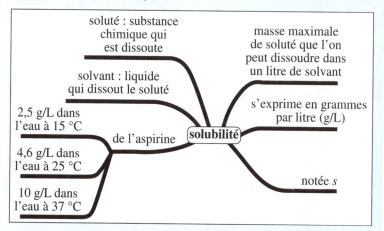

Sujet 1 Corrigé

Les clés pour réussir

L'essentiel à connaître

- **Une molécule** est un assemblage d'atomes.
- **Le pH** est un nombre sans unité compris **entre 0 et 14**.
- Il est possible de **mesurer le pH** d'une solution à l'aide de **papier pH** ou d'un **pH-mètre**.
- Une solution est **acide** si son **pH est inférieur à 7**.

PHYSIQUE-CHIMIE

▶ Analyser l'énoncé

• Une lecture attentive de l'énoncé est primordiale pour répondre correctement aux différentes questions :
– le *document 1* indique la formule de la molécule d'aspirine, donc sa composition atomique ;
– l'énoncé de la question **2** précise qu'une gélule gastrorésistante résiste à l'acidité de l'estomac (le pH de l'estomac est de 2) ;
– la question **3** précise que la masse du comprimé à dissoudre est de 500 mg.

• L'énoncé de la question **3** et le *document 3* (carte mentale) rappellent des notions de cours indispensables pour résoudre le problème posé :
– la dissolution du comprimé d'aspirine est le processus par lequel cette substance solide mise en contact avec l'eau passe en solution ;
– la solubilité de l'aspirine dans l'eau est la masse maximale d'aspirine que l'on peut dissoudre dans un litre d'eau, elle est notée *s* ;
– les solubilités de l'aspirine dans l'eau à 15 °C, 25 °C et 37 °C sont respectivement : 2,5 g/L, 4,6 g/L et 10 g/L.

▶ Bien comprendre les questions

Question 1

• Recensez le nombre d'atomes d'oxygène dans l'aspirine à l'aide de la formule du *document 1*.

Question 2

• L'expérience menée doit permettre de vérifier que la gélule d'aspirine n'est pas altérée par un milieu acide de pH = 2.

Question 3

• Convertissez la masse d'aspirine dans un comprimé en grammes.
• Observez comment varie la solubilité avec la température du solvant.
• Utilisez une proportionnalité pour déduire de la solubilité et de la masse du comprimé le volume d'eau nécessaire à la dissolution.
• N'oubliez pas de commenter ce résultat en le comparant avec le volume d'« un grand verre ».

1 D'après le *document 1*, la formule de la molécule d'aspirine est $C_9H_8O_4$. Cette molécule contient ainsi **4 atomes d'oxygène**.

2 La manipulation sera réalisée **avec des lunettes de protection et des gants** (solution à pH = 2 corrosive).
Pour montrer que la gélule d'aspirine gastrorésistante résiste au pH de l'estomac, on réalisera l'expérience suivante :

> **À savoir**
> Les manipulations de chimie doivent toujours être effectuées avec des lunettes de protection.

La constitution de la matière, les transformations chimiques et l'énergie

Corrigé 1

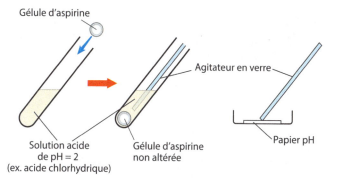

On compare ensuite la couleur du papier pH au témoin figurant sur la boîte et on vérifie que le pH de la solution est bien de l'ordre de 2.
Bilan : la gélule gastrorésistante résiste bien à un pH de 2, donc à l'acidité de l'estomac.

3 La masse d'aspirine contenue dans un comprimé est de 500 mg, soit 0,500 g.
La recommandation figurant dans l'énoncé est de dissoudre un comprimé dans un grand verre d'eau. D'après le *document 3*, la solubilité de l'aspirine dans l'eau est d'autant plus grande que la température de l'eau est élevée.
Il faudrait ainsi un volume plus petit d'eau pour dissoudre 500 mg d'aspirine à 37 °C ou à 25 °C qu'à 15 °C.
Calculons le volume d'eau minimal nécessaire pour dissoudre le comprimé à 15 °C, en utilisant la proportionnalité entre la masse dissoute et le volume de solvant :

> **L'astuce du prof**
> Il n'est pas nécessaire de connaître la valeur exacte du volume d'un grand verre d'eau, une estimation suffit.

Masse d'aspirine dissoute m (g)	2,5	0,500
Volume d'eau nécessaire (L)	1	V

$V \times 2,5 = 1 \times 0,500$ soit $V = \dfrac{0,500}{2,5} = 0,20$ L.

On trouve **un volume d'eau minimal de 0,20 L (soit 200 mL) pour une température de 15 °C. Pour les autres températures d'eau, le volume minimal d'eau serait plus petit** ($\dfrac{0,500}{4,6} = 109$ mL à 25 °C ; $\dfrac{0,500}{10} = 50$ mL à 37 °C).

Dans des conditions de température standards (donc pour des températures supérieures à 15 °C), **la préconisation du grand verre d'eau semble donc justifiée, car un grand verre d'eau correspond à un volume proche de 200 mL.**

PHYSIQUE-CHIMIE

Sujet 2 — Voyage à bord d'un voilier écologique

25 pts — 30 min

Polynésie, juin 2017

Le propriétaire d'un voilier écologique a fait le choix d'utiliser un hydrogénérateur pour alimenter son bateau en électricité.
Cet hydrogénérateur permet d'alimenter : le dessalinisateur, le système de navigation, l'ensemble des éclairages du bateau.

1 Le dessalinisateur

À bord, le dessalinisateur permet de transformer l'eau de mer en eau douce. L'eau de mer contient les espèces chimiques de formule Na^+ et Cl^-.

a. Indiquer la nature des espèces chimiques de formule Na^+ et Cl^-, en choisissant parmi les termes suivants : *atome*, *ion*, *molécule*.

Doc. 1 Tests de reconnaissance de quelques espèces chimiques

Détecteur (réactif)	Formule de l'espèce chimique testée	Observation
Hydroxyde de sodium	Cu^{2+}	Formation d'un précipité bleu
Hydroxyde de sodium	Fe^{2+}	Formation d'un précipité verdâtre
Hydroxyde de sodium	Zn^{2+}	Formation d'un précipité blanc
Nitrate d'argent	Cl^-	Formation d'un précipité blanc qui noircit à la lumière

b. À l'aide du *document 1*, décrire la mise en œuvre d'un test simple permettant de détecter la présence de l'espèce chimique Cl^- dans l'eau de mer et indiquer le résultat attendu. Il est possible de faire un schéma.

2 L'hydrogénérateur

L'hydrogénérateur est constitué d'une hélice reliée à un alternateur.
L'hélice est mise en mouvement par le déplacement d'eau et elle entraîne un alternateur grâce auquel les circuits électriques du voilier sont alimentés.

a. Le diagramme de conversion d'énergie ci-dessous concerne l'alternateur. Sans recopier le diagramme, nommer les différentes formes d'énergie correspondant aux numéros 1 et 2 en choisissant parmi les suivantes : *chimique, électrique, thermique, cinétique.*

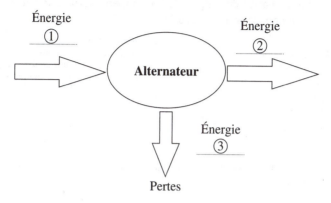

b. L'énergie électrique produite par l'hydrogénérateur dépend de la vitesse de navigation du voilier.
À l'aide du *document 2*, indiquer à partir de quelle vitesse de navigation du voilier, en nœuds, l'hydrogénérateur produit de l'énergie électrique.

Doc. 2 Production d'énergie électrique par un hydrogénérateur, pendant 24 h, en fonction de la vitesse du voilier

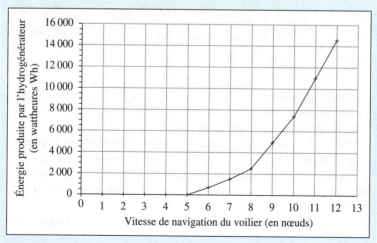

Pour information, le nœud est une unité de vitesse couramment utilisée en marine.
1 nœud = 1 852 m/h.

PHYSIQUE-CHIMIE

c. L'énergie électrique consommée dépend de la puissance des appareils et de leur durée d'utilisation.

Doc. 3 Tableau récapitulatif des puissances et des durées d'utilisation des appareils électriques à bord du voilier sur une plage horaire de 24 h

Nom de l'appareil électrique	Puissance de l'appareil (en watts W)	Durée d'utilisation de l'appareil sur 24 h (en heures h)	Consommation énergétique de l'appareil sur 24 h (en wattheures Wh)
Système de navigation	110	20	2 200
Dessalinisateur	60	1	60
Éclairage	20	12	E_1

Rappel : 1 wattheure (Wh) est l'énergie consommée par un appareil d'une puissance de 1 W pendant 1 heure.

Montrer que l'énergie E_1 consommée par l'éclairage du bateau sur une plage horaire de 24 h est de 240 Wh.

3 Autonomie énergétique

À l'aide des *documents 2* et *3* et du résultat de la question **2 c.**, déterminer la vitesse en nœuds à partir de laquelle le voilier doit naviguer pour produire l'énergie totale consommée par le bateau sur une plage horaire de 24 h.

Sujet 2 Corrigé

Les clés pour réussir

▶ **L'essentiel à connaître**

- **L'atome** est **électriquement neutre**.
- Une **molécule** est un **assemblage d'atomes**.
- Un **ion** est un atome qui a **gagné ou perdu un ou plusieurs électrons**.
- Les **ions** peuvent être mis en évidence grâce à des **tests caractéristiques**.
- **L'énergie existe sous différentes formes**. Une forme d'énergie peut être **convertie** en une autre forme d'énergie ou **transférée** d'un objet à un autre objet.
- Un corps solide de masse m et de vitesse v possède une **énergie cinétique**.
- Une **chaîne énergétique** indique la succession des transferts et des conversions d'une forme d'énergie en d'autres formes d'énergie.

La constitution de la matière, les transformations chimiques et l'énergie — Corrigé 2

- De l'**énergie thermique** apparaît lors d'une **conversion d'énergie**.
- L'**énergie E** produite ou consommée par un appareil dépend de la **puissance P** et de la **durée t** de fonctionnement de l'appareil :

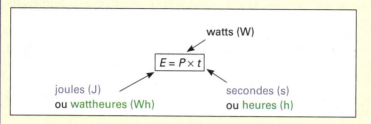

watts (W)

$E = P \times t$

joules (J)
ou wattheures (Wh)

secondes (s)
ou heures (h)

▶ Analyser l'énoncé

Il est impératif de lire l'énoncé et les différents documents avec attention pour pouvoir répondre correctement aux questions posées :
- le *document 1* indique les espèces chimiques utilisées comme réactifs dans les tests caractéristiques des ions Cu^{2+}, Fe^{2+}, Zn^{2+} et Cl^- ;
- l'énoncé de la question **2** précise que l'hélice est mise en mouvement par le déplacement d'eau ;
- le diagramme de conversion d'énergie fait intervenir l'énergie reçue fournie par l'alternateur après transformation et les pertes ;
- l'énoncé propose d'identifier l'énergie reçue et fournie par l'alternateur dans une liste de quatre formes d'énergie ;
- le graphique du *document 2* représente l'évolution de l'énergie produite par l'hydrogénérateur en fonction de la vitesse de navigation ;
- le tableau du *document 3* indique les puissances en watts, les durées d'utilisation sur 24 heures en heures et les consommations énergétiques en wattheures pour le système de navigation et le dessalinisateur ;
- l'énoncé rappelle que 1 wattheure est l'énergie consommée par un appareil d'une puissance de 1 W pendant 1 heure.

▶ Bien comprendre les questions

Question 1

a. Observez attentivement les formules des deux espèces Na^+ et Cl^-.

b. Identifiez dans le *document 1* le réactif utilisé dans le test de reconnaissance de l'ion chlorure Cl^-, ainsi que les observations attendues.
Pour plus de clarté et de simplicité, proposez une réponse sous forme de schéma expérimental annoté.

Question 2

a. L'hélice entraîne l'alternateur : déterminez la nature de l'énergie mise en jeu lorsque l'hélice tourne.

PHYSIQUE-CHIMIE

L'alternateur alimente les circuits électriques du voilier, déduisez-en la nature de l'énergie délivrée par l'alternateur.

b. Utilisez le graphique du *document 2* pour déterminer la vitesse de navigation du voilier à partir de laquelle l'énergie produite par l'hydrogénérateur n'est plus nulle.

c. Utilisez la relation entre puissance et durée d'utilisation pour déterminer l'énergie E_1 avec une puissance exprimée en watts et une durée en heures, pour que l'énergie soit exprimée en wattheures.

d. À partir du graphique du *document 2*, déterminez la vitesse de navigation du voilier qui correspond à la consommation énergétique totale sur 24 heures.

1 a. Les espèces chimiques Na⁺ et Cl⁻ portent des **charges électriques**. Ces deux espèces sont des **ions**.

Piège à éviter
Atomes et molécules sont électriquement neutres, contrairement aux ions.

b. La manipulation sera réalisée **avec des lunettes de protection**.
Le test de reconnaissance des ions chlorure Cl⁻ pourrait être réalisé comme dans le schéma ci-après.

À savoir
Les ions argent ne doivent pas être rejetés dans l'évier.

Bilan : **la formation d'un précipité blanc qui noircit à la lumière** après ajout d'une solution de **nitrate d'argent à une solution d'eau de mer** permet d'identifier l'**ion chlorure Cl⁻** dans l'eau de mer.

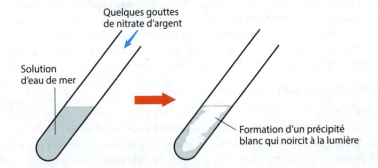

2 a. L'énergie mise en jeu lors de la rotation de l'hélice est de l'énergie cinétique (mouvement d'un solide de masse *m* à une vitesse *v*), d'où :
Énergie 1 = énergie cinétique.
L'alternateur a converti cette énergie cinétique en énergie électrique nécessaire à l'alimentation des circuits électriques du voilier, d'où :
Énergie 2 = énergie électrique.

La constitution de la matière, les transformations chimiques et l'énergie — Corrigé 2

b. D'après le *document 2*, l'énergie produite par l'hydrogénérateur n'est plus nulle pour une vitesse de navigation supérieure à 5 nœuds. **L'hydrogénérateur commence ainsi à produire de l'énergie électrique à partir d'une vitesse de navigation du voilier de 5 nœuds.**

c. L'énergie E_1 consommée par l'éclairage du bateau est le produit de la puissance P de l'éclairage par la durée d'utilisation t :
$E_1 = P \times t = 20 \times 12 = \mathbf{240\ Wh}.$

3 La consommation énergétique totale du bateau est égale à :
$2\,200 + 60 + 240 = \mathbf{2\,500\ Wh}$.
Du *document 2*, on déduit que la **vitesse de navigation** du voilier correspondant à **une énergie produite de 2 500 Wh est de 8 nœuds** (soit environ 15 km/h).

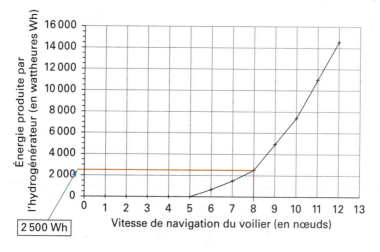

PHYSIQUE-CHIMIE

Sujet 3 — Approvisionnement énergétique en France

25 pts — 30 min

Pondichéry, mai 2017

Dans certaines zones du Sud de la France particulièrement venteuses, on peut observer de nombreux champs d'éoliennes qui produisent une énergie électrique dite renouvelable. Nous allons voir ici pourquoi ce choix n'a pas été fait à grande échelle.

1 Dans l'image ci-dessous, on recense différents types d'énergies renouvelables.
Les nommer et associer à chacun une source d'énergie.

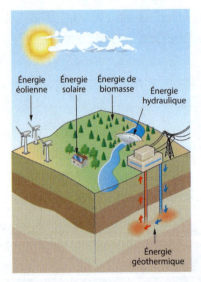

2 On s'intéresse au fonctionnement d'une centrale éolienne.
Sous l'action du vent, les pales de l'éolienne entraînent l'alternateur en rotation, qui produit alors un courant alternatif.
Les éléments en mouvement subissent un échauffement. Ainsi, une partie de l'énergie mécanique est transformée en énergie thermique dite « perdue », car elle n'est pas utilisée.
Reproduire sur la copie et compléter la chaîne énergétique ci-après en choisissant parmi les mots ou groupes de mots suivants (utilisables plusieurs

fois) : énergie cinétique, énergie électrique, énergie mécanique, énergie potentielle, énergie thermique, énergie lumineuse, alternateur, eau, vent.

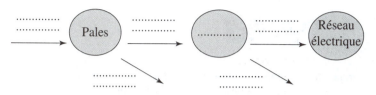

3 a. On considère une masse d'air de 1 kg, dont la vitesse passe de la valeur 3 m/s à 9 m/s.
En s'appuyant sur un calcul, dire si l'énergie cinétique de la masse d'air :

❏ reste la même

❏ est multipliée par 3

❏ est multipliée par 9

b. Le physicien allemand Albert Betz affirme que 60 % seulement de l'énergie cinétique du vent est transformée en énergie mécanique au niveau des pales. On donne dans le tableau ci-dessous la valeur annuelle, en mégawattheures (MWh), des énergies intervenant dans la chaîne énergétique d'une éolienne.

Énergie cinétique du vent (en MWh)	Énergie mécanique produite (en MWh)	Énergie électrique produite (en MWh)
17 530	10 510	4 030

Vérifier par un calcul l'affirmation du physicien allemand Albert Betz.

4 La consommation électrique française annuelle est égale à 478 200 GWh.
a. Sachant que la production électrique annuelle d'une éolienne est de 4 030 MWh et que la surface minimale nécessaire à son installation est de 24 hectares, évaluer par un calcul la surface qu'occuperait un parc éolien répondant aux besoins de la consommation française.

Donnée :
1 gigawattheure (GWh) = 1 000 MWh.

b. Expliciter, en apportant au moins deux arguments, pourquoi l'énergie éolienne ne peut pas être le seul choix pour répondre aux besoins croissants en électricité.

Donnée :
valeur moyenne de la surface d'un département S = 2 850 000 hectares.

PHYSIQUE-CHIMIE

Sujet 3 Corrigé

Les clés pour réussir

▶ **L'essentiel à connaître**

● Une **source d'énergie renouvelable** est une source d'énergie pouvant être exploitée de façon **illimitée** à l'échelle humaine.

● La **biomasse** représente l'ensemble de la matière organique, qu'elle soit d'origine végétale ou animale. Elle peut être issue des forêts, des **végétaux**, des **déchets** organiques ou des effluents d'élevage.

● L'**énergie mécanique** d'un objet est égale à la **somme de son énergie cinétique** et de **son énergie potentielle** (dépendant de sa position).

● Une **chaîne énergétique** indique sous la forme d'un schéma les transferts et la conversion d'une forme d'énergie en d'autres formes d'énergie, réalisée par un convertisseur d'énergie.

● L'**énergie cinétique** d'un objet est égale à :

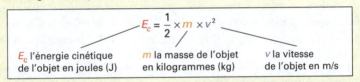

$$E_c = \frac{1}{2} \times m \times v^2$$

E_c l'énergie cinétique de l'objet en joules (J)
m la masse de l'objet en kilogrammes (kg)
v la vitesse de l'objet en m/s

● Pour obtenir le résultat d'un rapport en **pourcentage**, il faut **multiplier par cent** le résultat obtenu.

● La source de l'énergie éolienne est le **vent**, qui ne souffle pas de façon régulière tout au long de l'année.

▶ **Analyser l'énoncé**

Prenez le temps de bien lire l'énoncé, car les informations suivantes vous seront très utiles pour répondre aux questions :

● dans une centrale éolienne, les éléments en mouvement (pales, alternateur) subissent un échauffement : une partie de l'énergie mécanique est transformée en énergie thermique ;

● dans une centrale éolienne, l'alternateur en rotation produit un courant alternatif, qui est un courant électrique ;

● 1 gigawattheure (GWh) = 1 000 mégawattheures (MWh), ce qui signifie que 1 mégawattheure (MWh) = 0,001 gigawattheure (GWh).

▶ **Bien comprendre les questions**

Question 1

● Tous les types d'énergie présentés dans l'image de cette question sont renouvelables. Commencez par les recenser avant de les associer aux sources d'énergie.

Les signaux, l'électricité et les transformations chimiques — Corrigé 3

Question 2
- Précisez si l'énergie mécanique est de l'énergie cinétique ou de l'énergie potentielle (dépendant de la position).

Question 3
- Utilisez la formule reliant l'énergie cinétique, la masse et la vitesse d'un objet pour répondre à la question **3 a**.
- L'énergie mécanique mentionnée dans l'énoncé de la question **3 b.** correspond à l'énergie cinétique des pales.

Question 4
- Utilisez les données de l'énoncé pour effectuer le calcul demandé, puis pour comparer votre résultat avec la valeur moyenne de la surface d'un département.

1 Les différents types d'énergie renouvelable sont l'énergie de biomasse, l'énergie hydraulique, l'énergie éolienne, l'énergie solaire et l'énergie géothermique :
– les sources de l'énergie de biomasse sont **les végétaux et les déchets** ;
– la source de l'énergie hydraulique est **l'eau** ;
– la source de l'énergie éolienne est **le vent** ;
– la source de l'énergie solaire est **le Soleil** ;
– la source de l'énergie géothermique est **la Terre**.

> **Gagnez des points !**
> Ne confondez pas source d'énergie (eau, Soleil, vent, etc.) et forme d'énergie (énergie thermique, énergie électrique, etc.).

2 **La chaîne énergétique d'une centrale éolienne** peut être complétée de la façon suivante :

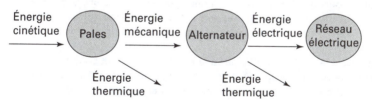

3 a. L'énergie cinétique E_{c1} d'une masse d'air $m = 1$ kg se déplaçant à la vitesse de valeur $v_1 = 3$ m/s est égale à :
$$E_{c1} = \frac{1}{2} \times m \times v_1^2 = \frac{1}{2} \times 1 \times 3^2 = \mathbf{4{,}5 \ J}.$$

> **L'astuce du prof**
> N'oubliez pas les unités à fin des calculs : l'énergie s'exprime en joules (J).

L'énergie cinétique E_{c2} d'une masse d'air $m = 1$ kg se déplaçant à la vitesse de valeur $v_2 = 9$ m/s est égale à :
$$E_{c2} = \frac{1}{2} \times m \times v_2^2 = \frac{1}{2} \times 1 \times 9^2 = \mathbf{40{,}5 \ J}.$$

PHYSIQUE-CHIMIE

Ainsi, si la valeur de la vitesse d'une masse d'air $m = 1$ kg passe de 3 m/s à 9 m/s, **son énergie cinétique est multipliée par** : $\dfrac{40,5}{4,5} = \mathbf{9}$.

b. D'après le tableau présenté dans l'énoncé, si l'énergie cinétique du vent vaut 17 530 MWh, l'énergie mécanique au niveau des pales de la centrale éolienne est égale à 10 510 MWh.
Le rapport entre l'énergie mécanique au niveau des pales de la centrale éolienne et l'énergie cinétique du vent est donc égal à :
$\dfrac{10\,510}{17\,530} = 0,60 = 0,60 \times 100\,\% = \mathbf{60\,\%}$.

Ce rapport correspond bien à ce qui est affirmé par le physicien allemand Albert Betz.

> **Remarque**
> Ne vous arrêtez pas à la résolution du calcul. Écrivez également une phrase de conclusion pour obtenir tous les points au brevet.

4 a. La production électrique annuelle E_1 d'une éolienne est égale à :
$E_1 = 4\,030$ MWh $= 4{,}030$ GWh.
La consommation électrique française annuelle E_2 vaut :
$E_2 = 478\,200$ GWh.
Le nombre N d'éoliennes nécessaires pour répondre aux besoins de la consommation électrique française serait donc égal à :
$N = \dfrac{E_2}{E_1} = \dfrac{478\,200}{4{,}030} = 118\,660$.

Comme la surface minimale S_1 nécessaire à l'installation d'une éolienne vaut $S_1 = 24$ hectares, la surface S qu'occuperait un parc éolien répondant aux besoins de la consommation française serait égale au minimum à :
$S = N \times S_1 = 118\,660 \times 24 = \mathbf{2\,847\,840}$ **hectares, soit environ 2 850 000 hectares.**

b. La **surface** qu'occuperaient les parcs éoliens devant répondre aux besoins de la consommation française serait égale à environ 2 850 000 hectares, ce qui est **trop important par rapport à la surface de la France**. En effet, cette surface correspondrait à la valeur moyenne de la surface d'un département français entier.
De plus, le vent ne souffle pas à la même vitesse tout au long de l'année : lorsque la vitesse du vent passe de la valeur 9 m/s à 3 m/s, son énergie cinétique est divisée par 9, ce qui divise aussi par 9 l'énergie électrique produite. La quantité d'énergie électrique produite par les éoliennes est donc assez **aléatoire**.
Enfin, seulement 60 % de l'énergie cinétique du vent est transformée en énergie mécanique au niveau des pales des éoliennes, et la conversion de cette énergie mécanique en énergie électrique par les alternateurs **diminue encore ce rendement**, car une partie de l'énergie mécanique est « perdue » en énergie thermique.
Ainsi, pour répondre aux besoins croissants en électricité, il faudrait développer différents types d'énergie renouvelables (biomasse, hydraulique, solaire, géothermique) et **ne pas se limiter à la seule énergie éolienne**.

Les signaux, l'électricité et les transformations chimiques — Sujet 4

Sujet 4
Sécurité dans l'habitat

25 pts — 30 min

Asie, juin 2017

Toute réponse, même incomplète, montrant la démarche de recherche du candidat sera prise en compte dans la notation.

Pour prévenir les intoxications domestiques, l'État encourage l'installation de détecteurs dans les habitations.

1 Détection de fumée

Les détecteurs de fumée à principe optique (*document 1*) sont très utilisés. Un signal d'alarme s'enclenche lorsque la photodiode présente dans la chambre optique reçoit de la lumière. Une photodiode est un composant électrique ayant la capacité de détecter une lumière et de la convertir en courant électrique.

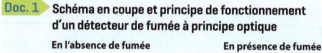

Doc. 1 Schéma en coupe et principe de fonctionnement d'un détecteur de fumée à principe optique

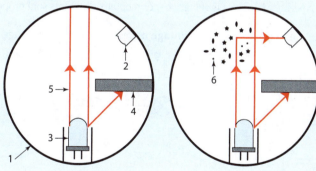

1 : chambre optique
2 : photodiode
3 : diode électroluminescente (LED)
4 : cache opaque
5 : rayon de lumière
6 : particules de fumée

a. Nommer la source primaire de lumière contenue dans un détecteur de fumée optique.

b. Expliquer pourquoi la photodiode détecte de la lumière en présence de fumée.

2 Détection de monoxyde de carbone

Les chaudières à gaz des habitations fonctionnent grâce à la combustion du gaz de ville, composé essentiellement de méthane de formule chimique CH_4. Au cours de leur fonctionnement, ces chaudières peuvent s'encrasser. Cela provoque une combustion incomplète du méthane. Des fumées et des gaz nocifs sont alors produits, notamment le monoxyde de carbone. Ce gaz transparent, inodore et toxique est responsable chaque année d'une centaine de décès en France.

a. Parmi les propositions ci-après, recopier celle qui modélise la transformation chimique à l'origine de la formation de monoxyde de carbone dans une chaudière à gaz :

Proposition 1 : $CH_4 + 2\ O_2 \rightarrow CO_2 + 2\ H_2O$

Proposition 2 : $2\ C + O_2 \rightarrow 2\ CO$

Proposition 3 : $2\ CH_4 + 3\ O_2 \rightarrow 4\ H_2O + 2\ CO$

b. Pour prévenir le risque d'intoxication au monoxyde de carbone, on peut utiliser un détecteur spécifique. Il comporte un disque recouvert d'un gel. En présence de monoxyde de carbone, le gel s'assombrit et limite alors le passage de la lumière. L'alarme s'enclenche du fait de la diminution de l'éclairement.

On souhaite modéliser le fonctionnement d'un tel détecteur, en réalisant un dispositif expérimental. Trois montages expérimentaux différents sont proposés :

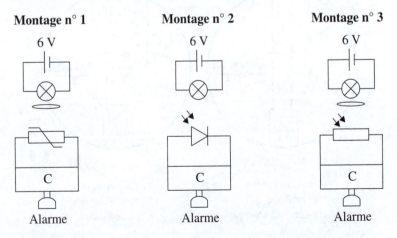

L'alarme s'active lorsque le « circuit de contrôle » C détecte une diminution importante de l'intensité électrique dans le circuit.

Les signaux, l'électricité et les transformations chimiques — Sujet 4

Choisir parmi les trois montages expérimentaux celui qui correspond le mieux au fonctionnement d'un détecteur à monoxyde de carbone à disque. Argumenter la réponse en exploitant les *documents 2, 3* et *4*.

Doc. 2 ▸ Symbole des composants

Lampe	Photodiode	Thermistance	Photorésistance	Disque recouvert de gel
⊗	▶▶	⌐⌙⌐	⌐▶▶⌐	⬭

Doc. 3 ▸ Évolution de la résistance de la thermistance en fonction de la température

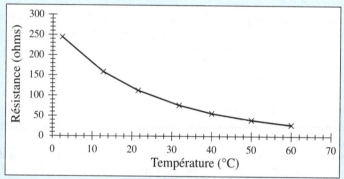

Doc. 4 ▸ Évolution de la résistance d'une photorésistance en fonction de l'éclairement

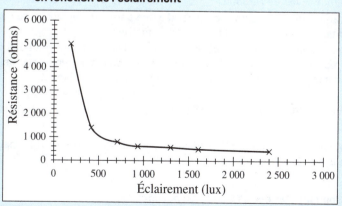

PHYSIQUE-CHIMIE

Sujet 4 Corrigé

Les clés pour réussir

▶ L'essentiel à connaître
- **Une source primaire de lumière produit elle-même la lumière** qu'elle émet.
- Dans un **milieu homogène et transparent, comme l'air**, la lumière se **propage en ligne droite**.
- **Un objet diffusant** est un objet éclairé qui renvoie dans toutes les directions la lumière qu'il reçoit et qui **ne produit pas sa propre lumière**.
- **Une molécule est un assemblage d'atomes**. Elle est représentée par une formule chimique qui indique le nom des atomes qui la constituent et leur nombre.
- Dans **une transformation chimique**, il y a **redistribution des atomes** qui constituent les **réactifs** pour former de **nouvelles molécules** ou de nouveaux ions **nommés produits**.

▶ Analyser l'énoncé
Une lecture attentive de l'énoncé est primordiale pour répondre correctement aux différentes questions :
- l'énoncé précise que le signal d'alarme se déclenche lorsque la photodiode reçoit de la lumière ;
- le texte d'introduction de la question **2** indique que la formule du méthane est CH_4 et que la combustion incomplète du méthane dégage des gaz nocifs, notamment le monoxyde de carbone ;
- le détecteur de monoxyde de carbone utilise un disque recouvert d'un gel. Ce disque s'assombrit et limite le passage de la lumière en présence de monoxyde de carbone ;
- l'activation de l'alarme correspond à une baisse de l'intensité du courant électrique traversant le circuit de contrôle C ;
- les graphiques des *documents 3* et *4* représentent les évolutions de la résistance d'une thermistance en fonction de la température et de la résistance d'une photorésistance en fonction de l'éclairement.

▶ Bien comprendre les questions

Question 1
- Analysez le *document 1* en utilisant la définition d'une source primaire de lumière.

Question 2
- Comparez les deux schémas du *document 1*.

Les signaux, l'électricité et les transformations chimiques — Corrigé 4

Question 3
- Pour choisir la proposition qui modélise correctement la transformation chimique, identifiez celle pour laquelle le méthane est un réactif et le monoxyde de carbone un produit.

Question 4
- Choisissez le circuit qui incorpore un composant mettant en jeu l'éclairement.

1 a. Les rayons de lumière modélisent la propagation de la lumière émise par une source de lumière. D'après le *document 1*, la **source primaire** de lumière contenue dans un détecteur de fumée optique est donc **la diode électroluminescente** (LED ou DEL).

b. La fumée est constituée de fines particules solides en suspension dans l'air. **Ces particules solides diffusent la lumière émise par** la diode électroluminescente, et la renvoient dans toutes les directions.
La lumière ainsi déviée par la fumée atteint la photodiode et l'alarme est déclenchée.

2 a. La proposition 2 n'est pas adaptée, car le méthane CH_4 n'est pas un réactif dans cette transformation chimique 2.
On ne retient pas la proposition 1, car le monoxyde de carbone n'est pas un produit de cette transformation 1.

La proposition 3 permet de modéliser la transformation chimique observée, car le méthane est bien un réactif dans cette transformation et le monoxyde de carbone de formule CO un produit.

> **Gagnez des points !**
> La formule du dioxyde de carbone est CO_2. Elle contient deux atomes d'oxygène.

b. Le montage n° 2 n'est pas adapté, car le schéma de ce montage ne contient pas de disque recouvert de gel.
On ne retient pas le montage n° 1, car d'après l'énoncé, la diminution de l'éclairement, et non l'évolution de la température, est la cause du déclenchement de l'alarme.
Le montage n° 3 permet de modéliser le détecteur de monoxyde de carbone, car le composant électrique utilisé dans le circuit est une photorésistance, **composant dont la résistance augmente lorsque l'éclairement diminue. Cette augmentation de la résistance entraîne une diminution importante de l'intensité** du courant électrique traversant la photorésistance et le circuit C, ce qui déclenche l'alarme.

PHYSIQUE-CHIMIE

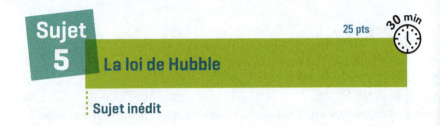

Sujet 5 — La loi de Hubble

25 pts — 30 min

Sujet inédit

La loi de Hubble affirme que la vitesse d'éloignement des galaxies est proportionnelle à leur distance. La constante de proportionnalité est la constante d'Hubble, notée H_0. Cette loi décrit avec une bonne précision l'expansion de l'Univers, mais elle n'est pas applicable pour des galaxies très proches qui ont des mouvements différents. À cette échelle, les distances sont souvent mesurées en parsec (pc), ou en mégaparsec (Mpc) : 1 Mpc = $3,2616 \times 10^6$ al. On donne ainsi : $v = H_0 \times d$, avec v la vitesse d'éloignement des galaxies en km/s, H_0 la constante d'Hubble en km/s/Mpc, et d la distance entre les deux galaxies en Mpc. On admettra que $H_0 = 67$ km/s/Mpc. La courbe ci-après donne la vitesse d'éloignement d'une galaxie v, en milliers de km/s, en fonction de la distance d à la Voie Lactée, en Mpc.

Doc. Vitesse d'éloignement d'une galaxie en fonction de la distance à la Voie Lactée

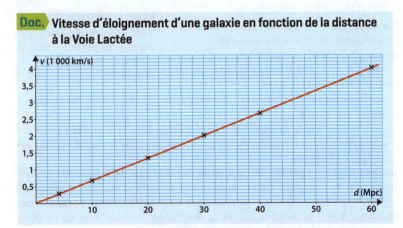

1 a. Quel est le nom de la théorie qui tente de décrire l'évolution de l'Univers ?

b. Expliquer en quelques mots comment s'est probablement formé notre système solaire.

2 a. Montrer que 1 al = $9,5 \times 10^{12}$ km.

b. Justifier l'équivalence 1 Mpc = $3,1 \times 10^{19}$ km.

Les mouvements et l'organisation de la matière dans l'Univers

Corrigé 5

3 a. Expliquer précisément en quoi l'allure de la courbe proposée est en accord avec la loi de Hubble.
b. Une galaxie est éloignée de 31×10^{19} km de la Voie Lactée. À l'aide du graphique proposé, estimer sa vitesse d'éloignement en km/s.
c. Une galaxie s'éloigne à une vitesse de 2 000 km/s de la Voie Lactée. À l'aide du graphique, déterminer la distance séparant cette galaxie de la Voie Lactée. Donner un résultat en km, arrondi au dixième près, puis un ordre de grandeur.
d. Retrouver par le calcul les résultats de la question **c**.

Sujet 5 Corrigé

Les clés pour réussir

▶ L'essentiel à connaître

- À la **mort d'une étoile**, les **éléments** qui la constituent sont dispersés dans l'Univers et forment des nébuleuses qui **vont donner naissance à de nouveaux systèmes planétaires**.
- L'**année-lumière** (ou année de lumière), de symbole al, est la **distance parcourue par la lumière dans le vide en une année**.
- La valeur de la **vitesse de propagation de la lumière** v (en m/s) est égale au rapport de la distance parcourue d (en m) par la durée de propagation t (en s) : $v = \dfrac{d}{t}$.

▶ Analyser l'énoncé et les documents

- $v = H_0 \times d$, avec v la vitesse d'éloignement des galaxies en km/s, H_0 la constante de Hubble et d la distance entre les deux galaxies en parsecs.
- La courbe de l'énoncé donne la vitesse d'éloignement d'une galaxie v, en milliers de km/s, en fonction de la distance d à la Voie Lactée.

▶ Bien comprendre les questions

Question 1
- Utilisez vos connaissances pour répondre à cette question.

Question 2
- Utilisez la définition de l'année-lumière et la relation entre vitesse, distance et durée.

PHYSIQUE-CHIMIE

PHYSIQUE-CHIMIE

> **Question 3**
> - Déduisez du graphique la relation entre la vitesse d'éloignement des galaxies et la distance d.
> - L'énoncé de la question **3 b** donne une distance $d = 31 \times 10^{19}$ km ; utilisez la droite du graphique pour en déduire la vitesse correspondante.
> - Dans la question **3 c**, utilisez le graphique dans le sens inverse de la question **3 b** : à partir de la vitesse, déterminez la distance en utilisant la droite.
> - Dans la question **3 d**, utilisez la relation $v = H_0 \times d$.

1 a. La théorie du Big Bang décrit l'évolution de l'Univers.
b. Notre système solaire s'est probablement formé **à partir d'une nébuleuse, grand nuage de gaz et de poussières**. Par effondrement gravitationnel, ces gaz se sont concentrés dans des amas d'accrétion qui ont donné naissance au Soleil et aux planètes.

2 a. Une année-lumière est la distance parcourue par la lumière dans le vide pendant une année. Exprimons une année-lumière en kilomètres :
$c = \dfrac{d}{\Delta t}$ donc $d = c \times \Delta t$. Or $\Delta t = 1$ année $= 365 \times 24 \times 3\,600$ s.
D'où, $d = 1$ al $= 3{,}0 \times 10^5 \times 365 \times 24 \times 3\,600 = 9{,}5 \times 10^{12}$ km.
b. 1 Mpc $= 3{,}2616 \times 10^6$ al or 1 al $= 9{,}5 \times 10^{12}$ km, soit :
1 Mpc $= 3{,}261\,6 \times 10^6 \times 9{,}5 \times 10^{12} = 3{,}1 \times 10^{19}$ km.

3 a. La loi de Hubble, $v = H_0 \times d$, décrit la proportionnalité entre v et d. La représentation de v en fonction de d est **une droite passant par l'origine, caractéristique de la proportionnalité** entre les deux grandeurs.
b. Il faut commencer par convertir la distance entre la galaxie et la Voie Lactée en Mpc : $d = \dfrac{31 \times 10^{19}}{3{,}1 \times 10^{19}} = 10$ Mpc. Le graphique donne, pour l'ordonnée du point d'abscisse 10 Mpc : **$v = 0{,}68 \times 1\,000$ km/s $= 6{,}8 \times 10^2$ km/s.**
c. On cherche sur le graphique l'abscisse du point d'ordonnée 2 000 km/s :
$d = 30$ Mpc $= 30 \times 3{,}1 \times 10^{19}$ km
$= 9{,}3 \times 10^{20}$ km.

> **Piège à éviter**
> Regardez bien l'échelle des axes du graphique : v est en milliers de km/s.

9,3 est plus proche de 10 que de 1, l'ordre de grandeur de cette distance est 10×10^{20} km = **10^{21} km.**

d. On utilise la loi de Hubble, $v = H_0 \times d$, $d = \dfrac{v}{H_0} = \dfrac{2000}{67} = 30$ Mpc.
On retrouve ainsi **exactement les mêmes résultats qu'en 3 c.**

La Terre, la biodiversité, l'environnement et l'action humaine — **Sujet 6**

Sujet 6 — L'impact de la pollution du sol

25 pts

Asie, juin 2017

Suite à une activité industrielle, dans une région française, un sol a été fortement pollué par du plomb (plusieurs grammes par kilogramme de sol). À sa surface, une épaisseur anormale de litière[1] a été constatée. Une équipe d'étudiants cherche à comprendre le lien entre cette pollution par le plomb et la diminution de la dégradation de la litière.

[1] Litière : partie du sol située en surface et constituée de débris (fragmentés) végétaux et animaux en cours de dégradation.

Doc. 1 Nombre d'animaux dans un sol sain et dans un sol pollué

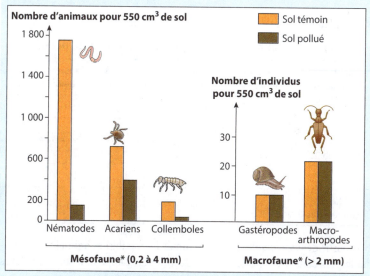

* Mésofaune : ensemble d'animaux de tailles comprises entre 0,2 et 4 mm.
* Macrofaune : ensemble d'animaux de tailles supérieures à 2 mm.

D'après svt.acdijon/schemassvt - Source INRA (Mrs Lacassin et Schvartz).

SVT

Doc. 2 — Les micro-organismes du sol

Les micro-organismes (champignons, bactéries…) n'appartiennent pas à la mésofaune ni à la macrofaune. Ils ne sont observables qu'au microscope et terminent la dégradation de la litière. Celle-ci doit être préalablement finement fragmentée par les animaux du sol.

Doc. 3 — Étude complémentaire sur un sol pollué

On a constaté une diminution du nombre de certains animaux appartenant à la mésofaune (collemboles, nématodes) qui participent à la fragmentation de la litière. Les débris de la litière ne sont plus fragmentés aussi finement que dans un site non pollué. Malgré la forte pollution du sol, les micro-organismes restent vivants mais leur action de dégradation est ralentie.

Modifié d'après http://www.gissol.fr

1 Compléter le tableau suivant à partir du *document 1*.

Nombre d'animaux dans un sol sain et dans un sol pollué

Populations animales	Nombre d'animaux dans le sol témoin pour 550 cm^3	Nombre d'animaux dans le sol pollué pour 550 cm^3
…………………	1 750	180
Acariens	780	…………………
Collemboles	…………………	20
…………………	10	10
Macro-arthropodes	20	20

2 À partir des *documents 1* et *3*, nommer la population animale qui diminue le plus dans le sol pollué étudié. Justifier en s'appuyant sur des valeurs chiffrées (calcul, estimation, pourcentage ou autre…).

3 Proposer une explication à l'épaisseur anormale de litière sur un sol pollué. Un texte construit est attendu, il devra s'appuyer sur des arguments tirés des **deux** documents *2* et *3*.

Sujet 6 Corrigé

Les clés pour réussir

▶ L'essentiel à connaître

- **Le sol** est la partie superficielle de la croûte terrestre. Il est constitué par le mélange de **matière organique** en décomposition et de **particules minérales**.
- Les particules minérales proviennent de la dégradation de la **roche mère** située sous le sol.
- La matière organique en décomposition provient de la dégradation de la **litière** formée essentiellement par les débris de végétaux morts.
- La litière est le premier maillon d'un **réseau alimentaire** formé par de **très nombreux êtres vivants** (animaux, champignons et bactéries).
- Le fonctionnement de ce réseau alimentaire permet la dégradation de la litière et assure ainsi le **recyclage** de la matière.

▶ Analyser l'énoncé

- Lisez attentivement le titre et l'introduction présentée dans l'encadré pour déterminer le sujet abordé : l'impact d'une pollution du sol sur la dégradation de la litière.
- Sur le *document 1*, repérez les légendes des deux figurés utilisés pour les histogrammes et reliez ces informations au titre du graphique.
- Dans le texte du *document 2*, repérez les particularités des micro-organismes par rapport aux autres êtres vivants du sol.
- Sur le *document 3*, identifiez l'effet de la pollution d'un sol sur les êtres vivants qui le peuplent.

▶ Bien comprendre les questions

Question 1

- Commencez par compléter les lignes du tableau pour lesquelles on vous donne le nom des populations animales en repérant le plus précisément possible leur nombre dans le graphique.
- Nommez ensuite les deux populations animales manquantes en vous servant des nombres d'animaux très différents.

Question 2

- Utilisez d'abord le *document 3* pour repérer les animaux dont le nombre diminue lors d'une pollution. Ensuite, utilisez des valeurs chiffrées tirées du graphique du *document 1* pour montrer quelle est la population animale qui diminue le plus.

SVT

> **Question 3**
> • Rappelez le problème que vous devez résoudre, puis mettez en relation les informations sur le rôle de la faune du sol (*document 2*) avec celles sur les effets d'une pollution (*document 3*).

1 Le tableau complété est le suivant :

Nombre d'animaux dans un sol sain et dans un sol pollué

Populations animales	Nombre d'animaux dans le sol témoin pour 550 cm³	Nombre d'animaux dans le sol pollué pour 550 cm³
Nématodes	1 750	180
Acariens	780	**500**
Collemboles	**200**	20
Gastéropodes	10	10
Macro-arthropodes	20	20

2 D'après le *document 3*, on constate une **diminution du nombre d'animaux de la mésofaune** lorsque le sol est pollué. L'analyse du graphique du *document 1* montre que trois populations animales appartiennent à la mésofaune : **les nématodes, les acariens et les collemboles**. Cependant, on remarque que **seulement la moitié des acariens** disparaît dans un sol pollué, alors que les nombres des deux autres populations diminuent fortement. En effet, le nombre de nématodes dans un sol pollué passe de 1 750 animaux pour 550 cm³ de sol témoin **à seulement 180 animaux** dans le sol pollué. La **diminution est encore plus forte pour les collemboles** puisqu'il ne reste plus que 10 % de la population initiale lorsque le sol est pollué (20 animaux pour 550 cm³ de sol pollué contre 200 animaux dans le sol témoin). **Ainsi, c'est la population des collemboles qui diminue le plus dans un sol pollué.**

> **Gagnez des points !**
> Pourcentage d'animaux restant après pollution = 100 × nombre d'animaux dans le sol pollué/nombre d'animaux dans le sol témoin.

3 Dans un sol sain, les micro-organismes **terminent la dégradation** de la litière, mais ils ne peuvent intervenir que sur des **débris** de litière **très fins**. Or, ce sont les animaux du sol qui sont responsables de la **fragmentation** de la litière en débris fins, en particulier ceux de la mésofaune (collemboles, nématodes…). On sait par ailleurs que **la plupart de ces animaux disparaissent** en cas de **pollution** du sol. Par conséquent, la litière **n'est plus** fragmentée, les micro-organismes **ne peuvent** pas terminer sa dégradation, et la litière **s'accumule** et devient anormalement **épaisse**.

> **L'astuce du prof**
> Sur votre brouillon, construisez une chaîne d'événements reliés logiquement entre eux par une relation cause-conséquence par exemple.

Sujet 7

Approvisionnement énergétique de quelques villes français

25 pts

Pondichéry, mai 2017

On s'intéresse à l'approvisionnement énergétique de quelques villes françaises.

Doc. 1 — Quelques définitions concernant les trois types d'énergie

Une énergie non renouvelable désigne l'énergie que l'on produit à partir de la combustion de matières premières fossiles d'origine organique (issues d'êtres vivants) : le pétrole, le charbon et le gaz naturel. Elle n'est pas renouvelable à l'échelle d'une vie humaine.

Une énergie renouvelable est une ressource énergétique dont le renouvellement naturel est assez rapide pour qu'elle puisse être considérée comme inépuisable à l'échelle d'une vie humaine. L'énergie solaire (produite à partir du Soleil), l'énergie éolienne (produite à partir du vent), l'énergie géothermique (produite par l'activité interne de la Terre), l'énergie provenant de la biomasse (produite à partir de la matière organique des êtres vivants) et l'énergie hydraulique (produite à partir de la force de l'eau) sont des types d'énergie renouvelable.

L'énergie nucléaire est une énergie qui provient du noyau des atomes.

Doc. 2 — Estimation de la part de différents types d'énergie dans l'approvisionnement énergétique mondial

Types d'énergie		2010	2020	2035
Énergies non renouvelables	Pétrole Charbon Gaz	81 %	80 %	74 %
Énergie nucléaire	Nucléaire	6 %	5 %	6 %
Énergies renouvelables	Géothermique Solaire Provenant de la biomasse Hydraulique	13 %	15 %	20 %

1 En vous appuyant sur les données du *document 2*, comparer l'évolution de la part des différents types d'énergie dans l'approvisionnement énergétique entre 2010 et 2035.

Doc. 3 Cartes de la répartition du débit d'énergie géothermique, de la moyenne de l'ensoleillement et de la vitesse des vents en France

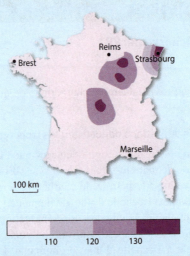

Carte de la répartition du débit moyen d'énergie géothermique issue des profondeurs de la Terre, mesurée en surface de la Terre pour 1 m² (en mW)

Carte de la moyenne de l'ensoleillement (en heures par année)

La Terre, la biodiversité, l'environnement et l'action humaine

Sujet 7

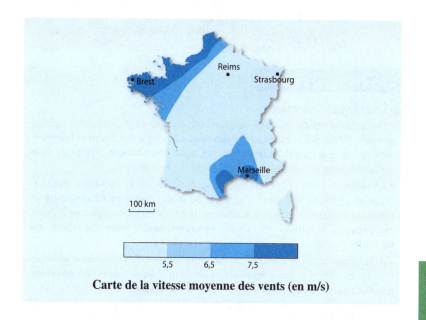

Carte de la vitesse moyenne des vents (en m/s)

Doc. 4 Les avantages et les inconvénients de trois énergies renouvelables

Énergie	Géothermique	Solaire	Éolienne
Avantage	Ressource inépuisable à l'échelle d'une vie humaine		
Inconvénients	Une centrale géothermique n'est installée qu'à partir d'un débit d'énergie en surface suffisant (supérieur à 120 mW/m²).	Certains panneaux solaires ne sont pas rentables si la durée d'ensoleillement ne dépasse pas 1 800 heures de soleil par an.	Une éolienne ne produit pas d'électricité si la vitesse du vent est inférieure à 7,5 m/s.

2 À partir des informations des *documents 3* et *4*, citer (sans justifier) la ou les énergies renouvelables les plus pertinentes pour les trois villes françaises suivantes : Strasbourg, Brest et Marseille.

3 À partir des *documents 1* à *4*, proposer une solution à l'approvisionnement énergétique de la ville de Reims. Justifier votre réponse.

Sujet 7 Corrigé

Les clés pour réussir

▶ L'essentiel à connaître

- Les gisements de pétrole, de charbon, de gaz et d'uranium sont des sources d'énergie fossiles, donc **limitées**. L'énergie nucléaire et les énergies tirées des combustibles fossiles sont des sources d'énergie **non renouvelables** à l'échelle de temps de la vie humaine.

- L'énergie solaire, l'énergie thermique de la Terre, l'énergie hydraulique (déplacement d'eau), l'énergie éolienne (vent) et l'énergie de la biomasse (matière organique comme le bois) sont des sources d'énergie **presque illimitées**. Elles sont **renouvelables** à l'échelle d'une vie humaine.

- Actuellement, l'Homme utilise **essentiellement** des sources d'énergie non renouvelables qui s'épuiseront un jour. Il essaie donc de **développer** l'utilisation des sources d'énergie renouvelables.

▶ Analyser l'énoncé

- Prenez le temps de lire attentivement le *document 1*, car il comporte des définitions des types d'énergie. Comparez ces définitions avec celles que vous connaissez en vous concentrant sur les points communs.

- Identifiez l'objectif du tableau du *document 2* : il vous montre la part de chaque type d'énergie et l'évolution de ces parts entre 2010 et 2035. Il permet de savoir si la part d'un type d'énergie va stagner, baisser ou augmenter.

- Repérez le point commun aux trois cartes du *document 3* : elles permettent de repérer géographiquement quelles sources d'énergie sont les plus intéressantes. Identifiez les unités utilisées pour quantifier chaque source d'énergie en soulignant chacune d'elles avec une couleur différente.

- Relevez les valeurs indiquées dans le tableau du *document 4* en les soulignant avec les mêmes couleurs que celles utilisées pour le *document 3*.

▶ Bien comprendre les questions

Question 1

- Pour chaque type d'énergie, comparez la part en pourcentage prévue en 2035 avec la part connue en 2010 et indiquez si cette part a augmenté, baissé ou stagné.

La Terre, la biodiversité, l'environnement et l'action humaine

Corrigé 7

Question 2
● Localisez chaque ville sur la carte du *document 3*, notez les valeurs de débit d'énergie thermique, de durée d'ensoleillement et de vitesse de vent indiquées pour cette ville. Comparez ces valeurs avec celles indiquées par le *document 4*.

Question 3
● Localisez Reims sur la carte du *document 3*, notez les valeurs de débit d'énergie thermique, de durée d'ensoleillement et de vitesse de vent indiquées pour cette ville. Comparez ces valeurs avec celles indiquées par le *document 4*. Proposez une source d'énergie utilisable à Reims qui remplit toutes les attentes indiquées dans les *documents 1* à *4*.

1 Entre 2010 et 2035, la part des énergies non renouvelables dans l'approvisionnement énergétique mondial devrait baisser (de 81 à 74 %), alors que celle des énergies renouvelables devrait augmenter (de 13 à 20 %). La part de l'énergie nucléaire ne devrait pratiquement pas changer.

> **L'astuce du prof**
> Maîtrisez la langue française : utilisez des expressions tirées de la question et du document.

2 À **Strasbourg**, l'énergie renouvelable la plus pertinente est l'**énergie géothermique**.
À **Brest**, l'énergie renouvelable la plus pertinente est l'**énergie éolienne**.
À **Marseille**, les énergies renouvelables les plus pertinentes sont l'**énergie solaire** et l'**énergie éolienne**.

3 À Reims, l'utilisation de l'énergie éolienne n'est pas pertinente, car la vitesse moyenne des vents est inférieure à 7,5 m/s ; les éoliennes ne fonctionnent pas.
L'utilisation de l'énergie solaire n'est pas pertinente, car la durée moyenne d'ensoleillement est inférieure à 1 500 heures par an ; les panneaux solaires ne sont pas rentables.
Enfin, l'utilisation de l'énergie géothermique n'est pas pertinente, car le débit géothermique inférieur à 110 mW/m² n'est pas suffisant pour installer une centrale (*documents 3* et *4*).
De plus, le charbon, le gaz et le pétrole étant des sources d'énergie non renouvelables, il n'est pas souhaitable de les exploiter (*document 1*).
Enfin, l'utilisation du nucléaire ne devrait pas se développer d'ici 2035, car il s'agit d'une énergie non renouvelable.
En revanche, l'exploitation de la biomasse serait une solution pour l'approvisionnement énergétique de la ville de Reims (*document 2*).

> **L'astuce du prof**
> Indiquez entre parenthèses le document qui a servi à justifier votre réponse.

Sujet 8 — Le voyage de *Yersinia pestis*

25 pts — 30 min

Polynésie, juin 2017

Doc. 1 — Le voyage de *Yersinia pestis*

La peste est une maladie infectieuse très grave due à la bactérie *Yersinia pestis*. Elle a provoqué plus de 50 millions de morts dans le monde. La peste serait apparue en Asie il y a plus de 2 600 ans puis se serait répandue vers l'Europe, empruntant la route de la soie[1]. L'arrivée de la peste en Afrique correspondrait aux voyages du navigateur chinois Zheng He.

[1] Route de la soie : réseau ancien de routes commerciales entre l'Asie et l'Europe.

1 À partir du *document 1*, nommer le micro-organisme responsable de la transmission de la peste et préciser le type de micro-organisme auquel il appartient.

Doc. 2 — *Yersinia pestis* observée au microscope

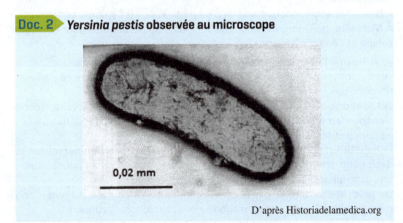

D'après Historiadelamedica.org

2 En utilisant le *document 2* et vos connaissances, classer les éléments suivants du plus grand au plus petit : poumon humain, être humain, bactérie.

La protection de l'organisme, le système nerveux et l'appareil digestif — Corrigé 8

Doc. 3 — Costume d'un médecin de la peste

En 1619, un costume protecteur de la peste est inventé. Ci-contre, un médecin soignant des malades atteints de la peste est vêtu d'une épaisse tunique, porte des bottes et un masque en forme de bec dans lequel on incorpore des herbes aromatiques. Les mains sont nues.

On a découvert depuis que la peste se transmettait par les piqûres des puces qui passent du rat à l'Homme ou d'un être humain à un autre. Elle se transmet également par les poussières contenant les excréments des puces, et dans certains cas, elle peut même se transmettre d'être humain à être humain par voie aérienne (gouttelettes de salive, éternuements…).

D'après Docteur Schnabel de Rome, pendant la peste noire (d'après Wikipedia).

3 À partir du *document 3*, identifier les modes de transmission de ce micro-organisme.

4 D'après les informations du *document 3*, expliquer quels sont les éléments du costume qui sont efficaces contre la contamination et proposer une précaution supplémentaire pour une meilleure efficacité.
On attend une réponse sous la forme d'un texte argumenté.

Sujet 8 — Corrigé

Les clés pour réussir

L'essentiel à connaître

- Les **micro-organismes** sont inoffensifs pour la plupart des êtres vivants, mais quelques espèces sont **pathogènes** pour l'Homme, c'est-à-dire qu'elles provoquent des maladies. Les micro-organismes sont répartis en trois catégories : les **bactéries**, les **champignons** et les **protozoaires**.

- Les **virus**, qui sont aussi des agents pathogènes, ne sont pas des êtres vivants.

- La **contamination** par des micro-organismes pathogènes peut être réalisée par **voie aérienne** (dans l'air), par **voie orale** (par la bouche vers

le tube digestif), au travers de la **peau** (blessures, égratignures…) ou par **simple contact** (lors de relations sexuelles par exemple).
- Des moyens d'**asepsie** permettent d'éviter la contamination : **masque** couvrant la bouche et le nez, peau recouverte (y compris les mains par des **gants**), **lunettes** de protection…
- Des moyens d'**antisepsie** permettent de détruire les micro-organismes présents : lavage et **désinfection** des surfaces et objets utilisés, utilisation d'**antibiotiques** naturels ou de synthèse…

▶ **Analyser l'énoncé**
- Lisez rapidement la totalité du sujet avant de commencer à répondre question par question.
- Notez sur votre brouillon les mots importants du *document 1* : « *Yersinia pestis* », « peste », « maladie infectieuse ».
- Mettez en relation le *document 2* avec le *document 1* pour identifier ce qu'est *Yersinia pestis*.
- Dans le texte du *document 3*, surlignez ou soulignez les éléments de protection avec une couleur et les voies de transmission de la peste avec une autre couleur.

▶ **Bien comprendre les questions**

Question 1
- Repérez le nom du micro-organisme dans le texte et recopiez-le en entier sans faire de fautes d'orthographe. Le type de micro-organisme est aussi indiqué dans le texte : vous devez utiliser vos connaissances pour le repérer.

Question 2
- Pensez à des dimensions en mètres pour le poumon humain et l'être humain entier, et rangez ces éléments dans l'ordre décroissant de taille avec la bactérie.

Question 3
- Repérez dans le texte les différents modes de transmission qui sont associés aux adverbes « également » et « même ».

Question 4
- Mettez chaque élément du costume en relation avec un mode de contamination possible pour comprendre en quoi cet élément protège d'une contamination.

La protection de l'organisme, le système nerveux et l'appareil digestif

Corrigé 8

1 Le micro-organisme responsable de la peste s'appelle *Yersinia pestis*. Il s'agit d'une bactérie.

2 Les éléments suivants sont classés du **plus grand au plus petit** : être humain, poumon humain, bactérie.

3 Trois modes de transmission sont possibles pour la bactérie de la peste :
– les **piqûres** de puces ;
– les excréments de puces contenus dans la poussière ;
– d'humain à humain **par l'air** contenant des gouttelettes de salive.

> **Gagnez des points !**
> Un nom d'espèce s'écrit en deux mots, en latin, et avec une majuscule au début du nom de l'espèce.

> **L'astuce du prof**
> Proposez une liste des modes de transmission pour montrer que vous avez bien su les distinguer.

4 Le costume utilisé comporte des éléments permettant **l'asepsie**. Pour commencer, le tissu épais de la tunique et les bottes permettent d'**éviter** les piqûres de puces ou le contact de la peau avec leurs excréments. Par ailleurs, le masque qui recouvre le visage **protège** le médecin contre une contamination par voie aérienne. En effet, le masque **arrête** les gouttelettes de salive projetées par un malade qui tousse ou éternue.
Cependant, l'asepsie mise en œuvre par le médecin **n'est pas complète**, car il a les mains nues. Or, des bactéries **pourraient pénétrer** par des plaies, mêmes microscopiques, sur la peau de ses mains.

Pour aller plus loin

On peut aussi penser que le costume comporte un élément permettant l'antisepsie : certaines herbes aromatiques contiennent des antibiotiques naturels.

SVT

Sujet 9 — Le comportement de l'automobiliste lors du freinage

25 pts — 30 min

Sujet zéro

On s'intéresse au comportement de l'automobiliste lors du freinage, en comparant celui-ci sans ou avec consommation d'alcool.

1 La durée de réaction du conducteur, entre le moment où il voit l'obstacle et le moment où il freine, correspond au temps de prise de décision et de transmission des informations motrices jusqu'aux muscles des membres inférieurs qui appuient sur la pédale de frein.

À l'aide de ces informations, compléter le schéma fonctionnel ci-dessous de la commande volontaire du freinage chez un automobiliste.

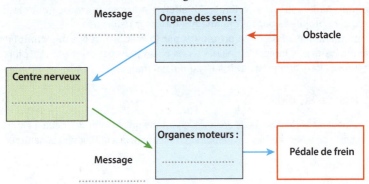

2 Lors d'une expérimentation, on mesure la distance de réaction et la distance de freinage d'une voiture lancée à 50 km/h, conduite par un individu à jeun ou par un individu alcoolisé.

Les résultats de ces mesures sont donnés dans le tableau suivant :

Alcoolémie (g/L de sang)	Distance parcourue (m)	
	Distance de réaction D_R	Distance de freinage D_F
0	14	16
0,5	22	16
0,8	26	16

Déduire de ces résultats l'effet de l'alcool sur le freinage.

La protection de l'organisme, le système nerveux et l'appareil digestif — Sujet 9

3 Pour identifier le mode d'action de l'alcool sur l'organisme du conducteur, on étudie son effet sur des neurones du circuit de la motricité volontaire chez un animal modèle, dont la sensibilité à l'alcool est identique à celle de l'espèce humaine, selon le protocole schématisé dans le *document 1*. Les enregistrements ont été obtenus dans des situations d'alcoolisation différentes (*document 2*).

Doc. 1

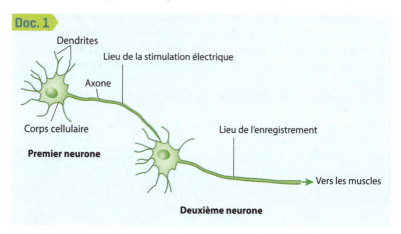

Doc. 2

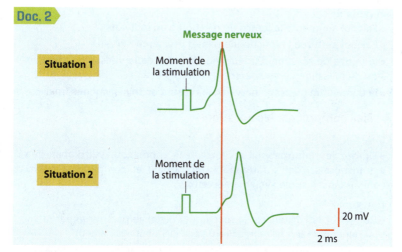

À l'aide de l'exploitation des *documents 1* et *2* :
– préciser sur le *document 1* le sens de circulation de l'information nerveuse ;
– expliquer l'effet de l'alcool sur le comportement d'un conducteur lors du freinage.

Sujet 9 Corrigé

Les clés pour réussir

▶ L'essentiel à connaître

- Les **centres nerveux** reçoivent des informations sensorielles en provenance des organes des sens par des **fibres nerveuses sensitives**.
- Les centres nerveux traitent les informations reçues et élaborent un message nerveux conduit par des **fibres nerveuses motrices** vers les muscles.
- Les messages conduits par les fibres nerveuses sont de nature **bioélectrique**.
- Les fibres nerveuses sont les longs prolongements de cellules nerveuses, les **neurones**.
- Dans la **synapse**, zone de contact entre deux neurones, le message nerveux transmis est de nature **chimique**.

▶ Analyser l'énoncé

Prenez le temps de bien lire tout l'énoncé, d'examiner tous les documents et de lire toutes les questions pour identifier les éléments importants :
- l'alcool augmente le temps de réaction d'un individu ;
- l'alcool perturbe le fonctionnement du système nerveux ;
- le temps de réaction d'un individu dépend de la vitesse de transmission du message nerveux entre les neurones ;
- la durée d'un message nerveux se mesure en millisecondes (ms).

▶ Bien comprendre les questions

Question 1
- Utilisez les informations du texte (« le conducteur voit l'obstacle », « transmission des informations motrices ») et complétez avec vos connaissances sur le système nerveux.

Question 2
- Comparez les distances de réaction (= distance parcourue par la voiture pendant le temps de réaction) sans alcool et avec alcool.
- Notez que la distance de freinage reste constante avec ou sans alcool (c'est la distance mise par la voiture pour s'arrêter à partir de l'appui sur le frein).
- Distance d'arrêt de la voiture = distance de réaction + distance de freinage.

La protection de l'organisme, le système nerveux et l'appareil digestif

Corrigé 9

> **Question 3**
> ● Rappelez-vous quelle est la partie du neurone qui est à l'origine du message nerveux.
> ● Comparez les délais entre la stimulation et la réponse des neurones avec ou sans alcool.

1 Le schéma complété est le suivant :

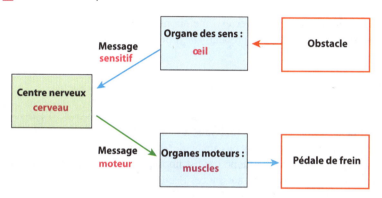

2 À 50 km/h, la **distance de freinage** est de 16 m quelle que soit l'alcoolémie. Pour une alcoolémie de 0 g/L, la **distance de réaction** est de 14 m, alors qu'elle est de 26 m pour une alcoolémie de 0,8 g/L. Donc, l'alcool augmente la distance de réaction qui s'ajoute à la distance de freinage. Ainsi, **l'alcool rallonge le freinage**.

> **Gagnez des points !**
> N'oubliez pas les unités des grandeurs utilisées.

3 L'information nerveuse circule du corps cellulaire du premier neurone **vers le deuxième neurone**, puis de ce deuxième neurone **vers les muscles**. On constate que le message nerveux survient **2 ms plus tard** lorsque l'animal est alcoolisé. Or, on sait que ce modèle animal **réagit comme un être humain** aux effets de l'alcool. Donc, on en déduit que l'alcool **diminue la vitesse de transmission** des messages nerveux entre les neurones et que cet effet est **responsable de l'augmentation de la distance de réaction** du conducteur alcoolisé.

Sujet 10 — Le syndrome de Klinefelter

25 pts

Amérique du Nord, juin 2017

Le syndrome de Klinefelter est une anomalie chromosomique caractérisée par un caryotype comprenant 47 chromosomes, dont 3 chromosomes sexuels XXY.

Doc. 1 — Le syndrome de Klinefelter

Ce syndrome affecte en particulier le développement physique d'individus de sexe masculin. Les individus atteints ont généralement des petits testicules qui ne produisent pas autant de testostérone que la normale […] La testostérone est l'hormone qui est impliquée dans le développement sexuel masculin avant la naissance. Pendant la puberté, elle intervient également en moyenne entre 10 et 18 ans chez les garçons. Le manque de testostérone chez les individus atteints va conduire à une puberté tardive et anormale. Chez eux, le développement des seins, la réduction des poils du visage et du corps seront associés à une incapacité à avoir des enfants (infertilité) […].

D'après https://www.nlm.nih.gov/U.S. National Library of Medicine.

1 À partir du *document 1*, cocher pour chaque phrase **la** proposition exacte.

a. Le syndrome de Klinefelter :
- ❏ trouve son origine dans une infection bactérienne.
- ❏ est dû à la présence d'un chromosome sexuel supplémentaire.
- ❏ est dû à l'absence totale de testicules.

b. La puberté :
- ❏ est anormale chez le garçon atteint du syndrome de Klinefelter.
- ❏ intervient avant 6 ans chez l'enfant atteint du syndrome de Klinefelter.
- ❏ ne s'accompagne pas de modification physique.

c. Un manque de testostérone peut conduire à :
- ❏ un développement des poils chez une fille.
- ❏ l'apparition de seins chez le garçon.
- ❏ une puberté avant l'âge de 5 ans.

L'organisation, l'évolution du monde vivant et la reproduction — Sujet 10

Doc. 2 Évolution du taux de testostérone dans le sang en fonction de l'âge chez le garçon et l'adolescent (entre 5 et 18 ans)

Âge en années	Taux moyen de testostérone plasmatique en ng*/dL Individu non atteint du syndrome de Klinefelter	Taux moyen de testostérone plasmatique en ng*/dL Individu atteint du syndrome de Klinefelter
5 ans	Traces	Traces
10 ans	Traces	Traces
12 ans	10	3
13 ans	120	3
18 ans	520	4

Sources : http://acces. ens-lyon.fr/biotic/procreat/determin /html/puberHorm.htm et International Journal of Endocrinology : Clinical presentation of Klinefelter's syndrome.

* ng : nanogrammes (10^{-9} grammes).

2 En s'appuyant sur des données chiffrées extraites du *document 2*, comparer l'évolution du taux de testostérone dans le sang, chez un individu atteint du syndrome de Klinefelter et chez un individu non atteint, au cours de la puberté.

Doc. 3 Un traitement pour compenser le manque de testostérone

Il n'existe pas de traitement qui guérisse complétement les manifestations de ce syndrome. […]
Dans la plupart des cas, le traitement consiste en une hormonothérapie* à base de testostérone qui devrait, de l'avis de certains médecins, être entreprise dès la puberté.
[…] Ce traitement administré régulièrement contribue au développement des caractéristiques masculines secondaires (pilosité, voix grave, développement de la musculature) et peut éviter le développement des seins. […]

D'après http://klinefelter.valentin-apac.org/articles.php?lng=fr&pg=6, lu et validé par le Dr Nicole Morichon-Delvallez (Hôpital Necker), Article écrit le 22 janvier 2007.

* Hormonothérapie : traitement par injection d'hormones.

3 Des parents consultent un médecin spécialiste pour leur fils atteint du syndrome de Klinefelter. Le médecin prescrit le traitement décrit dans le *document 3*.

SVT

Préciser les éléments qui ont permis d'élaborer le diagnostic et justifier le traitement prescrit par le médecin.
Un texte construit est attendu, il devra s'appuyer sur des arguments tirés des **trois** documents.

Sujet 10 Corrigé

Les clés pour réussir

▶ **L'essentiel à connaître**
- Les chromosomes portent les **gènes** qui interviennent dans l'**expression des caractères** détectables ou observables.
- Les **caractères sexuels primaires** (l'organisation des appareils sexuels) se mettent en place **pendant la vie embryonnaire**.
- Les **caractères sexuels secondaires** (pilosité, développement des testicules...) se mettent en place **au cours de la puberté**, entre 12 et 18 ans.
- La **testostérone**, hormone produite par les testicules, est responsable du fonctionnement de l'appareil génital chez l'homme et de l'apparition des caractères sexuels secondaires chez les garçons. Le **taux plasmatique** d'une hormone est la quantité de cette hormone dans un volume donné de plasma (partie liquide du sang).
- Un **syndrome** désigne l'ensemble des symptômes qui caractérise une maladie.

▶ **Analyser l'énoncé**
- Lisez attentivement le *document 1* pour repérer le vocabulaire spécifique aux SVT. Cherchez les définitions des termes dans le document lui-même ou faites appel à vos connaissances.
- Analysez le titre du tableau et les titres de ses colonnes (*document 2*). Cette analyse doit vous permettre de comprendre le but du tableau.
- Soulignez ou surlignez les sujets et les verbes du texte du *document 3*. Lisez le texte en associant chaque sujet avec son verbe pour bien comprendre la signification du texte.

▶ **Bien comprendre les questions**
Question 1
- Lisez attentivement chaque proposition. Chaque mot compte pour déterminer la proposition exacte (par exemple, « absence **totale** de testicules »).

L'organisation, l'évolution du monde vivant et la reproduction

Corrigé 10

Question 2
- Citez, pour les deux cas, des valeurs des taux moyens de testostérone à 12 ans et à 18 ans pour bien montrer l'évolution au cours de la puberté (pensez à donner l'unité).
- Indiquez si l'évolution est une baisse, une stagnation ou une augmentation.
- Précisez si les variations sont fortes ou faibles.

Question 3
- Cherchez les éléments de diagnostic du syndrome de Klinefelter dans les deux premiers documents en dressant une liste des symptômes présents chez le patient. Justifiez le traitement prescrit par le médecin en montrant ce qu'il permet de corriger chez le patient.

1 Les propositions exactes sont les suivantes :
a. Le syndrome de Klinefelter est dû à la présence d'un **chromosome sexuel supplémentaire**.
b. La puberté est **anormale** chez le garçon atteint du syndrome de Klinefelter.
c. Un manque de testostérone peut conduire à l'**apparition de seins** chez le garçon.

> **Attention**
> Il n'y a qu'une seule proposition exacte par phrase.

2 Au cours de la puberté, le taux moyen de **testostérone** chez l'individu non atteint **augmente fortement**, passant de 10 à 520 ng/dL, alors que ce taux **reste presque stable** (autour de 3-4 ng/dL) chez l'individu atteint par le syndrome de Klinefelter.

> **L'astuce du prof**
> Commencez la comparaison en décrivant l'évolution chez l'individu non atteint par le syndrome, car il sert de référence.

3 Le diagnostic du syndrome a été fait en **constatant** :
– la présence de seins, de **petits testicules**, la quasi-absence de poils sur le visage ;
– le **taux** de testostérone **très faible** ;
– la présence de **trois chromosomes sexuels** XXY (visibles dans un caryotype).
Le traitement par injection de testostérone permet de **compenser la faible production de testostérone** par les testicules trop petits. Ces injections vont permettre d'éviter le développement des seins et **contribuer au développement des caractères sexuels masculins** (musculature, voix…).

TECHNOLOGIE

 Sujet 11 — Enceinte *Bluetooth* — 25 pts 30 min

Sujet inédit

Après une enquête d'opinion, l'entreprise Audiovite souhaite développer une enceinte Bluetooth pour les jeunes. Elle cherche des solutions innovantes qui pourraient intéresser les adolescents.
Voici ci-dessous un extrait du cahier des charges du produit.

Doc. 1 Extrait du cahier des charges de l'enceinte *Bluetooth*

Repère	Fonction	Critère	Niveau
FP1	Permettre à un ou plusieurs utilisateurs d'écouter de la musique	Rayon audible	Cercle de 5 m autour de l'enceinte
FC1	Doit fournir un son d'une qualité et d'un niveau sonore suffisant tout en respectant la législation	– Puissance – Niveau sonore maximum	– 2 W +/– 0,5 W – 85 dB max
FC2	Doit se connecter à la majorité des appareils informatiques	– Type de connexion – Portée de la connexion avec la source audio	– Bluetooth – 5 m
FC3	Doit être dans une gamme de prix accessible à un jeune	Prix abordable	30 € maxi
FC4	Doit résister aux agressions extérieures et être d'une bonne stabilité	– Imperméabilité – Solidité – Assise	– Résiste à un taux d'humidité de 80 % – Résiste à une chute de 1 m – Stable sur un plan
FC5	Doit fonctionner de manière fiable et autonome	– Autonomie – Charge	– 2 heures mini – 6 heures maxi

Le design, l'innovation et la créativité — Sujet 11

Doc. 2 Antériorité des tâches du projet

N°	Tâche	Durée	Antériorité
1	Rédaction du cahier des charges	1 semaine	x
2	Recherche de solutions	3 semaines	1
3	Fabrication du prototype	3 semaines	2
4	Simulations numériques	2 semaines	2
5	Tests et validation	2 semaines	3
6	Lancement de la fabrication	1 semaine	4 ; 5

1 a. Après la lecture des documents, réaliser le diagramme d'expression du besoin (bête à cornes).
b. Quel est le besoin satisfait par cette enceinte Bluetooth ?
c. Quels sont les utilisateurs ciblés par ce produit ?

2 Les contraintes et fonctions identifiées dans ce cahier des charges peuvent être classées en plusieurs catégories : les contraintes de fonctionnement, les contraintes de sécurité et les contraintes commerciales.
a. Associer chaque fonction du cahier des charges à une catégorie de contrainte.
b. Pour quelle raison la législation impose-t-elle un niveau sonore maximal de 85 dB ?

3 En vous aidant du document 2, compléter le planning prévisionnel de la semaine 1 à la semaine 10, sous la forme habituelle de tableau en indiquant les tâches en lignes et les semaines en colonnes.

Semaines	1	2	3	4	5	6	7	8	9	10
Rédaction du cahier des charges	■									
Recherche de solutions										
Fabrication du prototype										
Simulations numériques										
Tests et validation										
Début de la fabrication										

Sujet 11 Corrigé

Les clés pour réussir

▶ **L'essentiel à connaître**
- « Exprimer un besoin » signifie formuler le besoin de manière claire.
- Pour **exprimer le besoin**, il faut répondre aux questions suivantes :
  – À quoi ou à qui le produit va-t-il servir ?
  – Que va-t-il modifier ou apporter à son utilisateur ?
  – Dans quel but sera-t-il utilisé ?
- Le **cahier des charges** prend souvent la forme d'un tableau avec quatre colonnes :
  – les **repères** associés à chaque fonction ;
  – la **fonction** définie sous forme de phrase ;
  – les **critères** associés à chacune des fonctions ;
  – les **niveaux** permettant de préciser les critères.
- Le **planning** permet de suivre l'avancement d'un projet et d'anticiper d'éventuels retards. Pour être efficace, il doit être régulièrement mis à jour durant le projet.

▶ **Analyser l'énoncé et les documents**
- Retenez les mots-clés dans l'introduction (jeunes, enceintes Bluetooth, écouter la musique à plusieurs).
- L'antériorité des tâches (dans le *document 2*, colonne 3) identifie le numéro de la (ou des) tâche(s) qui doi(ven)t être terminée(s) avant de pouvoir en commencer une autre. Par exemple, la tâche « Recherche de solutions (n° 2) » ne peut pas débuter avant la fin de la tâche « Rédaction du cahier des charges (n° 1) ».

▶ **Bien comprendre les questions**

Question 1
- Étudiez attentivement le *document 1*, réalisez le diagramme d'expression du besoin (bête à cornes) et répondez ensuite aux deux questions posées.

Question 2
- Lisez attentivement l'extrait du cahier des charges et classez les fonctions dans les catégories de contraintes. Pour la question sur la législation, faites appel à votre culture générale, la réponse ne se trouve pas dans les documents.

Question 3
- Utilisez une couleur différente par ligne (par tâche) pour compléter le tableau.

Le design, l'innovation et la créativité — Corrigé 11

1 a. Le diagramme d'expression du besoin (bête à cornes) est le suivant :

b. L'enceinte Bluetooth **rend service aux jeunes pour leurs permettre d'écouter à plusieurs de la musique**.

c. Les jeunes (entre 13 et 25 ans par exemple) sont ciblés par l'entreprise. Il faudra donc adapter la communication et concevoir un design et des fonctionnalités qui pourraient plaire à cette cible de consommateurs.

L'astuce du prof
Servez-vous du diagramme d'expression du besoin pour formuler l'expression du besoin.

2 a. Les différentes fonctions du cahier des charges peuvent être associées aux catégories de contraintes suivantes :

Contraintes de fonctionnement	FP1 ; FC2 ; FC4 ; FC5
Contraintes de sécurité	FC1
Contraintes commerciales	FC3

b. La législation impose un niveau sonore maximal de 85 dB **pour préserver l'audition des utilisateurs**.

Pensez-y !
Lorsque c'est possible, on peut réaliser deux tâches simultanément, cela permet de gagner du temps.

3 Le planning prévisionnel optimum est le suivant :

Semaines	1	2	3	4	5	6	7	8	9	10
Rédaction du cahier des charges	■									
Recherche de solutions		■	■	■						
Fabrication du prototype					■	■				
Simulations numériques					■	■				
Tests et validation								■	■	
Début de la fabrication										■

TECHNOLOGIE

Sujet 12 — Du boulier au supercalculateur

25 pts

Sujet inédit

Depuis très longtemps, les êtres humains ont eu besoin d'effectuer des opérations mathématiques. En effet, le commerce, la construction, la gestion des populations ont toujours nécessité de manipuler des nombres (additions, soustractions, divisions…).

Doc. 1 — Histoire des machines à calculer

Dans l'histoire des machines à calculer, deux principes techniques ont longtemps cohabité. Le premier consiste à utiliser divers objets (cailloux, jetons…) pour effectuer des calculs. C'est le cas par exemple des bouliers inventés en Chine au xiie siècle. Le second consiste à écrire les nombres sur un support (papyrus, papier, bâtonnets de bois…).

À la fin du xviie siècle, les premières machines à calculer mécaniques apparaissent. Elles utilisent les engrenages à roues dentées déjà employés dans l'horlogerie pour effectuer les calculs.

C'est au xixe siècle avec la révolution industrielle et le développement des mouvements bancaires internationaux que la machine à calculer s'impose réellement. Les machines à calculer mécaniques gagnent en précision, et leur utilisation est simplifiée afin d'être accessible au plus grand nombre. Les calculateurs mécaniques seront utilisés jusqu'à l'arrivée des calculatrices électroniques dans les années 1970.

Les premiers calculateurs électroniques sont développés à partir de 1935 par l'armée américaine qui les utilise pour calculer les trajectoires de ses missiles. S'en suivront alors de nombreux modèles de calculateurs toujours plus rapides.

Les supercalculateurs bien plus rapides et moins encombrants que les calculateurs électroniques apparaissent à la fin des années 1950 et doivent leur existence à l'invention des transistors qui remplacent alors les tubes cathodiques. Ils sont très utilisés de nos jours et servent notamment à la médecine, aux modèles de climatologie ou de mouvements de la croûte terrestre.

Les objets techniques, les services et leurs évolution — Sujet 12

Doc. 2 Extrait de l'article « Pourquoi la France doit rester dans la course des supercalculateurs ? », La Tribune, 1er mai 2015

Tous les dix ans, la puissance de calcul des supercalculateurs est multipliée par 1 000. Quant à la durée de vie d'un supercalculateur, elle n'est que de quatre à cinq ans. Passé ce laps de temps, il est bien plus rentable d'installer une machine plus moderne plutôt que de conserver l'ancienne. En 2005, un supercalculateur consommait 5 MW (mégawatts) contre 17 MW en 2014. Avec la prochaine génération, on veut limiter la consommation à 20 MW. Sur ses cinq ans de vie, la consommation électrique globale d'un supercalculateur revient aussi chère que la machine elle-même.

1 Après la lecture du document 1 :
a. Relever quatre lignées d'objets (principes techniques) de la famille des machines à calculer.
b. Quelle est l'invention qui a permis le développement de la lignée des supercalculateurs ?
c. Quelle rupture technologique a entraîné la fin de l'utilisation des calculateurs mécaniques ?
d. À quel besoin répondaient les premiers calculateurs électroniques ?

2 À l'aide du document 1, compléter le tableau ci-dessous.

	Boulier chinois 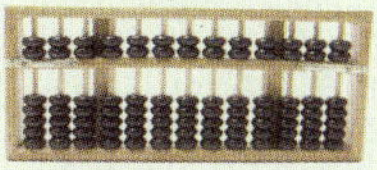	Arythmomètre mécanique 	Calculateur IBM 
Siècle		XXe	
Énergie		Énergie mécanique	
Lignée	Calcul par manipulation d'objets		

3 À partir du document 2, répondre aux questions suivantes :
a. Quels sont les deux grands facteurs qui évoluent avec le développement des supercalculateurs ?
b. Quelle phase du cycle de vie des supercalculateurs est particulièrement énergivore ?

TECHNOLOGIE

Sujet 12 Corrigé

Les clés pour réussir

▶ L'essentiel à connaître

- L'**évolution des techniques** permet de faire évoluer les objets dans de nombreux domaines.
- Les objets qui répondent au même besoin sont regroupés en **familles**.
- Une **lignée** regroupe les objets d'une même famille qui utilisent le même principe technique pour répondre au besoin.
- Le **cycle de vie** peut être différent suivant le produit, mais on retrouve souvent les mêmes étapes : l'extraction des matières premières, la fabrication de l'objet, son transport, la distribution, l'utilisation et la fin de vie.

▶ Analyser l'énoncé et les documents

- Retrouvez dans les documents le nom des produits, les périodes d'utilisation, les principes techniques qu'ils utilisent.
- Dans le *document 1*, chaque paragraphe correspond à une période.

▶ Bien comprendre les questions

Question 1
- Il faut connaître la définition des mots « lignée » et « principe technique ».

Question 2
- Relevez tout d'abord le principe technique utilisé par chaque objet afin de retrouver le paragraphe du *document 1* qui parle de ce type d'objet.
- Les matériaux et le design des objets peuvent aussi vous guider pour trouver leur époque.
- Observez les images afin d'en déduire l'énergie utilisée.

Question 3
- Certains des facteurs qui évoluent sont souhaités ; d'autres sont des conséquences de l'évolution et sont donc subis.
- Il faut connaître les étapes du cycle de vie et relever quelle étape est évoquée dans le *document 2*.

---

1 a. Les quatre lignées (principes techniques) de calculateurs présentées dans ce document sont : **les calculateurs à manipulation d'objets ; les machines à calculer mécaniques ; les calculateurs électroniques** et **les supercalculateurs**.

Les objets techniques, les services et leurs évolution — Corrigé 12

b. Les supercalculateurs ont pu être développés grâce à l'**invention des transistors** qui ont remplacé les tubes cathodiques.

c. L'invention de la calculatrice électronique a entraîné la fin de l'utilisation des calculateurs mécaniques.

d. Les premiers calculateurs électroniques répondaient au besoin qu'avait l'armée américaine de **calculer la trajectoire de ses missiles**.

> **Gagnez des points !**
> Une mauvaise réponse ne retire pas de points, proposez donc une réponse même si vous n'êtes pas sûr qu'elle soit juste.

2 Voici le **tableau complété** :

	Boulier chinois	Arythmomètre mécanique	Calculateur IBM
Siècle	XIIe	XXe	XXe
Énergie	Énergie mécanique	Énergie mécanique	Énergie électrique
Lignée	Calcul par manipulation d'objets	Calculateur mécanique	Calculateur électronique

3 a. Les deux facteurs qui évoluent avec le développement des supercalculateurs sont **la puissance de calcul et la consommation énergétique des supercalculateurs**.

b. C'est **la phase d'utilisation** des supercalculateurs qui est particulièrement énergivore.

TECHNOLOGIE

TECHNOLOGIE

Sujet 13 — Lyre à LED de spectacle

25 pts — 30 min

Sujet inédit

La lyre à LED de spectacle est une lumière de couleur commandée qui peut être dirigée dans plusieurs directions depuis le pupitre de contrôle du technicien lumière.

Sa fonction d'usage est de créer un spectacle de lumières en mouvement et de différentes couleurs avec projection de formes.

Lyre à led

Doc. 1 — Extrait de la documentation technique

Le SpotLyre 250 est un projecteur électrique à effets sur lyre motorisée d'une puissance de 250 W, fonctionnant en mode automatique musical (capteur intégré), automatique ou DMX.
- Il est muni d'une lampe à LED 250 W/24 V, d'une roue de couleur à 9 positions (8 couleurs + blanc) et d'une roue de gobos (calques à motifs placés devant la LED) à 8 positions interchangeables.
- Les mouvements sont commandés par quatre moteurs pas à pas (deux moteurs pour les axes et deux pour les roues d'effets et de couleur).

Exemple de gobo

Doc. 2 — Le protocole DMX512

Le DMX512 est un protocole de commande d'appareils d'éclairage et d'animation de scène très largement répandu dans le milieu du spectacle.
- Le protocole DMX512 (norme RS 485) permet de contrôler 512 canaux en affectant à chacun une valeur comprise entre 0 et 255. Chaque appareil reçoit l'ensemble des 512 valeurs (appelées « trame » DMX) et renvoie cette trame à l'appareil suivant.
- La norme prévoit la mise en série d'au maximum 32 appareils sur une même ligne DMX, et un appareil DMX512 peut avoir de 1 à 16 canaux maximum, accessibles dans un ordre défini par le fabricant.

Le fonctionnement et la structure d'un objet — **Sujet 13**

1 Après la lecture des documents, compléter le diagramme de fonctionnement ci-dessous :

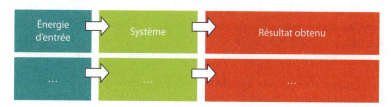

2 Compléter le diagramme d'analyse fonctionnelle ci-dessous en y ajoutant les solutions techniques utilisées ou la fonction technique associée.

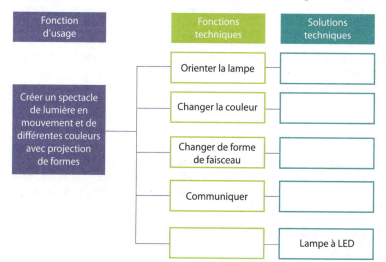

3 Classer les solutions techniques dans le tableau ci-dessous :

Éléments de la chaîne d'énergie	
Éléments de la chaîne d'information	

TECHNOLOGIE

Sujet 13 Corrigé

Les clés pour réussir

▶ L'essentiel à connaître

● Il est courant d'utiliser un **schéma** ou un **diagramme** pour représenter le fonctionnement global du système. Ce diagramme peut être plus ou moins détaillé.

● Chaque **fonction technique** est réalisée à l'aide de **composants** dédiés à cette fonction. Ces composants peuvent être des pièces mécaniques, des composants électroniques ou encore des parties de programmes informatiques.

● La **chaîne d'information** est constituée de l'ensemble des composants qui réalisent l'acquisition, le traitement et la communication de l'information.

● La **chaîne d'énergie** est constituée de l'ensemble des composants qui réalisent l'alimentation, la distribution, la conversion et la transmission de l'énergie.

▶ Analyser l'énoncé et les documents

● N'hésitez pas à relire plusieurs fois les documents.

● Il n'est pas indispensable de connaître le sens de tous les mots complexes de la documentation technique pour comprendre le fonctionnement global de l'objet.

▶ Bien comprendre les questions

Question 1

● Aidez-vous de la fonction d'usage pour remplir le diagramme de fonctionnement.

● Cherchez l'énergie d'entrée dans la documentation technique (*document 1*).

Question 2

● L'analyse fonctionnelle rentre dans le détail du fonctionnement de l'objet. Identifiez les parties du texte qui traitent de la fonction pour laquelle vous cherchez la solution retenue.

Question 3

● Aidez-vous des définitions de la chaîne d'énergie et de la chaîne d'information pour reconnaître les éléments à trier.

Le fonctionnement et la structure d'un objet — Corrigé 13

1 Voici le **diagramme de fonctionnement** de la lyre de spectacle :

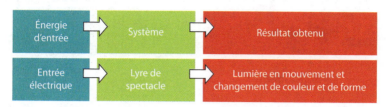

2 Voici le **diagramme d'analyse fonctionnelle** de la lyre de spectacle, il détaille les fonctions et solutions techniques retenues.

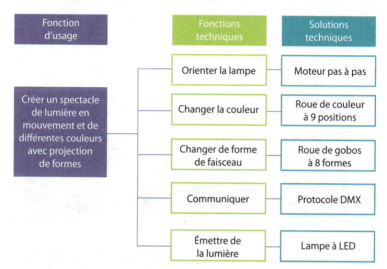

3 Les solutions techniques sont classées dans le tableau ci-dessous :

Éléments de la chaîne d'énergie	Moteur pas à pas Roue de couleur et roue de Gobos
Éléments de la chaîne d'information	Protocole DMX

Pensez-y !

Les moteurs et les lampes sont des actionneurs, ils sont toujours dans la chaîne d'énergie.

TECHNOLOGIE

Sujet 14 — Étude de l'implantation de lampadaires dans une rue

25 pts — 30 min

Sujet inédit

La ville de Saint-Ouen réalise une étude pour l'éclairage d'une rue et de sa piste cyclable. Elle fait appel à un cabinet d'architectes pour étudier la disposition des lampadaires. Le modèle de lampadaire et le type de lampe sont définis par le projet, il reste à choisir l'emplacement des lampadaires. Le cabinet propose une première simulation de disposition des lampadaires le long de la rue.

Doc. 1 ▸ Résultat de la simulation réalisée sur 50 m de rue

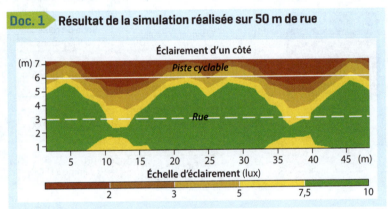

Doc. 2 ▸ Extrait de la documentation technique du lampadaire choisi

Données du luminaire		Lampes	
Rendement	81,6 %	Nombre	1
Rendement lumineux	76,59 lm/W	Désignation	ST
Classification	A30 ↓99,8 % ↑0,2 %	Puissance	100 W
CIE Flux Codes	38 70 95 100 81	Temp. de couleur	220/2 000 K
UGR 4H 8H	36,5 / 28,1	Flux lumineux	10 700 lm
Ballast	conventional inductive ballast	Culot	E40
Puissance	114 W	Rendu de couleurs	4/20...29
Flux lumineux	8731,2 lm		
Dimensions	650 × 332 × 219 mm		

Doc. 2 ▸ Suite

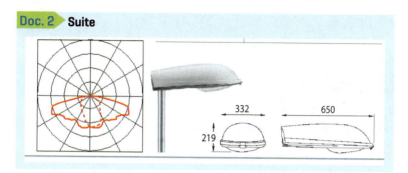

1 Après la lecture des documents, expliquer la raison pour laquelle le cabinet d'architectes utilise un logiciel de simulation avant de disposer les lampadaires le long de la rue.

2 a. D'après la documentation technique du lampadaire (*document 2*), donner la puissance de la lampe et l'unité de cette grandeur.
b. La documentation technique du luminaire indique un rendement de 81,6 %. Cela signifie qu'il y a des pertes d'énergie.
Indiquer la forme de cette énergie perdue.

3 a. Quelle est l'unité de mesure de l'éclairement utilisée pour la simulation du *document 1* ?
b. Quelle est la plage de mesures de l'éclairement utilisée dans cette simulation ?
c. Une fois l'installation des lampadaires terminée, proposer un protocole simple permettant de comparer les résultats de cette simulation avec l'éclairement réel.

4 a. Quel problème est mis en évidence par la proposition du cabinet d'architectes ?
b. En s'aidant du plan ci-dessous et de la proposition du cabinet d'architectes, proposer en argumentant une disposition plus adaptée des trois lampadaires.

Doc. 3 ▸ Plan

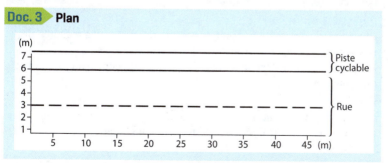

TECHNOLOGIE

Sujet 14 Corrigé

Les clés pour réussir

▶ **L'essentiel à connaître**

● Les **logiciels de modélisation** permettent de dessiner et de concevoir des objets techniques, des systèmes en 3 dimensions ou des plans.

● Les **logiciels de simulation** sont utilisés lors de la conception d'un objet technique ou d'un système, pour aider au choix et à la validation des solutions. Ils permettent d'effectuer des tests sur des maquettes virtuelles.

● Il est nécessaire de contrôler la fabrication des pièces, des assemblages en utilisant une **procédure**, un **protocole** et des **instruments de mesure** ou des **gabarits de contrôle**.

▶ **Analyser l'énoncé et les documents**

● Il n'est pas indispensable de comprendre tous les mots complexes de la documentation technique pour comprendre le fonctionnement global de l'objet.

● Prenez votre temps pour analyser le résultat de la simulation, identifier les unités sur les axes et comprendre l'échelle utilisée.

▶ **Bien comprendre les questions**

Question 1
● Lisez l'énoncé et indiquez les informations supplémentaires fournies par la simulation.

Question 2
● Le watt est la puissance d'un système énergétique dans lequel une énergie de 1 joule est transférée uniformément pendant 1 seconde.
● Le rendement est le rapport de la puissance utile à la puissance absorbée par un dispositif électrique.

Question 3
● Le luxmètre est un instrument de mesure permettant de mesurer simplement et rapidement l'éclairement.
● Réfléchissez à une façon simple et concrète de vérifier la luminosité dans une rue.

Question 4
● Imaginez une solution simple permettant de mieux répartir les lampadaires en utilisant le même nombre de lampadaires et des lampes identiques.

La modélisation et la simulation du comportement d'un objet — Corrigé 14

1 La simulation permet d'**estimer par le calcul la répartition de l'éclairement de la rue** en fonction de la disposition des lampadaires, afin de **vérifier avant l'installation qu'il n'y aura pas de zones d'ombres** sur la rue et la piste cyclable.

> **Remarque**
> Une simulation n'est jamais parfaite, il y a toujours des écarts avec la réalité.

2 a. La lampe du lampadaire choisi est d'une puissance de **100 W. Cette puissance est exprimée en watts.**
b. Dans une lampe, l'énergie perdue l'est majoritairement sous forme d'énergie **thermique**.

3 a. L'unité de mesure de l'éclairement utilisé dans cette simulation est le **lux**.
b. La plage de mesures indiquée par l'échelle est de **0 à 40 Lux**.
c. Pour comparer l'éclairement aux résultats de la simulation, il faudrait **utiliser un luxmètre, relever les mesures en différents points de la rue** (réaliser un quadrillage de la zone) et **comparer ces mesures aux résultats de la simulation.**

4 a. La première simulation met en évidence une **importante zone d'ombre le long de la piste cyclable**, ce qui risque d'être dangereux pour les cyclistes circulant de nuit.
b. Une des solutions consiste à **alterner les lampadaires de chaque côté** de la rue, afin de mieux répartir les zones d'ombre.

> **Remarque**
> Placer tous les lampadaires le long de la piste cyclable est également possible, mais cela déplace la zone d'ombre de l'autre côté de la rue.

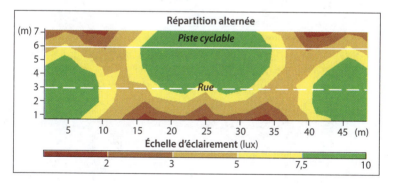

TECHNOLOGIE

Sujet 15 — Réseau de capteurs domestiques

25 pts

Sujet inédit

Dans l'habitat d'aujourd'hui, surveiller sa consommation d'énergie et de ressources est devenu capital. Le système Dom@lin utilise un réseau de capteurs sans fil qui surveillent votre habitat (consommation d'eau, d'électricité, température…). Ces modules sont en communication avec un serveur qui stocke et met en forme les données recueillies.

L'utilisateur peut accéder à ces données via un PC client installé dans son domicile ou via son *smartphone* relié à Internet.

Doc. 1 Schéma de l'installation

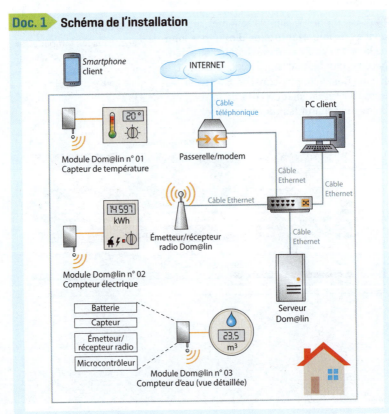

Le fonctionnement d'un réseau informatique — Sujet 15

> **Doc. 2** **Protocole de communication Dom@lin**
>
> Lorsque le serveur Dom@lin souhaite obtenir une information d'un module Dom@lin, il adresse un message « **Requête mesure xx** » à l'émetteur/récepteur Dom@lin *(xx : numéro du module)*.
> L'émetteur/récepteur effectue le routage et transmet la requête au module concerné via les ondes radio.
> Lorsqu'il reçoit la requête, le module y répond par un message « **mesure module xx : yy** » *(yy : valeur mesurée)*.
> L'émetteur/récepteur reçoit le message et le transmet au serveur.
> Le serveur traite alors le message reçu et stocke l'information.

1 a. Quel est le moyen de connexion utilisé par les modules Dom@lin pour communiquer ? Justifier l'utilisation de ce moyen de connexion dans un réseau de capteurs domestiques.

b. Proposer un moyen de connexion entre le *smartphone* client et le réseau Internet.

c. Quel est le rôle du commutateur dans ce réseau ?

2 À l'aide du *document 1*, compléter la chaîne d'information du module Dom@lin compteur d'eau.

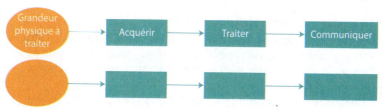

3 À l'aide du *document 2*, compléter le diagramme suivant dans le cas d'une requête de mesure émise par le serveur Dom@lin à l'intention du module capteur de température (à cet instant, il mesure une température de 19 °C).

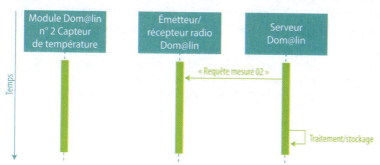

TECHNOLOGIE

Sujet 15 Corrigé

Les clés pour réussir

▶ **L'essentiel à connaître**

● Pour **connecter** les ordinateurs d'un réseau, on peut utiliser des **moyens filaires** (câbles Ethernet, téléphoniques) ou des **moyens non filaires**. Les ondes radio (3G, 4G, Wi-Fi…) sont très utilisées pour les communications non filaires.

● Il existe plusieurs types de matériels utilisés pour interconnecter les machines. Le **commutateur (ou *switch*)** permet de connecter plusieurs ordinateurs dans un LAN. La passerelle permet d'interconnecter deux réseaux (souvent un LAN à Internet).

● La **chaîne d'information** est constituée de l'ensemble des composants qui réalisent l'acquisition, le traitement et la communication de l'information.

● En informatique, un **protocole de communication** est un ensemble de règles fixées afin que plusieurs machines puissent communiquer (échanger des données).

▶ **Analyser l'énoncé et les documents**

● Prenez bien le temps d'analyser et de comprendre le schéma en observant les connexions et les matériels. En effet, il est primordial de comprendre le fonctionnement global du système avant de commencer à répondre aux questions.

● Une partie du *document 1* « Compteur d'eau (vue détaillée) » détaille la composition d'un module, cela vous sera utile pour la question **2**.

▶ **Bien comprendre les questions**

Question 1
● La réponse n'est pas dans le texte, mais dans le *document 1*.
● Pensez à l'installation de ce système dans une maison déjà existante.
● On peut déduire la fonction du commutateur en observant le schéma.

Question 2
● La chaîne d'information comprend très souvent des capteurs qui réalisent la fonction « Acquérir » et une carte programmable (ou microcontrôleur) qui traite l'information d'un élément communiquant.

Le fonctionnement d'un réseau informatique — Corrigé 15

> **Question 3**
> - Transposez le texte expliquant le protocole en un schéma, les flèches représentant les messages échangés entre les composants.
> - Attention à l'axe du temps qui est de haut en bas dans ce schéma.
> - Pensez à remplacer les xx et les yy par les valeurs appropriées.

1 a. Le système communique avec les modules via une liaison radio sans fil. L'utilisation d'une communication sans fil rend **l'installation du système moins complexe et moins coûteuse**, surtout si les pièces où se situent les différents modules sont éloignées.

b. Pour communiquer avec le réseau Internet, un *smartphone* peut utiliser le **réseau téléphonique mobile (GPRS, 3G, 4G) ou se connecter à un réseau Wi-Fi**.

c. Le commutateur sert à interconnecter les différents périphériques à l'aide de câbles Ethernet.

> **Pensez-y !**
> La fonction « Traiter » est souvent réalisée par le microcontrôleur, le microprocesseur ou la carte programmable.

2 Voici la chaîne d'information du module capteur d'eau :

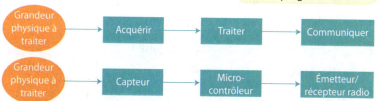

3 La correction du diagramme est la suivante :

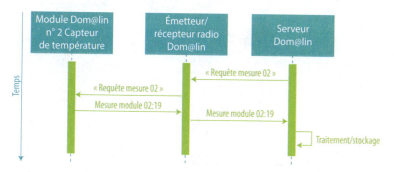

TECHNOLOGIE

Sujet 16 — Tondeuse autonome de jardin

25 pts 30 min

Sujet inédit

La tondeuse MagicGarden est un robot tondeuse, qui se déplace dans un jardin de façon autonome pour couper l'herbe.

Le jardin est délimité par un fil périphérique qui marque la zone à tondre et les obstacles à éviter. Le robot utilise un programme enregistré dans une carte programmable pour suivre le plan du terrain et passer sur toute la surface à entretenir. Le robot tondeuse communique avec une base de chargement par liaison radio. Lorsqu'il est déchargé, il s'arrête de tondre et se rend sur la base pour se recharger. Le robot tondeuse dispose également d'une fonction lui permettant de se connecter au réseau Internet à l'aide d'une connexion Wi-Fi. L'utilisateur peut ainsi contrôler la tondeuse (ordre de départ et d'arrêt, progression, niveau de charge de la batterie…) depuis une application de son *smartphone* ou depuis un ordinateur relié à Internet.

Doc. 1 Plan simplifié du robot dans un jardin

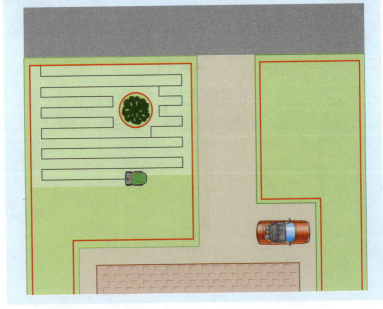

Sujet 16
L'écriture, la mise au point et l'exécution d'un programme

Doc. 2 — Le fonctionnement du robot tondeuse

Le robot tondeuse est équipé d'un capteur de champ magnétique. Le fil périphérique est parcouru par un courant électrique et émet donc un champ magnétique qui va être détecté par le robot. Quand le robot détecte le fil, il pivote d'un quart de tour, se déplace d'une distance correspondant au diamètre de coupe (40 cm) et pivote de nouveau d'un quart de tour. Ainsi, il parcourt la totalité du jardin.

1 Après la lecture des *documents 1* et *2*, indiquer si les composants sont des capteurs ou des actionneurs et compléter le tableau ci-dessous en donnant leur fonction.

Composants	Type de composant	Fonction
Détecteur de champ magnétique		
Émetteur radio		
Récepteur radio		
Moteur de la lame de coupe		
Moteur des roues du robot		
Carte programmable	X	

2 Pourquoi peut-on considérer ce robot tondeuse comme un objet connecté ? Justifier la réponse en indiquant le moyen de connexion utilisé et la valeur ajoutée apportée par cette connexion.

3 Quel extrait d'algorithme parmi les suivants pourrait être utilisé par ce robot ?

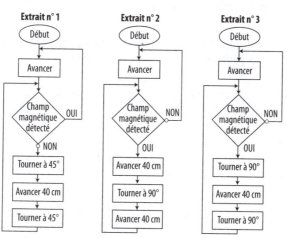

TECHNOLOGIE

Sujet 16 Corrigé

Les clés pour réussir

▶ **L'essentiel à connaître**

- Un **capteur** acquiert (mesure) une grandeur physique (température, vitesse, champ magnétique…).
- Un **actionneur** transforme l'énergie qui lui est transmise en une action (par exemple, le moteur électrique transforme l'énergie électrique en mouvement de rotation).
- Une **carte programmable** est un système électronique qui exécute un programme enregistré dans sa mémoire.
- Les **objets connectés** communiquent (échangent des informations) avec d'autres objets ou des utilisateurs par le biais du réseau Internet.

▶ **Analyser l'énoncé et les documents**

- Lisez attentivement les énoncés et les documents fournis et cherchez à définir les mots les plus compliqués.
- Un champ magnétique est un champ de force invisible résultant du déplacement de courant électrique dans un fil.
- L'intensité du champ magnétique diminue à mesure qu'augmente la distance à sa source.
- L'électroaimant est l'application concrète du principe de champ magnétique. Lorsqu'il est alimenté en électricité, il émet un champ magnétique puissant qui attire les objets ferreux.

▶ **Bien comprendre les questions**

Question 1
- Dans l'énoncé et les documents, retrouvez les composants du système et identifiez leurs fonctions en vous aidant du texte.

Question 2
- Un moyen de connexion est le support utilisé pour la connexion d'objet : sans fil (infrarouge, Bluetooth, Wi-Fi…) et avec fils (câble RJ45, RJ11, téléphonique…).

Question 3
- Parcourez les différents extraits proposés et aidez-vous du plan (*document 1*) pour repérer si les successions d'actions peuvent convenir.

L'écriture, la mise au point et l'exécution d'un programme — Corrigé 16

1 Voici le tableau complété :

Composants	Type de composant	Fonction
Détecteur de champ magnétique	Capteur	Il détecte la présence de courant électrique dans un câble.
Émetteur radio	Actionneur	Il envoie des informations à la base de recharge.
Récepteur radio	Capteur	Il reçoit des informations de la base de recharge.
Moteur de la lame de coupe	Actionneur	Il actionne la lame de coupe en rotation.
Moteur des roues du robot	Actionneur	Il permet le déplacement du robot par la mise en rotation des roues.
Carte programmable	X	Il traite les informations des capteurs, stocke le programme du robot, agit sur les actionneurs.

2 Le robot tondeuse peut être considéré comme un objet connecté, il **communique avec le réseau Internet par liaison Wi-Fi**. L'utilisateur peut ainsi contrôler sa tondeuse à distance et vérifier que celle-ci fonctionne bien.

> **Remarque**
> Cela impose que le réseau Wi-Fi soit connecté au réseau Internet. Il faut par exemple utiliser le réseau Wi-Fi fourni par sa Box Internet.

3 **L'extrait d'algorithme n° 3** est celui qui convient le mieux au déplacement du robot. Lorsque le robot détecte un champ magnétique, il pivote d'un quart de tour (90°), se déplace d'une distance correspondant au diamètre de coupe (40 cm) et pivote de nouveau d'un quart de tour (90°).

HISTOIRE – GÉOGRAPHIE – ENSEIGNEMENT MORAL ET CIVIQUE

SOMMAIRE

INFOS-BREVET

L'épreuve expliquée 271
La méthode pour le Brevet 272

SUJETS D'HISTOIRE

L'Europe, un théâtre majeur des guerres totales (1914-1945)
1. Civils et militaires pendant la Première Guerre mondiale
   - Liban, juin 2017 **Exercice 2** 273

2. Les génocides des Juifs et des Tziganes pendant la Seconde Guerre Mondiale
   - Sujet inédit **Exercice 1** 277

Le monde depuis 1945
3. Un monde bipolaire
   - Asie, juin 2017 **Exercice 2** 284

4. Vers le déclin de la puissance américaine ?
   - Sujet inédit **Exercice 1** 287

Françaises et Français dans une République repensée
5. Mouvement démocratique féminin
   - Amérique du Nord, juin 2017 **Exercice 1** 291

6. La Ve République à l'épreuve de l'alternance
   - Sujet inédit **Exercice 2** 295

SUJETS DE GÉOGRAPHIE

Dynamiques territoriales de la France contemporaine
7. Les aires urbaines en France
   - Liban, juin 2017 **Exercice 1** 298

8. Les espaces agricoles
   - Sujet inédit **Exercice 2** 303

HISTOIRE – GÉOGRAPHIE – ENSEIGNEMENT MORAL ET CIVIQUE

Pourquoi et comment aménager le territoire
9 Aménager les territoires français
  - Sujet Inédit **Exercice 2** 306

La France et l'Union européenne
10 La France, une influence mondiale
  - Polynésie, juin 2017 **Exercice 2** 310

SUJETS D'EMC

La citoyenneté
11 L'égalité politique homme-femme
  - Polynésie, juin 2017 **Exercice 3** 314

La laïcité
12 L'exercice de la laïcité
  - Amérique du Nord, juin 2017 **Exercice 3** 317

La méthode pour le Brevet — INFOS-BREVET

L'épreuve d'Histoire, Géographie, EMC expliquée

- **Durée** : 2 heures
- **Notation** : une note globale sur 50 points est attribuée au candidat (20 points pour l'histoire, 20 points pour la géographie et 10 points pour l'enseignement moral et civique).
- **L'épreuve comporte trois parties obligatoires.**

Exercice 1	Exercice 2	Exercice 3
• Histoire ou géographie • Analyser et comprendre des documents	• Histoire ou géographie • Maîtriser différents langages pour raisonner et se repérer	• Enseignement moral et civique • Questions sur des documents

> **Top chrono !**
>
> Pour vous organiser efficacement, prévoyez environ :
> - **45 minutes pour** l'exercice 1
> - **45 minutes pour** l'exercice 2
> - **30 minutes pour** l'exercice 3

▶ Quels sont les critères d'évaluation de ma copie de Brevet ?

On attend de vous que vous soyez capable de :
- **maîtriser les connaissances** du programme de 3e.
- **savoir lire et comprendre** un document.
- **lire, comprendre et utiliser différents langages** (textuel, iconographique, cartographique, graphique).
- **répondre aux questions posées** ou aux consignes.
- **rédiger un développement construit** en réponse à l'une des questions d'histoire ou de géographie.

La méthode pour le Brevet

Bien s'organiser pour réviser

- **Révisez régulièrement votre cours**, n'attendez pas le dernier mois avant l'épreuve.
- **Les Brevets blancs** préparés dans votre collège tout au long de l'année vont vous aider à connaître les caractéristiques de l'épreuve finale.
- Fabriquez-vous des **fiches de révisions** comprenant le vocabulaire, les dates, les localisations, ainsi que les grandes questions possibles.
- **Entraînez-vous à répondre à des questions** ; vous pouvez vous interroger mutuellement avec des camarades de classe.
- **Entraînez-vous à lire des documents** et à vous demander quel est le sens général du document.

Exercice 1 : Analyser et comprendre des documents

Histoire ou Géographie

- **Un travail sur un ou plusieurs document(s)** vous est proposé dans une des deux matières. Vous devrez répondre à des questions ou des consignes permettant d'**identifier** le ou les document(s) proposé(s), d'en dégager le **sens**, de prélever des informations et éventuellement, de porter un regard **critique** sur ce ou ces document(s) en soulignant son intérêt ou ses limites.
- **Pensez à présenter le ou les document(s)**, même si on ne vous le demande pas spécifiquement. Pour cela, identifiez la nature du ou des document(s), l'auteur, la date…
- **Vous devez également rattacher le ou les document(s) proposé(s) à un chapitre du programme** : ainsi vous comprendrez rapidement pourquoi on vous propose ce ou ces document(s).

L'astuce du prof

Quand vous le pouvez, utilisez des connaissances personnelles qui permettent de comprendre le ou les document(s), sans réciter votre cours. L'objet d'analyse reste le ou les document(s).

- **Lisez attentivement** les intitulés des questions, des consignes et les documents, y compris les graphiques et les images, les photographies et les légendes des cartes. Analysez les **chiffres**, relevez les **détails** d'une photographie ou d'un dessin.
- Certaines questions vous demandent de **prélever des informations** sur le ou les document(s), d'autres de **vous servir de vos connaissances** pour répondre à la question, d'autres encore **d'analyser les informations** données par le ou les document(s).

- **En Histoire** : repérez à quel type de document vous êtes confronté. Est-ce un témoignage fait par quelqu'un ayant assisté à un événement historique, est-ce l'analyse d'un historien ? etc.
- **En Géographie** : il faut identifier clairement l'espace étudié en s'interrogeant sur l'échelle à laquelle il est considéré : le document concerne-t-il un phénomène mondial, une situation nationale, régionale ou locale ?

Exercice 2 : Maitriser différents langages
Histoire ou géographie

- **Un paragraphe argumenté** vous est demandé dans chacune des deux matières, sur un thème donné dans les consignes et d'une longueur correspondant aux attentes des correcteurs. Mettez en œuvre toutes vos connaissances et sélectionnez-les bien pour répondre le plus précisément possible au sujet donné.
- Vous devez tout d'abord **introduire votre développement** en expliquant de quoi il s'agit et en le situant dans le temps et dans l'espace.

> **Conseil**
> Pour introduire un développement construit, posez-vous à chaque fois les questions suivantes : Où ? Quand ? Qui ?

- Vous devez ensuite **organiser vos idées** en deux ou trois parties qui correspondent à deux ou trois idées différentes. Là encore, utilisez un vocabulaire précis appris en cours. Quand vous avez fini d'exposer l'une de vos idées, **allez à la ligne** ou **sautez une ligne** pour montrer au correcteur que vous passez à une autre idée.
- **Un second exercice** faisant appel à un **autre langage** peut être prévu. Il s'agit de remplir une frise, un croquis ou un schéma, en respectant les consignes données : colorier une carte ou compléter un croquis en y ajoutant des flèches, des points ou des couleurs. Le but sera toujours de voir si vous avez compris l'**organisation** et le **fonctionnement** de l'espace représenté.
- **Pensez à toujours vous munir de crayons de couleur** car vous pouvez en avoir besoin.
- **Pensez à relire les croquis étudiés en classe** (en particulier le titre et la légende) et éventuellement, à les reproduire en guise d'entrainement.

Exercice 3 : Enseignement moral et civique
EMC

- **Vous devrez identifier** les documents proposés, en dégager le sens, prélever des informations et éventuellement, porter un regard critique sur ces documents en indiquant son intérêt ou ses limites.

HISTOIRE-GÉOGRAPHIE-EMC

- **Vous devez rendre compte** du problème politique ou social mis en avant par les documents. Prenez des exemples qui montrent que vous suivez l'actualité et que vous vous intéressez au monde qui vous entoure. Ne vous limitez pas aux connaissances tirées de votre cours.
- Certaines questions vous demandent de **prélever des informations** sur les documents, d'autres de **vous servir de vos connaissances** pour répondre à la question, d'autres encore **d'analyser les informations données** par les documents.
- **Une situation pratique** vous sera proposée ainsi qu'un ensemble de questions en relation avec la situation. Vous devrez comprendre le cas décrit mais aussi mettre à profit toutes les connaissances acquises tout au long de l'année pour répondre correctement.

Le jour J

- **N'oubliez pas d'apporter une trousse complète** avec des stylos bleu, rouge et vert, une règle, un crayon à papier, une gomme et des crayons de couleur.
- **Commencez par la matière que vous maîtrisez le mieux**, cela vous mettra en confiance pour la suite.
- **Ne perdez pas de temps** en détaillant trop votre brouillon ; si vous en faites un, limitez-vous aux questions longues, en particulier celles qui demandent un développement construit.

La maîtrise de la langue

Comment bien présenter votre copie ?

- Dans la maîtrise de la langue, sont prises en compte la **rédaction**, la **grammaire**, l'**orthographe** et la **lisibilité** de votre copie.
- **Soignez votre écriture** et aérez votre copie.
- **Écrivez bien sur les lignes** et n'écrivez pas trop petit, même si vous devez respecter le nombre de lignes imposé par les cadres.
- **Toutes vos réponses doivent être rédigées** : évitez les tirets, le style télégraphique ou les abréviations.
- **Évitez le « je »** dans la rédaction.
- Le **nombre de lignes** laissé pour chaque question est à respecter. Il vous donne une indication sur la longueur maximale attendue par le correcteur (toutes les lignes ne seront pas nécessairement remplies).
- Gardez un peu de temps pour **vous relire** à la fin de l'épreuve.
- **Prenez impérativement du temps pour vous relire,** surtout si vous n'avez pas fait de brouillon.

Sujet 1 — Civils et militaires pendant la Première Guerre mondiale

Sujet 1 : Civils et militaires pendant la Première Guerre mondiale

Liban, juin 2017

45 min

Exercice 2 — Maîtriser différents langages 20 pts

1 Rédigez un développement construit d'environ vingt lignes décrivant les violences subies par les combattants et les civils au cours de la Première Guerre mondiale. Vous pouvez vous appuyer sur les exemples vus en classe.

2 Sur la frise chronologique :
- nommez la période représentée en grisé ;
- indiquez l'année de chaque événement dans sa vignette ;
- reportez précisément le numéro des vignettes.

Indépendance de l'Algérie
. . . .

Création de l'ONU
. . . .

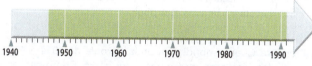

Traité de Rome
. . . .

Chute du mur de Berlin
. . . .

HISTOIRE

HISTOIRE — L'Europe, un théâtre majeur des guerres totales (1914-1945)

Sujet 1 — Corrigé

Les clés pour réussir

▶ Bien comprendre les consignes

Consigne 1

- La consigne vous demande de décrire les violences subies par les combattants et les civils dans un développement construit d'une vingtaine de lignes. Il vous faut être **méthodique** et réussir à organiser vos connaissances pour les présenter de manière structurée et cohérente. Faites un brouillon avant de vous mettre à rédiger votre copie. Le sujet vous invite à **commencer votre description par les violences subies par les combattants, puis par celles subies par les civils**. Il faut donc organiser votre paragraphe en **deux parties** distinctes. N'oubliez pas de toujours dater et localiser votre description et de vous appuyer sur le vocabulaire historique propre au chapitre.

Consigne 2

- Complétez la frise chronologique en suivant bien les consignes.
- La période représentée en grisé doit être nommée dans la frise ; les années de chaque événement dans les quatre vignettes ; et les numéros de ces vignettes doivent être reportés précisément sur la frise. Pour cette dernière consigne, **vous pouvez utiliser des flèches** pour être très précis sur les années correspondant à chaque événement. Remarquez bien que, sur la frise, **chaque graduation correspond à une année**.

Les mots-clés

Armement industriel • Obus • Gaz toxiques • Mobilisation • Tranchées • Guerre d'usure • Mutilés • Poilus • Bombardements • Pénuries • Génocide • Guerre totale • Veuves et orphelins

1 La Première Guerre mondiale, qui se déroule de 1914 à 1918, voit se développer des violences inconnues jusqu'alors. Comment les combattants et les civils ont-ils subi ces violences ?

Ce sont d'abord les combattants qui subissent des violences extrêmes sur les champs de bataille. L'industrialisation des sociétés européennes en 1914 permet la mise au point de nouvelles armes meurtrières : les gaz toxiques, les mitrailleuses et les obus. Pour s'en protéger, les combattants, tous des citoyens mobilisés dans les pays en guerre, creusent des

L'astuce du prof

Organisez votre paragraphe en deux parties. Essayez d'écrire une ou deux phrases d'introduction qui situent rapidement le contexte et qui posent le sujet sous forme de question.

Civils et militaires pendant la Première Guerre mondiale — Corrigé 1

abris et des tranchées. C'est une guerre d'usure où il s'agit d'empêcher l'ennemi d'avancer. Dans ces tranchées, les violences subies sont extrêmes, car les soldats sont sommés de lancer quotidiennement des assauts lors desquels ils reçoivent des pluies d'obus qui les tuent ou les mutilent en masse.

> **Gagnez des points !**
> Les conditions de vie des soldats témoignent aussi de la violence de la guerre. N'oubliez pas de les décrire.

C'est le cas lors des grandes batailles comme celle de Verdun en 1916 qui fait environ un million de victimes françaises et allemandes. De plus, les conditions de vie des soldats dans les tranchées sont très difficiles. Ils souffrent de la faim, du froid, de la fatigue et d'un grand manque d'hygiène. C'est pourquoi, en France, la population surnomme ses combattants les « Poilus ». Les soldats survivants reviennent traumatisés physiquement moralement de la « Grande Guerre ».

Les civils sont aussi la cible de violences extrêmes. Quand ils sont proches de ligne de front, ils subissent, comme les soldats, des bombardements massifs qui n'épargnent rien : villes, hôpitaux et villages sont touchés, parfois complètement rasés, surtout dans le Nord-Est de la France. Dans les zones occupées, les violences touchent aussi les populations civiles, victimes de confiscations, de viols et de déplacements forcés. Sur tous les territoires en guerre, les pénuries alimentaires rendent la vie des civils très pénible. Dans l'Empire ottoman, dans un contexte de guerre totale, une forme de violence extrême touche la population arménienne à partir de 1915. Le gouvernement ottoman subit de lourdes défaites contre l'Empire russe. Il accuse alors les Arméniens de l'Empire d'avoir trahi. Cela lui fournit un prétexte pour éliminer cette population et commettre un génocide : les soldats sont fusillés et les civils sont déportés dans le désert où la plupart meurent de soif et de fatigue. Plus d'un million d'Arméniens sont victimes de ce génocide.

> **Gagnez des points !**
> N'oubliez pas le génocide arménien qui est la violence la plus extrême subie par des civils pendant cette guerre.

Les violences extrêmes de la Première Guerre mondiale ont provoqué la mort d'environ dix millions de personnes, combattants et civils. Des millions de soldats sont mutilés et traumatisés. La guerre laisse des millions de veuves et d'orphelins dans une Europe meurtrie.

HISTOIRE

HISTOIRE — L'Europe, un théâtre majeur des guerres totales (1914-1945)

1 Indépendance de l'Algérie
1962

2 Création de l'ONU
1945

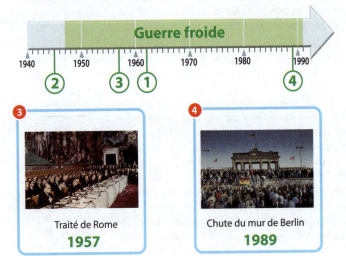

Guerre froide

3 Traité de Rome
1957

4 Chute du mur de Berlin
1989

Sujet 2

Les génocides des Juifs et des Tziganes pendant la Seconde Guerre mondiale

Sujet inédit

⏱ 45 min

Exercice 1 — Analyser et comprendre un document — 20 pts

Document 1 ▶ Témoignage de Simone Veil, déportée au camp d'Auschwitz-Birkenau

Simone Veil a été arrêtée en 1944 avec toute sa famille en France à Nice parce qu'ils étaient juifs.

« J'avais dix-sept ans quand j'ai été arrêtée par la Gestapo et dix-huit à mon arrivée ici, au camp d'Auschwitz-Birkenau. À cette époque, il n'y avait pas un brin d'herbe dans le camp, mais une boue collante.
Après la sélection on nous a dénudées, rasées et tatouées, puis on nous a donné des vêtements ; j'ai reçu un caleçon d'homme, une chemise d'homme, une jupe, une bottine et un escarpin. Pour pouvoir marcher j'ai fait sauter le talon de l'escarpin et c'est là que j'ai reçu mes premiers coups car j'avais commis « un acte de sabotage » en ôtant le talon de ma chaussure. […]
Tout était fait pour nous humilier, jusque dans les latrines[1] : mais les femmes avaient fait de cet endroit un lieu de résistance, où s'échangeaient les informations obtenues grâce à la résistance polonaise. La puanteur de l'endroit rendait l'arrivée inopinée[2] des SS moins probable.
Dans les baraques, on dormait à six ou huit par châlit[3] selon les arrivées, tête-bêche. Il fallait faire son lit (une paillasse emplie de poux et jamais changée, plus une couverture) tous les matins, et le dimanche, on nous obligeait à piler des briques pour obtenir une poudre que l'on devait répartir sur le sol, sous les châlits pour faire joli et rendre l'espace « agréable ». Il y avait une douche et la désinfection des vêtements une fois par mois. Les « lavabos » ne permettaient qu'un nettoyage rapide. En attendant les vêtements, on devait rester nues, dehors, rangées dans la cour d'appel et lorsque les vêtements nous revenaient, il fallait les enfiler encore mouillés pour aller travailler.

Les cendres des crématoires étaient jetées dans l'étang au fond du camp. Un jour, je manquai mon kommando[4] chargé de la réfection des routes et des chemins de fer et on m'affecta à l'étang : je dus y verser les cendres des crématoires. Pour ne pas y retourner, je me cachai toute une journée pour pouvoir réintégrer mon kommando et être de nouveau comptabilisée dans son appel. Le nombre des morts empêchait les nazis de vérifier à coup sûr les personnes dans les kommandos ; par contre il y avait de multiples appels de jour comme de nuit.

Je suis restée huit mois à Auschwitz, puis j'ai été évacuée sur Bergen-Belsen. Là, les détenus étaient livrés à eux-mêmes et ne travaillaient pas. De plus, l'endroit était infesté par les poux et les maladies. Une opportunité s'ouvrit alors pour les détenues françaises et nous partîmes pour Buchenwald où j'ai travaillé dans les usines avant d'être libérée. »

Site Mémorial de la Shoah.

1. Latrines : toilettes collectives
2. Inopinée : sans prévenir
3. Châlit : plancher en bois servant de lit
4. Kommando : groupe de prisonniers affecté à un travail par les gardiens SS du camp.

Document 2 — Arrivée d'un convoi de Juifs hongrois au camp d'extermination d'Auschwitz-Birkenau en mai 1944

La Seconde Guerre mondiale, une guerre d'anéantissement — **Corrigé 2**

Questions

1 Identifiez l'auteure de ce témoignage et présentez-la : au moment où elle arrive à Auschwitz, quel âge a-t-elle ? De quel pays vient-elle ? Pourquoi a-t-elle été arrêtée ? Par qui ? À quelle date ?

2 Expliquez, à l'aide du document 2, le mot souligné dans le document 1 et décrivez grâce à vos connaissances le fonctionnement particulier du camp d'Auschwitz-Birkenau.

3 D'après les documents 1 et 2, quelles étaient les populations visées par les camps de mise à mort nazis ? Quelle autre population était elle aussi la cible d'un génocide dans ces camps ?

4 Dans le document 1, relevez toutes les informations qui nous montrent que dès l'arrivée, les conditions de vie de Simone Veil dans le camp étaient très dures. Ce témoignage correspond-il à vos connaissances sur les camps de concentration pendant la guerre ?

5 À quel Kommando appartient Simone Veil ? Qu'arrive-t-il le jour où elle manque l'appel de son Kommando ? D'après vos connaissances, d'où proviennent les cendres dont parle Simone Veil ? Pouvez-vous expliquer ce qu'elle ne dit pas dans son témoignage : pourquoi ne veut-elle plus être affectée dans ce Kommando ?

6 Quels sont les différents camps dans lesquels Simone Veil est transférée à partir de 1945 ? Quel est le bilan du génocide dans les camps d'extermination et de concentration pendant la Seconde Guerre mondiale ?

Sujet 2 — Corrigé

Les clés pour réussir

▶ **Bien lire le document**

Identifier sa nature

Ce document est un témoignage de Simone Veil qui a ensuite été magistrate puis responsable politique française. Il s'accompagne d'une photo de la rampe de sélection du camp d'Auschwitz-Birkenau qui vient illustrer le début du témoignage car Simone Veil ne s'attarde pas sur la sélection et préfère décrire les conditions de vie quotidienne dans le camp de travail.

Repérer les éléments importants

- La description de son arrivée au camp et des premières violences qu'elle y a subies.
- Les souffrances et les humiliations quotidiennes vécues dans le camp.

HISTOIRE

HISTOIRE   L'Europe, un théâtre majeur des guerres totales (1914-1945)

- Le récit du jour où elle manque l'appel de son Kommando et se trouve affectée à un autre travail.
- Les différents camps où elle est transférée avant sa libération.

▶ **Bien comprendre les questions**

Question 1
- La compétence attendue est l'identification de l'auteure avec le prélèvement de toutes les informations la concernant pour bien comprendre la valeur et la portée de son témoignage.

Question 2
- Simone Veil passe vite sur certains aspects du fonctionnement du camp, notamment la sélection. Le document 2 vient l'illustrer mais mobilisez aussi vos connaissances pour bien comprendre la photo. Vous devez expliquer pourquoi les gardiens SS forment deux groupes à l'arrivée des trains. Cela vous permet ensuite de bien décrire la particularité du camp d'Auschwitz-Birkenau qui était le seul « double camp » dans l'univers concentrationnaire nazi.

Question 3
- Dans les documents 1 et 2, vous avez les informations qui vous permettent de répondre à la première question.
- La deuxième fait appel à vos connaissances qui doivent vous permettre de comprendre le mot génocide et de savoir quelle autre population civile a été tuée pendant la guerre, notamment dans le camp d'Auschwitz-Birkenau.

Question 4
- Sélectionnez dans le document les informations demandées. Vous pouvez vous aider en les soulignant d'abord dans le texte puis en passant à la rédaction de votre réponse. Celle-ci doit s'organiser autour des différents thèmes abordés dans le témoignage : les humiliations lors de l'arrivée (le tatouage, le rasage), les vêtements de récupération et les premiers coups qui sont donnés, puis le manque d'hygiène et la vie dans les baraques…
- Confrontez votre réponse à vos connaissances sur ce thème pour expliquer si ce témoignage est concordant avec ce que vous avez appris par ailleurs sur la vie dans les camps de concentration.

Question 5
- Trouvez les informations demandées dans le document et expliquez précisément la portée du témoignage de Simone Veil sur le fonctionnement du camp d'extermination d'Auschwitz qui utilisait les détenus du camp de travail pour évacuer les cadavres et faire disparaître leurs cendres.

La Seconde Guerre mondiale, une guerre d'anéantissement — Corrigé 2

> **Question 6**
> ● Prélevez les informations demandées à la fin du document puis répondez à la question à l'aide de vos connaissances sur le nombre de personnes assassinées par les nazis lors des deux génocides.

Les mots-clés

● **Auschwitz-Birkenau** : camp de concentration et d'extermination. C'est le plus grand camp de mise à mort dans le système concentrationnaire nazi. Plus d'un million de personnes y ont été tuées.
● **Camp de concentration** : camp de travail forcé mis en place par Hitler pour éliminer ses ennemis en raison de leurs races ou de leurs idées politiques.
● **Camp d'extermination** : centre de mise à mort où les nazis envoient les Juifs et les Tziganes pour les tuer massivement pendant la Seconde Guerre mondiale.
● **Déportation** : déplacement forcé de population
● **Fours crématoires** : fours destinés à brûler les corps des victimes des chambres à gaz dans les camps d'extermination et du travail forcé dans les camps de concentration.
● **Génocide** : destruction organisée et systématique d'un peuple pour le faire disparaître.
● **Gestapo** : police politique chargée de traquer les ennemis du régime nazi d'abord en Allemagne puis dans toute l'Europe occupée pendant la Seconde Guerre mondiale.
● **SS** : Section de protection chargée de la sécurité d'Hitler et du régime nazi.
● **Tziganes ou Tsiganes** : populations nomades ou sédentarisées venues d'Asie, très présentes en Europe de l'Est et persécutées par le régime nazi.

1 L'auteure de ce témoignage est Simone Veil. Elle a dix sept ans quand elle arrive à Auschwitz. Elle a été arrêtée à Nice par la Gestapo, la police politique nazie, parce qu'elle était juive. Simone Veil a témoigné toute sa vie mais ce témoignage est particulier. Il date de 2005 et il a été recueilli à Auschwitz sur les lieux mêmes de sa déportation lors d'une visite du camp qu'elle a fait avec ses petits-enfants.

2 Le mot souligné est « sélection » qui est illustré par le document 2. Ce dernier est une photo prise lors de l'arrivée d'un convoi de Juifs hongrois à Auschwitz. On voit des gardes SS et des détenus en uniformes à

> **Gagnez des points !**
> Ne vous contentez pas de décrire la photo car elle ne donne pas toutes les informations, utilisez vos connaissances pour bien expliquer la sélection qui est la spécificité du camp d'Auschwitz-Birkenau.

HISTOIRE

HISTOIRE — L'Europe, un théâtre majeur des guerres totales (1914-1945)

rayures qui forment une colonne avec des femmes, des enfants en bas âge et une autre colonne avec des hommes. En effet, le camp d'Auschwitz-Birkenau est un double camp : c'est un camp de travail forcé, un camp de concentration pour les hommes et pour les femmes et aussi un camp d'extermination. La sélection consiste donc à séparer les hommes des femmes mais aussi à séparer ceux qui sont aptes au travail et qui vont aller dans le camp de travail, comme Simone Veil, de ceux qui vont aller dans le camp d'extermination comme le groupe de femmes et d'enfants sur le premier plan de la photo.

3 Les documents 1 et 2 nous montrent que les populations visées sont les populations juives d'Europe. En effet, Simone Veil est une Juive française et la photo nous montre l'arrivée de Juifs hongrois car tous les pays d'Europe occupés par l'Allemagne nazie déportent leurs populations juives vers les camps de la mort en Allemagne et en Pologne. L'autre population qui est victime d'un génocide est la population tzigane présente en Allemagne mais aussi dans d'autres pays d'Europe de l'Est comme la Pologne.

> **Gagnez des points !**
> Montrez que ce sont tous les Juifs d'Europe qui sont victimes du génocide nazi et pas seulement les Juifs français et hongrois.

4 L'arrivée au camp est très dure car Simone Veil doit subir les épreuves du déshabillage, du rasage et du tatouage sur le bras. Elle porte désormais un matricule. On lui donne des vêtements qui ne sont pas du tout adaptés et des chaussures avec lesquelles elle ne peut même pas marcher. Elle dit qu'elle reçoit alors « ses premiers coups » ce qui veut dire qu'elle sera battue à d'autres reprises. Elle décrit ensuite le manque d'hygiène partout dans les baraques et les lits, les latrines et les « lavabos ». Cela rendait inutile la « désinfection » qu'elle décrit comme quelque chose de très dur car elle devait rester nue et repartir travailler avec des vêtements mouillés. Ces conditions de vie et un travail très dur provoquaient la maladie et la mort de nombreux détenus. Simone Veil dit « le nombre de morts empêchait les nazis de vérifier à coup sûr les personnes dans les kommandos » malgré « les multiples appels de jour comme de nuit ». Ce témoignage correspond bien à mes connaissances car tous les témoignages que j'ai étudiés soulignent l'humiliation et la déshumanisation des détenus lors du tatouage à l'arrivée puis le manque d'hygiène et la violence qui régnaient dans tous les camps de travail. C'étaient des camps de « la mort lente » par le travail et les mauvaises conditions de vie.

> **L'astuce du prof**
> Appuyez-vous sur des passages du texte que vous citez mais attention à ne pas tout recopier pour pouvoir regrouper certaines informations.

La Seconde Guerre mondiale, une guerre d'anéantissement — Corrigé 2

5 Simone Veil appartient au kommando chargé de « la réfection des routes et des chemins de fer ». Le jour où elle rate l'appel, elle se retrouve affectée à « l'étang ». Elle doit y verser les cendres des crématoires. Ce sont les cendres des cadavres qui ont été brûlés dans les fours crématoires du camp de travail mais aussi du camp d'extermination. Simone Veil sait d'où proviennent ces cendres et c'est pourquoi elle ne veut plus faire ce travail.

> **Gagnez des points !**
> Montrez que vous savez qu'il y avait des fours crématoires dans les camps d'extermination mais aussi dans les camps de concentration.

6 Simone Veil part pour le camp de Bergen-Belsen puis dans le camp de Buchenwald où elle travaille dans une usine. Il y avait effectivement de très nombreux camps de concentration dans le Reich. Ces camps et les six camps d'extermination en Pologne équipés de chambres à gaz ont causé la mort de près de 5 millions de personnes juives et tziganes, dont plus d'un million sont mortes dans le seul camp d'Auschwitz-Birkenau.

HISTOIRE

HISTOIRE — Le monde depuis 1945

Sujet 3 — Un monde bipolaire

Asie, juin 2017

Exercice 2 — Maîtriser différents langages — 20 pts

1 Rédigez un texte structuré d'une vingtaine de lignes présentant le monde bipolaire au temps de la Guerre froide (dates, définitions, acteurs, manifestations).

2 Sur la frise chronologique ci-dessous, placez les dates de début et de fin de la Guerre froide et donnez-en un événement majeur que vous placerez également sur la frise.

Le monde bipolaire de la Guerre froide

1950 — 1960 — 1970 — 1980 — 1990 — 2000 — 2010

Sujet 3 — Corrigé

Les clés pour réussir

▶ **Bien comprendre les consignes**

Consigne 1

- L'analyse du sujet n'est pas très facile, surtout à cause des mots entre parenthèses (« dates, définitions, acteurs, manifestations »). Ce n'est bien sûr pas un plan à suivre. Vous devez **insérer ces informations dans votre développement construit**.
- Les dates sont les **dates repères du programme** (bornes chronologiques de la Guerre froide et date d'une crise importante de ce conflit). Les définitions sont **les termes particuliers**, appris en cours, qui se rapportent à la Guerre froide. Les acteurs sont les **deux grandes puissances**, ainsi que leurs principaux dirigeants. Par manifestations, le sujet entend les **formes d'affrontement** entre les deux blocs, que ce soient des crises, des conflits ou des rivalités.

Un monde bipolaire au temps de la Guerre froide — Corrigé 3

- Le sujet vous invite à « présenter » le monde bipolaire au temps de la Guerre froide. Cela signifie que vous devez décrire comment le monde se divise en **deux blocs opposés**, puis comment ces deux blocs s'affrontent. D'autres structures sont possibles, l'essentiel étant que vous organisiez vos connaissances.

Consigne 2
- Attention de bien placer les dates en précisant l'événement qui correspond. Pour la fin de la Guerre froide, deux dates peuvent être acceptées : soit celle de la chute du mur de Berlin, soit celle de l'éclatement de l'URSS.

Les mots-clés
Monde bipolaire • Guerre froide • Communisme • Capitalisme • Démocratie • Rideau de fer • OTAN • Pacte de Varsovie • Dissuasion nucléaire

1 Dès la fin de la Seconde Guerre mondiale, des tensions apparaissent entre les États-Unis et l'URSS : la Guerre froide commence et dure jusqu'en 1989. Comment se présente le monde bipolaire au temps de la Guerre froide ?

> **Gagnez des points !**
> Présentez le sujet et donnez les bornes chronologiques du sujet (début et fin de la Guerre froide).

À partir de 1947, le monde est véritablement coupé en deux. On parle alors d'un monde bipolaire. L'idéologie des États-Unis et celle de l'URSS, les deux grands vainqueurs de la Seconde Guerre mondiale, sont en effet incompatibles : démocratie et capitalisme pour les États-Unis ; communisme pour l'URSS de Staline. Dans les pays d'Europe de l'Est qu'elle a libérés, cette dernière impose des dictatures communistes. Le président américain, Harry Truman, réagit en proposant l'aide économique du Plan Marshall pour insérer dans sa zone d'influence les pays d'Europe de l'Ouest. L'Europe est donc divisée par un « rideau de fer », une frontière infranchissable. Chacun des deux Grands cherche en fait à étendre sa zone d'influence en tentant de limiter celle du camp opposé. Deux blocs d'alliance militaire opposés se mettent en place à l'échelle mondiale : l'OTAN pour le bloc de l'Ouest et le Pacte de Varsovie pour le bloc de l'Est. En 1949, la victoire des communistes de Mao Zedong semble renforcer encore le bloc communiste.

> **L'astuce du prof**
> Comme vous le demande le sujet, utilisez bien les définitions précises apprises en classe.

Malgré ces tensions très fortes, les États-Unis et l'URSS ne s'affrontent jamais directement. C'est une guerre « froide ». À partir de 1949, l'URSS se dote à son tour de l'arme atomique. Un « équilibre de la terreur » se met en

HISTOIRE — Le monde depuis 1945

place grâce à la dissuasion nucléaire : aucun des deux Grands n'ose déclencher un conflit qui risquerait de les détruire en même temps que leur ennemi. Parfois cependant, on est proche de l'affrontement : c'est le cas à Berlin lors de la construction du mur en 1961 ou lors de la crise de Cuba en 1963. En dehors de ces crises, le conflit prend d'autres formes. Les États-Unis et l'URSS rivalisent dans tous les domaines. Ils mènent une guerre idéologique et culturelle à travers tous les arts qui deviennent des outils de propagande. Ils mènent aussi une guerre technologique, notamment avec la conquête spatiale : en 1959, l'URSS envoie le premier homme dans l'espace, mais ce sont les Malgré ces tensions très fortes, les États-Unis et l'URSS ne s'affrontent jamais directement. C'est une guerre « froide ». À partir de 1949, l'URSS se dote à son tour de l'arme atomique. Un « équilibre de la terreur » se met en place grâce à la dissuasion nucléaire : aucun des deux Grands n'ose déclencher un conflit qui risquerait de les détruire en même temps que leur ennemi. Parfois cependant, on est proche de l'affrontement : c'est le cas à Berlin lors de la construction du mur en 1961 ou lors de la crise de Cuba en 1963. En dehors de ces crises, le conflit prend d'autres formes. Les États-Unis et l'URSS rivalisent dans tous les domaines. Ils mènent une guerre idéologique et culturelle à travers tous les arts qui deviennent des outils de propagande. Ils mènent aussi une guerre technologique, notamment avec la conquête spatiale : en 1959, l'URSS envoie le premier homme dans l'espace, mais ce sont les États-Unis qui marchent les premiers sur la Lune dix ans plus tard. Enfin les deux Grands s'affrontent également indirectement lors de conflits locaux comme lors de la guerre de Corée de 1950 à 1953 ou de la guerre du Vietnam dans les années 1960.

Pendant la Guerre froide, le monde bipolaire voit donc s'affronter deux grands blocs d'alliance menés par les États-Unis et l'URSS. Après la chute du mur de Berlin en 1989, le bloc de l'Est se disloque peu à peu jusqu'à l'éclatement de l'URSS en 1991.

> **Gagnez des points !**
> Expliquez rapidement comment s'est terminée la Guerre froide.

2

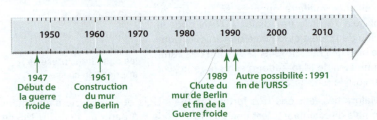

Le monde bipolaire de la Guerre froide

Enjeux et conflits dans le monde après 1989 **Sujet 4**

Sujet 4 — Vers le déclin de la puissance américaine ?

Sujet inédit

Exercice 1 — Analyser et comprendre un document — 20 pts

Document — Les conséquences de la guerre d'Irak

La guerre d'Irak[1] devait être le triomphe de la domination des États-Unis et la preuve que rien ne pouvait arrêter leur volonté, une fois que leur décision était prise. (…). Pourtant, cette rapide victoire s'est avérée être une catastrophe stratégique. En effet, les objectifs recherchés n'ont pas été atteints, qu'il s'agisse de la lutte contre les armes de destruction massive, de la guerre contre le terrorisme ou du contrôle par les États-Unis du Proche-Orient.

Mais si la guerre d'Irak a montré les limites de la puissance américaine, il serait toujours trop rapide de conclure au déclin des États-Unis. Les États-Unis ont toujours, et de loin, le premier PNB mondial et le dollar reste la monnaie de référence ; les entreprises américaines sont toujours les plus puissantes et occupent des positions dominantes dans de nombreux domaines, notamment dans les nouvelles technologies ; leurs capacités d'innovation technologiques restent déterminantes. L'Amérique exerce un effet d'attractivité très fort sur les élites du monde, continue à démontrer des capacités d'intégration [des immigrés] tout à fait remarquables et sa culture populaire (cinéma, musique, etc.) a toujours une position dominante dans le monde. […] Dans ce sens, les États-Unis exercent encore un pouvoir de persuasion et d'influence (dit *soft power*) en dehors des champs de bataille et des politiques de contrainte (dits *hard power*). […] Les États-Unis pourraient tout à fait de nouveau exercer un leadership[2] [mondial], à condition de prendre plus en compte l'avis des autres puissances. La politique extérieure américaine est rejetée, mais la société américaine demeure populaire et attractive.

Texte extrait de Pascal Boniface, *50 idées reçues sur l'état du monde*, Armand Colin, France, 2007.

---

1. Guerre d'Irak : il s'agit de la guerre commencée en 2003 par Georges W. Bush, président des États-Unis contre Saddam Hussein, dictateur de l'Irak.
2. Leadership : position dominante.

HISTOIRE — Le monde depuis 1945

Questions

1 Identifiez l'auteur du texte et son point de vue sur les États-Unis : est-ce un acteur ou un commentateur de la puissance américaine ?

2 Selon l'auteur, la guerre en Irak a-t-elle été un succès ou un échec pour les États-Unis ? Justifiez votre réponse à l'aide du texte.

3 Pourquoi les États-Unis peuvent-ils prétendre dominer le monde depuis 1991 ? Quelle guerre ont-ils gagné ?

4 Selon l'auteur, peut-on dire que la puissance des États-Unis est en déclin ? Justifiez votre réponse à l'aide d'exemples donnés par le texte.

5 D'après le document, qu'est- ce que le *soft power* ? Qu'est-ce que le *hard power* ?

6 D'après vos connaissances, quelles sont les autres puissances auxquelles fait référence l'auteur ? Comment appelle-t-on un monde dominé par plusieurs puissances ?

Sujet 4 — Corrigé

Les clés pour réussir

▶ Bien lire le document

Identifier sa nature

Le document est extrait d'un livre écrit par Pascal Boniface, un auteur français, publié en 2007. Son point de vue est donc extérieur, critique sur la puissance des États-Unis.

Repérer les éléments importants

- Le début du texte qui analyse le bilan de la guerre d'Irak.
- La description de la puissance des États-Unis et de son soft power.
- La conclusion sur la possibilité d'un retour de la puissance américaine.

▶ Bien comprendre les questions

Question 1

- La compétence attendue est d'identifier l'auteur du texte pour comprendre son point de vue sur la puissance des États-Unis.

Question 2

- Dans cette question, vous devez comprendre le point de vue de l'auteur à partir de son jugement sur la guerre d'Irak. Ce jugement est en effet très critique bien qu'il reconnaisse la victoire des États-Unis en Irak.

Enjeux et conflits dans le monde après 1989 — Corrigé 4

Question 3
● La date de 1991 doit vous aider à retrouver le nom du long conflit qui se termine à ce moment et qui marque la fin d'un monde bipolaire.

Question 4
● Plusieurs éléments sont à repérer et à prélever dans le texte. Vous pouvez appuyer votre réponse sur ces citations pour éviter de paraphraser le texte. Attention à bien relever plusieurs éléments de la puissance et de l'attractivité des États-Unis ; le texte propose de nombreux exemples.

Question 5
● Les définitions de *soft power* et de *hard power* sont données dans le texte mais vous pouvez aussi utiliser vos connaissances sur la puissance des États-Unis pour bien comprendre ce que dit l'auteur.

Question 6
● Grâce à vos connaissances, citez le nom de plusieurs grandes puissances émergentes qui tiennent tête à la puissance américaine. Ces nouvelles puissances créent un monde où les décisions doivent être prises en concertation ce qui rend plus important le rôle de l'ONU.

Les mots-clés

● **Armes de destruction massive** : expression qui désigne essentiellement les armes nucléaires, chimiques et bactériologiques.
● **Guerre froide** : conflit politique et idéologique entre les États-Unis et l'URSS pour la domination du monde après la Seconde Guerre mondiale mais qui n'aboutit jamais à un conflit ouvert.
● **Multipolaire** : qui est composé de plusieurs pôles de puissances.
● **PNB** : Produit National Brut : montant des richesses produites par un pays en une année.
● **Proche-Orient** : zone de l'Asie de l'Ouest qui borde la Méditerranée jusqu'à l'Irak.
● **Puissance** : état qui exerce une influence économique politique, militaire et culturelle à l'échelle mondiale.
● **Pays émergeants** : pays qui sortent de la pauvreté grâce à une très forte croissance économique depuis plus d'une dizaine d'années et qui deviennent de nouvelles puissances.
● **Terrorisme** : imposer des idées politiques, une volonté politique par des actions violentes (attentats, assassinats, prises d'otage).

HISTOIRE

HISTOIRE — Le monde depuis 1945

1 L'auteur de ce texte est un Français, Pascal Boniface, qui a écrit un livre en 2007 intitulé *50 idées reçues sur l'état du monde*, un an avant l'élection de Barack Obama comme président des États-Unis. Ce n'est donc pas un acteur de la puissance américaine qui s'exprime mais bien un commentateur qui la critique.

2 Selon l'auteur, la guerre en Irak a été un échec pour les États-Unis. En effet, ils devaient prouver leur domination mondiale mais malgré une « rapide victoire », ils n'ont réussi à atteindre aucun des objectifs pour lesquels ils étaient entrés en guerre. Ils n'ont pas trouvé d'armes de destruction massive, le terrorisme islamiste ne s'est pas arrêté et la zone du Proche-Orient est restée incontrôlable, notamment l'Irak où les États-Unis ont été obligés de maintenir leur présence jusqu'en 2014 au moins.

> **Gagnez des points !**
> Utilisez vos connaissances pour bien rédiger votre réponse sans recopier le texte tout en comprenant le sens de ce qu'affirme l'auteur.

3 Les États-Unis peuvent prétendre dominer le monde depuis 1991 car ils ont gagné la Guerre froide contre l'URSS. Depuis 1991, le monde est dominé par une seule super-puissance.

4 Selon l'auteur, on ne peut pas dire que la puissance des États-Unis est en déclin car ils restent les plus puissants dans de nombreux domaines. Par exemple, ils restent les plus puissants dans le domaine économique car ils ont « toujours, et de loin le premier PNB mondial » et les entreprises américaines « occupent une position dominante dans de nombreux domaines, notamment dans les nouvelles technologies ». Ils dominent aussi grâce à leur influence culturelle : la « culture populaire (cinéma, musique, etc.) a toujours une position dominante dans le monde. »

> **Gagnez des points !**
> Regroupez les différents exemples de manière thématique pour montrer que vous connaissez les différents aspects de la puissance : économique, financière ou culturelle et technologique.

5 Selon l'auteur, le *soft power* qui se dit « puissance douce » en français repose sur le pouvoir de persuasion et d'influence sans avoir recours à l'armée et à « des politiques de contraintes » qui constituent le *hard power*, c'est-à-dire « la puissance dure ».

> **Gagnez des points !**
> Montrez que vous connaissez ces notions en les traduisant en français.

6 Les autres puissances auxquelles fait référence l'auteur sont les puissances émergeantes c'est-à-dire des pays comme la Chine, l'Inde ou le Brésil qu'on désigne parfois par l'acronyme BRICS (Brésil, Russie, Inde, Chine et Afrique du Sud). Avec ces nouvelles puissances, on peut dire que le monde devient un monde multipolaire c'est-à-dire un monde composé de plusieurs pôles de croissance.

> **Gagnez des points !**
> Citez les BRICS pour montrer que vous connaissez cette expression.

Sujet 5 — Mouvement démocratique féminin

Amérique du Nord, juin 2017

Exercice 1 — Analyser et comprendre des documents — 20 pts

Document — Tract du Mouvement démocratique féminin, diffusé à Paris en juin 1968

Depuis le début du mois de mai 1968, les étudiants manifestent contre le gouvernement du président de Gaulle.

Étudiante,

Tu as été sur les barricades, la police t'a chargée et matraquée comme les étudiants, tes camarades.

Tu participes aux discussions, aux travaux des commissions, aux grandes manifestations populaires. Des lycées de filles, des instituts féminins ont parfois entraîné les autres établissements et, parmi les dix millions de grévistes, les travailleuses tiennent aussi leur place.

Or, au cours de ces journées décisives, soit dans les grands rassemblements, soit à la radio ou à la télévision, aucune femme n'est apparue comme porte-parole. Dans les pourparlers entre syndicats, patronat et gouvernement, nul n'a réclamé formellement l'égalité de rémunération entre travailleuses et travailleurs, nul n'a envisagé la création de services collectifs et de crèches pour soulager les femmes de leur double journée de travail.

Dans l'immense débat qui s'est instauré à travers tout le pays, dans la grande remise en cause des structures et des valeurs, aucune voix ne s'élève pour déclarer que le changement des rapports entre les hommes implique aussi le changement des rapports entre les hommes et les femmes. Les étudiants et les jeunes veulent une morale identique pour les filles et les garçons. C'est un aspect du changement. Ce n'est qu'un aspect. […] Il faut que la société qui va se construire soit l'œuvre des femmes aussi bien que des hommes, qu'elle donne à toutes les femmes des chances égales à celles des hommes.

Si tu es d'accord là-dessus qu'es-tu disposée à faire ? Viens en discuter avec nous.

Christine Fauré, *Mai 68 jour et nuit*, 2008.

HISTOIRE — Françaises et Français dans une République repensée

Questions

1 Quelle est la nature de ce document ? À qui est-il destiné ?

2 Relevez au moins deux inégalités hommes-femmes mentionnées dans le document.

3 Quels éléments du texte montrent l'engagement politique et syndical des femmes au moment des événements de Mai 1968 ?

4 Quel droit politique a été acquis par les femmes avant 1968 et n'est pas mentionné dans le texte ?

5 En vous appuyant sur vos connaissances, proposez trois exemples d'évolutions qui ont changé la situation des femmes depuis 1968.

Sujet 5 — Corrigé

Les clés pour réussir

▶ Bien lire le document

Identifier sa nature

- Un tract est un papier que l'on distribue pour **informer** ou **mobiliser** la population. Ici, il s'agit d'un tract du mouvement démocratique féminin, c'est-à-dire un tract **féministe**. Le féminisme est un mouvement social qui se développe à la fin des années 1960 et qui réclame une **égalité entre les femmes et les hommes** dans tous les domaines.

Repérer les éléments importants

- La **présentation** du tract qui situe le **contexte historique** dans lequel il a été écrit.
- Le **début** du tract qui montre **à qui il s'adresse**, ainsi que le **tutoiement**, qui expliquent pourquoi tout est accordé au féminin.
- Les **trois parties** qui correspondent à **l'engagement des femmes** pendant Mai 68, leurs critiques et leurs revendications.

▶ Bien comprendre les questions

Question 1

- Quand on demande la nature d'un document, il faut dire de quel **type** de document il s'agit (une carte, un tableau, une image, un texte...), en étant le plus précis possible (quel type de carte ? quel type de texte ?). Pour savoir à qui il est destiné, il faut repérer à qui il s'adresse.

Question 2

- On vous demande ici de « relever » deux inégalités hommes-femmes. Vous devez donc prélever dans le texte des **extraits** qui montrent des

Femmes et hommes dans la société des années 1950... **Corrigé 5**

inégalités. N'oubliez pas de mettre des guillemets en les citant. Les informations répondant à cette question se trouvent principalement dans le paragraphe commençant par « Or ».

Question 3
- Là encore il s'agit de prélever des informations dans le texte qui montrent **l'engagement** des femmes pendant les événements de Mai 68. Cette fois-ci, c'est le début du texte qui contient les éléments pour répondre à cette question.

Question 4
- Pour cette question, il vous faut faire le **lien** avec le chapitre du programme intitulé : **« 1944-1947 : refonder la République, redéfinir la démocratie »**. Le document ne vous permet pas de répondre à cette question. Il vous faut donc utiliser vos connaissances.

Question 5
- La dernière question vous demande de vous appuyer sur des **connaissances personnelles** issues du dernier chapitre d'Histoire du programme : **« Femmes et hommes dans la société des années 1950 aux années 1980 : nouveaux enjeux sociaux et culturels, réponses politiques »**.
- Il s'agit de décrire trois évolutions, c'est-à-dire **trois changements dans la situation des femmes** depuis 1968. Ces changements peuvent être des lois, mais pas nécessairement. La consigne est très large. Vous pouvez aussi vous appuyer sur vos connaissances d'EMC pour décrire une réduction des inégalités entre les femmes et les hommes en France dans les domaines professionnel, familial, social, scolaire...

Les mots-clés

- **Barricades** : entassement de matériaux (pavés, poutres...) destinés à bloquer les rues et à se protéger lors d'insurrections ou de révoltes populaires.
- **Féminisme** : mouvement cherchant à défendre les droits et la cause des femmes dans la société.
- **Syndicat** : association de personnes qui défend les droits des travailleurs.
- **Pourparlers** : négociations, discussions.
- **Rémunération** : salaire.
- **Double journée de travail** : expression qui met l'accent sur le fait que ce sont les femmes qui prennent en charge l'immense majorité des tâches ménagères en plus de leur journée de travail.

HISTOIRE

HISTOIRE — Françaises et Français dans une République repensée

1 Ce document est un tract du Mouvement démocratique féminin diffusé à Paris en juin 1968. Il est destiné aux étudiantes qui participent aux manifestations contre le gouvernement du général de Gaulle depuis le début du mois de mai 1968.

> **Gagnez des points !**
> Citez la date et le lieu de diffusion de ce tract, ce qui permet de mieux situer le contexte.

2 Plusieurs inégalités hommes-femmes apparaissent dans ce document :
– « Au cours de ces journées décisives [...], aucune femme n'est apparue comme porte-parole. »
– « Nul n'a réclamé formellement l'égalité de rémunération entre travailleuses et travailleurs. »
– « Nul n'a envisagé la création de services collectifs et de crèches pour soulager les femmes de leur double journée de travail. »

3 Pendant les événements de Mai 68, les femmes se sont engagées politiquement et syndicalement. Le texte cite plusieurs exemples de cet engagement :
– « Tu as été sur les barricades. »
– « Tu participes aux discussions, aux travaux des commissions, aux grandes manifestations populaires. »
– « Des lycées de filles, des instituts féminins ont parfois entraîné les autres établissements. »
– « Parmi les dix millions de grévistes, les femmes tiennent aussi leur place. »

> **L'astuce du prof**
> Comme pour la question 2, il s'agit en fait de relever des éléments du texte.

4 Le droit politique acquis par les femmes avant 1968 est le droit de vote, obtenu en 1944 lors de la refondation républicaine qui suit la Libération de la France.

> **Gagnez des points !**
> Précisez dans quel contexte les femmes ont obtenu le droit de vote pour exposer vos connaissances sur ce sujet.

5 Depuis 1968, la situation des femmes a beaucoup changé dans la société française :
– La mixité, qui se généralise dans les établissements scolaires au cours des années 1970, permet aux jeunes femmes de bénéficier du même enseignement que les jeunes garçons et donc d'avoir « des chances égales à celles des hommes ».
– La légalisation de la contraception, puis de l'avortement en 1975 permet enfin aux femmes de disposer librement de leurs corps et donc d'obtenir « une morale identique pour les filles et les garçons ».
– La loi Roudy en 1983 tente d'établir une parité et une égalité entre les femmes et les hommes dans le domaine professionnel, afin de réduire les écarts de salaires et de changer les « rapports entre les hommes et les femmes ».

> **L'astuce du prof**
> Essayez de lier les exemples que vous donnez à des citations du texte.

Sujet 6 — La Ve République à l'épreuve de l'alternance

Sujet inédit

Exercice 2 — Maîtriser différents langages — 20 pts

1 Sous la forme d'un développement construit d'une vingtaine de lignes, en vous appuyant sur des exemples précis, décrivez les principales caractéristiques de la Ve République puis la politique menée par son fondateur, le général de Gaulle.

2 Complétez la frise ci-dessous :
a. Placez les années de la présidence du général de Gaulle.
b. Placez ces présidents de la Ve République en inscrivant leurs noms au bon endroit dans la frise : François Mitterrand, Jacques Chirac et François Hollande.
c. Coloriez en rouge une présidence qui illustre l'alternance pendant la Ve République.
d. Placez une période de cohabitation dans la frise en indiquant les années de début et de fin et le nom du Premier ministre.

Document — La Ve République à l'épreuve de l'alternance

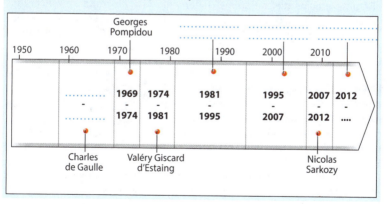

HISTOIRE — Françaises et Français dans une République repensée

Sujet 6 Corrigé

Les clés pour réussir

> **Bien comprendre les consignes**

Consigne 1
- La consigne vous demande de connaître les caractéristiques d'une description en histoire pour rédiger un développement d'une vingtaine de lignes. Il faut donc être méthodique et réussir à organiser vos connaissances pour les présenter de manière structurée et cohérente.
- La description de la Ve République doit commencer par sa mise en place par le général de Gaulle.
- Vous devez décrire la politique de grandeur de ce dernier permise par les institutions de la Ve République.

Consigne 2
- Il faut compléter la frise chronologique avec les différentes présidences que vous devez savoir replacer dans le bon ordre, quelques présidents devant être pour vous des repères historiques à connaître précisément.
- Vous devez maîtriser les notions de la leçon, alternance et cohabitation pour pouvoir les placer sur la frise. Il y a eu trois cohabitations sous la Ve République ; placez celle dont vous connaissez le mieux les dates.

Les mots-clés

Régime présidentiel • Régime parlementaire • Référendum • Accords d'Évian • Coup d'État • Constitution • Suffrage universel • Politique de grandeur • Force de dissuasion nucléaire • OTAN • Construction européenne • Influence américaine • Conservateur • Crise de mai 1968

1 En 1958, après une tentative de coup d'État menée par les généraux en Algérie, de Gaulle apparaît comme le seul homme capable de redresser la situation. Il est rappelé au pouvoir et fonde une nouvelle République : la Ve République.

L'astuce du prof
Utilisez vos connaissances d'EMC pour compléter votre description de la Ve République.

La constitution proposée par de Gaulle est approuvée par les Français lors d'un référendum. Elle donne l'essentiel des pouvoirs au président de la république. La Ve République est donc un régime présidentiel. Le rôle du président est encore renforcé à partir de 1962 quand de Gaulle met en place l'élection du président au suffrage universel direct.

La Vᵉ République, de la République gaullienne... Corrigé 6

Le rôle du président selon de Gaulle est de redonner sa grandeur et sa puissance à la France. Critiquée et affaiblie par la guerre d'Algérie, celle-ci doit mettre fin rapidement à ce conflit. De Gaulle signe donc les Accords d'Évian avec le FLN. Il entame aussi une politique d'indépendance vis-à-vis des

Gagnez des points !

Placez ici des connaissances sur le contexte de la guerre d'Algérie ou de la Guerre froide sans toutefois tomber dans le hors-sujet.

États-Unis en se retirant du commandement militaire de l'OTAN et en se dotant d'une force de dissuasion nucléaire propre. Il se rapproche au contraire des autres pays européens notamment de l'Allemagne dans le cadre de la construction européenne.

Réélu en 1965, de Gaulle doit affronter trois ans plus tard la révolte des étudiants qui le jugent trop conservateur et surtout trop autoritaire. Lorsque les ouvriers rejoignent les étudiants en mai 1968, de Gaulle doit faire face pour la première fois à une grave crise sociale qui remet en cause son gouvernement. Affaibli, il décide de quitter le pouvoir en 1969.

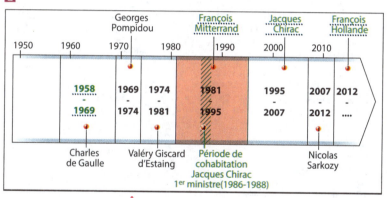

GÉOGRAPHIE — Dynamiques territoriales de la France contemporaine

Sujet 7 — Les aires urbaines en France

Liban, juin 2017

Exercice 1 — Analyser et comprendre des documents — 20 pts

Document 1 — Un exemple de mobilité au quotidien

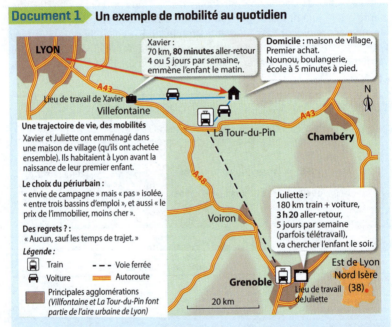

Xavier : 70 km, **80 minutes** aller-retour 4 ou 5 jours par semaine, emmène l'enfant le matin.

Domicile : maison de village, Premier achat. Nounou, boulangerie, école à 5 minutes à pied.

Lieu de travail de Xavier — Villefontaine

Une trajectoire de vie, des mobilités
Xavier et Juliette ont emménagé dans une maison de village (qu'ils ont achetée ensemble). Ils habitaient à Lyon avant la naissance de leur premier enfant.

Le choix du périurbain :
« envie de campagne » mais « pas » isolée, « entre trois bassins d'emploi », et aussi « le prix de l'immobilier, moins cher ».

Des regrets ? :
« Aucun, sauf les temps de trajet. »

Légende :
- Train
- Voiture
- Voie ferrée
- Autoroute
- Principales agglomérations (Villefontaine et La Tour-du-Pin font partie de l'aire urbaine de Lyon)

Juliette : 180 km train + voiture, **3 h 20** aller-retour, 5 jours par semaine (parfois télétravail), va chercher l'enfant le soir.

Lieu de travail de Juliette — Est de Lyon Nord Isère (38).

D'après J.-B. Bouron et P.-M. Georges, *Les Territoires ruraux en France*, 2015.

Document 2 — Des Français hyper-mobiles

L'augmentation des vitesses qui favorise les déplacements a permis une dissociation des lieux de vie et d'habitat, de travail, de consommation et de loisirs. Chaque individu va ainsi pouvoir construire son territoire au sens d'espace de vie. Ce territoire va pouvoir varier au cours du temps.

Les aires urbaines, une nouvelle géographie... Corrigé 7

> C'est à l'échelle locale que les transformations sont les plus visibles […]. Certains individus vivent à l'échelle de leur quartier quand d'autres parcourent chaque jour des dizaines de kilomètres pour se rendre à leur travail. Pour certains, les déplacements domicile-travail se font entre des villes distantes de plusieurs centaines de kilomètres : ils « navettent » grâce au train à grande vitesse ou à l'avion.
>
> « La France, une géographie en mouvement », Magali Reghezza-Zitt,
> *La documentation photographique*, n° 8096, 2013.

Questions

Document 1

1 Identifiez le lieu où Juliette et Xavier ont habité et le lieu où ils habitent aujourd'hui. **2 pts**

2 Expliquez deux raisons de ce changement de lieu de vie. **6 pts**

3 Relevez une contrainte liée à ce choix de lieu de vie.

Documents 1 et 2

4 Sélectionnez la proposition qui caractérise le mieux les déplacements de Xavier. Recopiez-la et justifiez votre choix. **4 pts**
– Proposition A : « Certains individus vivent à l'échelle de leur quartier. »
– Proposition B : « D'autres parcourent chaque jour des dizaines de kilomètres pour se rendre à leur travail. »
– Proposition C : « Pour certains, les déplacements domicile-travail se font entre des villes distantes de plusieurs centaines de kilomètres. »

5 Expliquez pourquoi les mobilités favorisent la croissance des aires **6 pts**

Sujet 7 Corrigé

Les clés pour réussir

▶ **Bien lire les documents**

Identifier leur nature

- Le dossier est composé de deux documents. Le document 1 est une **carte légendée** accompagnée d'un encadré contenant les témoignages d'un couple de périurbains dans l'aire urbaine de Lyon. Le document 2 est un **extrait de texte** écrit par une géographe en 2013, décrivant les mobilités des Français.

GÉOGRAPHIE — Dynamiques territoriales de la France contemporaine

Repérer les éléments importants

● **Dans le document 1 :**
– les bulles sur la carte qui présentent le lieu de domicile et les lieux de travail de Xavier et de Juliette ;
– l'encadré à gauche qui explique pourquoi Juliette et Xavier ont fait le choix d'habiter dans la couronne périurbaine ;
– la légende qui permet de mieux situer les différents espaces et de mieux comprendre les déplacements de Xavier et Juliette.

● **Dans le document 2 :**
– le premier paragraphe qui explique la dissociation des lieux d'habitat et de travail ;
– le second paragraphe qui explique que certains individus font le choix de limiter leurs déplacements quand d'autres ne cessent de les rallonger.

▶ **Bien comprendre les questions**

Question 1
● Attention de bien lire la consigne. Il s'agit d'abord de trouver où ils habitaient **par le passé**. Vous pouvez trouver cette information dans les **témoignages** de Xavier et de Juliette. Ensuite, on vous demande de trouver où ils habitent **aujourd'hui**. Pour cela vous devez bien **observer la carte et sa légende** pour trouver le figuré qui correspond à leur lieu de vie.

Question 2
● Il s'agit ici de relever dans les témoignages **deux raisons** qui expliquent leur changement de lieu de vie. Vous pouvez trouver plusieurs raisons dans les **témoignages**, mais aussi sur la carte **dans la bulle qui présente leur domicile**.

Question 3
● Une **contrainte** est un inconvénient, **un élément négatif lié à leur choix, qui rend leur vie plus difficile**. Cette contrainte est visible **dans les bulles** qui présentent les lieux de travail de Xavier et de Juliette, mais aussi dans leur **témoignage**.

Question 4
● Attention de bien sélectionner la bonne proposition, mais aussi de la recopier avec ses guillemets. La question porte sur les déplacements de **Xavier** et pas sur ceux de Juliette. Une fois la proposition trouvée, vous devez **justifier votre choix** : il s'agit donc de trouver dans le document 1 une information qui vérifie ce qu'affirme la proposition que vous avez choisie.

Question 5
● Pour cette question, vous devez utiliser vos **connaissances personnelles**. Le document 2 ne cite pas les notions essentielles étudiées en cours. Commencez par définir les termes de la question : « mobilités » et « croissance des aires urbaines ». La croissance des aires urbaines ne désigne pas la croissance de leur population ou de leur richesse, mais leur extension.

Les aires urbaines, une nouvelle géographie… **Corrigé 7**

Les mots-clés

- **Aire urbaine** : ensemble formé par une ville, ses banlieues et les communes périurbaines dont au moins 40 % des habitants travaillent dans la ville-centre et ses banlieues.
- **Ville-centre** : ville au centre d'une aire urbaine.
- **Banlieues** : communes d'une aire urbaine situées en périphérie immédiate de la ville-centre.
- **Couronne périurbaine** : communes d'une aire urbaine située en périphérie du pôle urbain (ville-centre et banlieues).
- **Mobilités** : différents déplacements de population à l'intérieur d'un territoire.
- **Migrations pendulaires** : déplacements quotidiens des actifs entre leur lieu de vie et leur lieu de travail.
- **Périurbanisation** : urbanisation de la périphérie des villes.
- **Étalement urbain** : extension de la ville sur l'espace rural.
- **Bassins d'emploi** : espaces où se concentrent de nombreux emplois.
- **Agglomérations** : pôles urbains (villes et banlieues).

1 Juliette et Xavier ont habité dans la ville-centre de Lyon avant la naissance de leur premier enfant. Depuis, ils ont emménagé dans une maison de village située en Isère, à l'Est de Lyon.

2 Ce changement de lieu de vie s'explique par une « envie de campagne », mais « pas isolée » ; et aussi par « le prix de l'immobilier, moins cher » car Juliette et Xavier ont eu un enfant et ont besoin d'espace.

> **Gagnez des points !**
> Expliquez les raisons en fonction de la situation familiale de Juliette et Xavier.

3 La contrainte principale liée à ce choix de vie est l'allongement des temps de trajet entre leur domicile et leurs lieux de travail. Ces migrations pendulaires sont très longues : 3 h 20 en train et en voiture pour Juliette et 80 minutes de voiture pour Xavier.

> **Gagnez des points !**
> Citez le terme de « migrations pendulaires » et appuyez-vous sur les durées de trajet de Juliette et Xavier.

4 La proposition qui caractérise le mieux les déplacements de Xavier est la proposition B : « D'autres parcourent chaque jour des dizaines de kilomètres pour se rendre à leur travail. » En effet il fait 70 km par jour aller-retour entre son domicile et son lieu de travail à Villefontaine.

> **L'astuce du prof**
> Commencez par donner la bonne proposition, puis n'oubliez pas de justifier votre choix à l'aide du kilométrage donné par le document 1.

GÉOGRAPHIE — Dynamiques territoriales de la France contemporaine

5 Les mobilités – c'est-à-dire les déplacements de population – dans les aires urbaines sont favorisées par la grande diversité des offres de moyens de transport et l'augmentation des vitesses de déplacement. Des autoroutes et des voies ferrées relient la ville-centre aux banlieues et aux communes de la couronne périurbaine. Comme ces espaces sont mieux reliés entre eux et que les prix de l'immobilier dans la ville-centre ne cessent d'augmenter, les habitants des aires urbaines font le choix, comme Juliette et Xavier, de s'éloigner de la ville-centre et de s'installer dans un village de la couronne périurbaine. C'est pourquoi les aires urbaines s'étalent de plus en plus sur les campagnes : c'est le phénomène de périurbanisation.

> **L'astuce du prof**
>
> Pensez à utiliser le vocabulaire géographique appris en cours. Vous devez impérativement parler de « périurbanisation » et d'« étalement urbain ».

Les espaces productifs et leurs évolutions

Sujet 8 — Les espaces agricoles

Amérique du Nord, juin 2017

Exercice 2 — Maîtriser différents langages **20 pts**

1 Rédigez un texte structuré d'une vingtaine de lignes décrivant les transformations d'un espace productif français pour s'adapter à la mondialisation (cet espace peut être un espace productif agricole OU un espace productif industriel OU un espace productif touristique OU un espace productif d'affaires). Vous pourrez vous appuyer éventuellement sur un exemple étudié en classe.

Sujet 8 Corrigé

Les clés pour réussir

Bien comprendre les consignes

Consigne 1

- La consigne vous demande de décrire les **transformations d'un espace productif pour s'adapter à la mondialisation**.

- Vous devez rédiger un texte structuré, c'est-à-dire un **développement construit**. Votre texte doit donc comporter une introduction, plusieurs parties et une conclusion. Au brouillon, organisez vos connaissances et vos exemples, sans nécessairement rédiger.

- Attention de bien **lire le sujet** : on vous demande de choisir **un seul type d'espace productif** : SOIT un espace industriel, SOIT un espace agricole, SOIT un espace touristique, SOIT un espace d'affaires. Vous avez donc le choix, mais vous ne devez pas mélanger ces différents types d'espaces productifs. Nous avons choisi de traiter des espaces agricoles, car ils ont dû profondément se transformer pour s'adapter à la mondialisation.

- Appuyez-vous sur un exemple traité en cours. On attend de vous que vous citiez au moins un espace précis, lié à une activité économique que vous devez décrire.

Sujet 8 — ...miques territoriales de la France contemporaine

...ductif • Mondialisation • Innovation • Productivité • Méca... • Spécialisation • Réseaux de transports • Métropole • Indus... ...limentaire • Agriculture productiviste • Agriculture biologique • Ag...ulture raisonnée

1 En France, les espaces productifs, des espaces aménagés pour produire de la richesse, ont dû se transformer pour s'adapter à la mondialisation. Quelles sont ces transformations dans un espace productif agricole ?

> **L'astuce du prof**
> Prenez le temps de définir les termes du sujet (espace productif et mondialisation), au moins sur votre brouillon.

Pour s'adapter à la mondialisation, les espaces productifs agricoles ont augmenté leur productivité en s'appuyant d'abord sur des innovations technologiques. Les agriculteurs utilisent de plus en plus de machines : c'est la mécanisation. Dans les exploitations laitières du Grand Ouest, les trayeuses mécaniques permettent aux exploitants agricoles de posséder d'immenses troupeaux de vaches laitières. De la même manière, ils utilisent de plus en plus de produits chimiques et de médicaments pour augmenter leur production et leur productivité. La mondialisation pousse également les espaces productifs agricoles à se spécialiser toujours davantage. Ainsi, le Grand Ouest se tourne aujourd'hui presqu'exclusivement vers l'élevage intensif de vaches laitières, sélectionnées pour leur productivité.

> **Gagnez des points !**
> Pensez à bien citer un espace précis, ici le Grand Ouest laitier.

Pour être compétitifs dans la mondialisation, les espaces agricoles doivent être bien reliés aux grands réseaux de transport et de communication. Ainsi, ceux qui sont proches des grandes métropoles, des grands axes routiers, des voies ferrées et des aéroports sont favorisés par rapport aux espaces de montagne ou du centre de la France, plus isolés. Cette bonne insertion dans les réseaux de transports permet à ces espaces productifs d'accueillir des usines agroalimentaires qui transforment les produits agricoles en produits industriels avant de les exporter partout en Europe et dans le monde. Dans le Grand Ouest, une véritable filière agroalimentaire s'est mise en place avec l'implantation de grandes FTN comme Danone qui transforment le lait en produits laitiers, par exemple des yaourts ou du lait en poudre, destinés au marché mondial.

D'autres espaces agricoles répondent à la concurrence mondiale par des choix radicalement opposés à l'agriculture productiviste. C'est le cas des espaces se spécialisant dans l'agriculture biologique ou

> **L'astuce du prof**
> Pensez à parler des espaces agricoles se spécialisant dans l'agriculture biologique, car c'est aussi une forme d'adaptation à la mondialisation.

raisonnée. Ces espaces agricoles fonctionnent avec des circuits courts, c'est-à-dire que les agriculteurs limitent les transports entre lieux de production et lieux de consommation. Ainsi, la culture maraîchère se développe autour des grandes métropoles. De même, l'agriculture bio tente de s'appuyer davantage sur la qualité que sur la quantité, en renonçant à utiliser les produits chimiques.

Grâce à ses espaces agricoles productifs, la France est bien intégrée aux marchés internationaux et reste la première puissance agricole européenne.

Gagnez des points !
Dites que la France est la première puissance agricole européenne.

GÉOGRAPHIE — Pourquoi et comment aménager le territoire

Sujet 9 — Aménager les territoires français

Sujet inédit

Exercice 2 — Maîtriser différents langages — **20 pts**

Document : La diversité des politiques d'aménagement du territoire

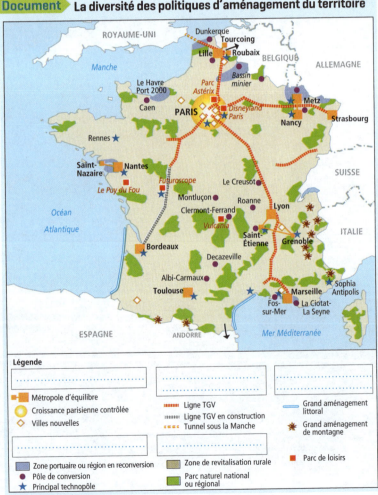

Aménager pour répondre aux inégalités croissantes... Corrigé 9

1 Sous la forme d'un développement construit d'une vingtaine de lignes, expliquez pourquoi et comment il convient d'aménager les territoires français.

2 Complétez la carte en associant à chaque partie de la légende le type de politique d'aménagement correspondant.
A. Aménagement touristique
B. Transports et communication
C. Aménagement industriel
D. Environnement
E. Aménagement urbain

Sujet 9 Corrigé

Les clés pour réussir

Bien comprendre les consignes

Consigne 1

- On vous demande d'expliquer *pourquoi* et *comment* : il s'agit donc de raisonner autour des **causes** et des **moyens** mis en œuvre dans le cadre des politiques d'aménagement en France.

- Le fait que le terme « territoires » soit au pluriel n'est pas le fruit du hasard : pourquoi « **les territoires français** » plutôt que « **le territoire français** » ?

Consigne 2

- La carte ne doit pas être commentée ; vous devez compléter la légende en indiquant sur les lignes prévues à cet effet le type de politique d'aménagement qui correspond aux différents ensembles de figurés cartographiques.

- Placez la lettre qui convient à chacun de ces types de politique en utilisant dans un premier temps un crayon à papier ; puis, une fois certain de votre choix, **recopiez soigneusement votre réponse au stylo noir**.

Les mots-clés

Politiques d'aménagement des territoires • Ségrégation socio-spatiale • Métropolisation • Mondialisation • Compétitivité • Dorsale européenne • Développement durable • Collectivités territoriales • Union européenne • DATAR • ZAC

GÉOGRAPHIE

GÉOGRAPHIE — Pourquoi et comment aménager le territoire

1 Pourquoi et comment aménager les territoires français ?

Les inégalités économiques et sociales caractérisent l'espace français à toutes les échelles. Qu'il s'agisse du niveau de revenu, de l'accès aux services ou de la qualité du cadre de vie, elles ont tendance à s'aggraver sous l'effet conjugué de la **métropolisation** et de la **mondialisation**. La **ségrégation socio-spatiale** s'accentue en particulier entre la métropole et l'outre-mer, entre le centre et la périphérie des aires urbaines et plus généralement au sein de toutes les régions françaises. La **compétitivité** entre ces territoires est de plus en plus vive du fait de l'intégration européenne et des mutations du système productif. La suprématie de Paris, des grandes métropoles du Sud et de l'Ouest du pays et des espaces bien reliés à la **dorsale européenne** se renforce, au détriment des espaces enclavés en proie à des difficultés économiques et sociales majeures.

> **L'astuce du prof**
> En commençant par une question qui reformule les termes de la consigne, vous montrez immédiatement au correcteur que vous avez bien compris les enjeux du sujet.

De telles inégalités ne sont pas compatibles avec le principe d'égalité entre les citoyens du pays. Depuis 1963 avec la création de la DATAR, l'État met donc en œuvre des politiques d'aménagement des territoires qui ont pour objectif de réduire les disparités et de permettre à l'ensemble des Français de vivre dans des conditions comparables, quel que soit leur lieu de résidence. Son action est relayée par les collectivités territoriales et par l'Union européenne qui jouent un rôle de plus en plus important dans la définition et dans l'application de ces politiques. Leurs intérêts n'étant pas toujours compatibles avec ceux des entreprises et des citoyens, les projets d'aménagement suscitent souvent de vifs débats entre les acteurs concernés. C'est le cas en particulier quand ils concernent les infrastructures de transport (création de lignes à grande vitesse), les équipements touristiques (ZAC des espaces littoraux ou des régions de montagne) ou l'environnement (construction de barrages, installation d'éoliennes).

> **Gagnez des points !**
> Plutôt que d'établir un catalogue des réalisations menées à bien en matière d'aménagement, illustrez votre démonstration par quelques exemples précis y compris à l'échelle de votre région.

Le manque de moyens financiers et la nécessité de raisonner en prenant appui sur les principes du développement durable ajoutent à la complexité de la situation : les perspectives d'aménagement du territoire semblent aujourd'hui assez incertaines…

Aménager pour répondre aux inégalités croissantes… Corrigé 9

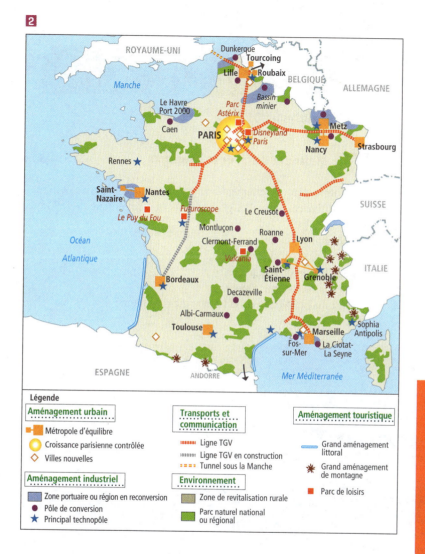

GÉOGRAPHIE — La France et l'Union européenne

Sujet 10 — La France, une influence mondiale

Polynésie, juin 2017

Exercice 2 Maîtriser différents langages — 20 pts

1 Sous la forme d'un développement construit d'une vingtaine de lignes, expliquez l'influence culturelle, géopolitique et économique de la France dans le monde. **15 pts**

2 Sur le planisphère ci-dessous : **5 pts**
– hachurez la Polynésie française ;
– nommez l'océan Pacifique ;
– nommez la France métropolitaine ;
– nommez un État voisin de la France métropolitaine ;
– nommez l'Asie.

La France et l'Europe dans le monde **Corrigé 10**

Sujet 10 Corrigé

Les clés pour réussir

▶ Bien comprendre les consignes

Consigne 1

- Ce sujet de développement construit est assez classique, car il reprend la partie du programme sur l'**influence mondiale de la France**. Il vous demande de décrire cette influence dans **trois domaines différents**, ce qui vous indique comment organiser votre développement. Cette influence n'est pas d'égale importance selon les domaines. Essayez de mobiliser vos connaissances sur le sujet, notamment pour donner un ou deux chiffres significatifs de l'influence de la France, par exemple sa place dans le tourisme mondial ou dans un autre domaine.

- N'oubliez pas de faire une ou deux phrases d'introduction et une phrase de conclusion. Sautez des lignes entre chaque partie pour bien montrer que vous organisez votre réponse.

Consigne 2

- Ce sujet s'adresse aux collégiens de **Polynésie**. Le planisphère est donc centré sur l'océan Pacifique et représente tous les archipels de cet océan. Chaque archipel est entouré d'un trait. Localiser la Polynésie au milieu des autres archipels est difficile pour des élèves métropolitains.

- Utilisez des **couleurs et des graphies (majuscules/minuscules) différentes** selon le type de réponse. Les noms d'océans et de continents doivent s'écrire en majuscules et plus grands que les noms de pays. Ces derniers doivent également s'écrire en majuscules, mais plus petites. Les noms d'océans doivent s'écrire en bleu. Les hachures doivent se faire à la règle et doivent être bien parallèles.

Les mots-clés

France métropolitaine • Influence • Francophonie • DROM-COM • Patrimoine • Tourisme • ONU • OTAN • Puissance nucléaire • ZEE • FTN • Balance commerciale

GÉOGRAPHIE

1 La France est un petit pays de plus de 65 millions d'habitants, mais qui a une réelle influence mondiale. Comment s'exerce cette influence dans les domaines culturel, géopolitique et économique ?

Gagnez des points !

Rédigez votre introduction en présentant la France et en posant le sujet sous la forme d'une question.

GÉOGRAPHIE — La France et l'Union européenne

La France a d'abord une forte influence culturelle dans le monde. La langue française est parlée dans de nombreux pays qui se regroupent au sein de la Francophonie. Elle est ainsi la cinquième langue la plus parlée au monde, relayée par les centres culturels (Alliance française) et plus de 490 écoles et lycées français dans 130 pays. Grâce à ses DROM-COM, elle est présente sur tous les continents. Riche d'un patrimoine littéraire, artistique, architectural et gastronomique exceptionnel, elle est au premier rang des destinations touristiques internationales.

L'influence de la France est également importante dans le domaine géopolitique. Elle est présente dans toutes les grandes organisations internationales, notamment au Conseil de sécurité de l'ONU où elle dispose d'un siège de membre permanent. Puissance nucléaire et militaire, elle participe à de nombreuses missions internationales dans le cadre de l'ONU ou de sa principale alliance militaire, l'OTAN. Membre fondateur de la construction européenne, elle est un des moteurs, avec l'Allemagne, de l'Union européenne. Enfin elle dispose d'un réseau très important d'ambassades à l'étranger ce qui lui permet d'entretenir des relations diplomatiques avec presque tous les pays du monde.

> **L'astuce du prof**
> Utilisez vos connaissances d'Histoire et d'EMC pour développer le rôle de la France à l'ONU et dans l'OTAN.

Enfin la France a une influence économique non négligeable. C'est la sixième puissance économique au monde et elle est au troisième rang européen derrière l'Allemagne et le Royaume-Uni. Son économie est largement ouverte sur le monde. De nombreuses entreprises étrangères y sont installées, notamment dans l'aire urbaine parisienne. Elle possède de grandes FTN présentes dans le monde entier. Ses DROM-COM lui permettent de posséder la deuxième ZEE au monde. Pourtant cette influence économique reste limitée. La France est surtout une puissance économique régionale en Europe. Sa balance commerciale est très déficitaire, notamment parce qu'elle importe énormément de matières premières (pétrole, gaz, etc.).

La France a donc une influence culturelle et géopolitique importante dans le monde, mais son influence économique est plus limitée.

La France et l'Europe dans le monde — Corrigé 10

Gagnez des points !

Respectez bien les consignes données par le sujet : des hachures pour la Polynésie, un seul État voisin de la France (limitez-vous aux États ayant une frontière avec la France).

Sujet 11 — L'égalité politique homme-femme

Polynésie, juin 2017

Exercice 3 — Enseignement moral et civique — 10 pts

Document 1 — Extraits de la Constitution de la Ve République (1958)

Art. 1 – La France est une république indivisible, laïque, démocratique et sociale. Elle assure l'égalité devant la loi de tous les citoyens sans distinction d'origine, de race ou de religion. La loi favorise l'égal accès des femmes et des hommes aux mandats électoraux et fonctions électives.
[…]
Art. 3 – Sont électeurs, dans les conditions déterminées par la loi, tous les nationaux français majeurs des deux sexes, jouissant de leurs droits civils et politiques.

Document 2 — La représentation des femmes en politique en France

« **La loi sur la parité votée en 2000** impose des listes composées d'autant d'hommes que de femmes avec l'alternance obligatoire. Cette loi a été renforcée par une autre loi sur la parité en 2014. »

	Année	Part des femmes en %
Députées	2007	18,5 %
Députées	2012	26,9 %
Sénatrices	2004	17 %
Sénatrices	2014	25 %
Maires	2012	16 %
Conseillères municipales	2014	40,3 %
Députées françaises au parlement européen	2014	42 %

Article du 21 octobre 2014, extrait du site l'*Observatoire des inégalités*.

Nationalité, citoyenneté française et citoyenneté européenne Corrigé 11

Questions

1 Relevez dans le document 1 les droits politiques dont disposent les femmes et les hommes en France.

2 Expliquez à partir du document 2, comment la loi a permis de renforcer l'égalité politique entre les hommes et les femmes.

3 D'après le document 2, l'égalité politique homme-femme est-elle atteinte ? Justifiez votre réponse par des chiffres.

4 Expliquez à un camarade pourquoi et par quels moyens la loi sur la parité homme-femme contribue au bon fonctionnement de la démocratie en France.

Sujet 11 Corrigé

Les clés pour réussir

▶ **Bien comprendre les consignes**

Consigne 1

- On vous demande de « relever dans le document 1 » les **droits politiques**. Il s'agit donc de prélever des extraits du texte en les citant avec des guillemets. Vous pouvez trouver trois exemples de droits politiques. Les droits politiques sont les droits qui permettent aux citoyens de participer à la vie politique de leur pays.

Consigne 2

- La loi sur la parité est expliquée en italique au-dessus du tableau du document 2. Appuyez-vous sur cette définition et sur les chiffres du tableau pour montrer que, grâce à cette loi, **les femmes sont de plus en plus représentées dans les fonctions électives**. Choisissez une fonction que vous connaissez pour montrer le changement entre les deux dates citées dans le tableau.

Consigne 3

- Ne répondez pas à la question par « oui » ou « non ». Vous devez affirmer si l'égalité est atteinte ou non, puis **justifier votre affirmation en citant des chiffres**. Pensez que pour que l'égalité soit atteinte, il faudrait que la part des femmes atteigne 50 % dans chaque assemblée.

Consigne 4

- Vous devez **expliquer** la loi sur la parité à un camarade : pourquoi elle a été votée et si elle contribue au bon fonctionnement de la démocratie en France. Vous pouvez **choisir la forme** sous laquelle vous rédigez votre explication : un paragraphe, un dialogue, un monologue… le niveau

ENSEIGNEMENT MORAL ET CIVIQUE

ENSEIGNEMENT MORAL ET CIVIQUE — La République et la citoyenneté

de langage peut donc être adapté mais n'utilisez quand même pas un langage familier !
- Attention de ne pas vous éloigner du sujet en parlant de la parité dans le monde professionnel par exemple. Cette loi ne porte que sur **l'égalité en politique.**

Les mots-clés

Parité • Constitution • Droits politiques • Députés • Électeurs • République • Démocratie

1 Les droits politiques dont disposent les femmes et les hommes en France sont « l'égalité devant la loi », « l'égal accès […] aux mandats électoraux et fonctions électives » et le fait d'être « électeurs ».

> **L'astuce du prof**
> Citez trois droits présents dans le texte, sans oublier les guillemets.

2 La loi sur la parité votée en 2000 « impose des listes composées d'autant d'hommes que de femmes ». Cette loi a permis d'augmenter la part des femmes élues aux différentes élections. Par exemple la part des femmes élues députées lors des élections législatives est passée de 18,5 % en 2007 à 26,9 % en 2012.

> **Gagnez des points !**
> Citez des chiffres et montrez que vous connaissez le nom de différentes élections.

3 D'après le document 2, l'égalité politique entre les femmes et les hommes est loin d'être atteinte. En effet, malgré la loi sur la parité, les femmes ne représentent jamais 50 % des élus dans aucune assemblée. Ainsi elles ne sont que 25 % au Sénat en 2014.

> **Gagnez des points !**
> Appuyez-vous sur les chiffres cités dans le tableau en les expliquant.

4 La loi sur la parité hommes-femmes a été votée en 2000, car il y avait beaucoup plus d'hommes que de femmes qui étaient élus. Avec cette loi, tous les partis politiques ont été obligés de présenter autant de femmes que d'hommes aux élections sous peine de payer une grosse amende. Grâce à cette loi, le nombre de femmes élues a augmenté et on se rapproche du principe affirmé par notre Constitution qui veut que « la loi favorise l'égal accès des hommes et des femmes aux fonctions électives ». Mais on est encore loin de l'égalité : dans toutes les assemblées, les femmes sont moins nombreuses que les hommes. Au Sénat, elles n'étaient que 25 % en 2014. Au maximum, elles sont 42 % au Parlement européen.

> **L'astuce du prof**
> Montrez que l'égalité hommes-femmes s'est améliorée en politique, mais que l'égalité n'est pas encore atteinte.

Sujet 12 — L'exercice de la laïcité

Amérique du Nord, juin 2017

Exercice 3 — Enseignement moral et civique (10 pts)

Document 1 — Affiche défendant le principe de la laïcité (affiche récompensée par le Prix de la laïcité de la République française en 2015)

Document 2 — Charte de la laïcité à l'École (2013)

Article 1
La France est une République indivisible, laïque, démocratique et sociale. Elle assure l'égalité devant la loi, sur l'ensemble de son territoire, de tous les citoyens. Elle respecte toutes les croyances

ENSEIGNEMENT MORAL ET CIVIQUE — La vie démocratique

Article 2
La République laïque organise la séparation des religions et de l'État. L'État est neutre à l'égard des convictions religieuses ou spirituelles. Il n'y a pas de religion d'État.

Article 14
Dans les établissements scolaires publics, les règles de vie des différents espaces, précisées dans le règlement intérieur, sont respectueuses de la laïcité. Le port de signes ou tenues par lesquels les élèves manifestent ostensiblement une appartenance religieuse est interdit.

Questions

1 Montrez que l'affiche et la Charte de la laïcité défendent la liberté d'avoir ou non une religion en France.

2 Expliquez ce que signifie dans le document 2, l'expression « séparation des religions et de l'État ».

3 En début d'année, pour se présenter chacun leur tour durant l'heure de vie de classe de leur collège public, Sophie, Étienne, Manuelle, Yves, Tanguy, Ismaël, Théo et Dounia doivent réaliser un portrait qui sera affiché dans la salle de cours. Ils se demandent s'ils peuvent se présenter en classe en évoquant leur religion. Quelles réponses proposent les documents 1 et 2 ?

Sujet 12 Corrigé

Les clés pour réussir

▸ **Bien comprendre les consignes**

Consigne 1

- Il s'agit pour cette consigne de prendre des éléments tirés des deux documents pour démontrer qu'en France, les habitants sont libres d'avoir ou non une religion. Le document 1 est une **affiche** de l'Observatoire de la laïcité. Des étudiants ont mélangé des prénoms et des religions afin de montrer que **toutes les croyances, y compris l'athéisme, sont représentées dans la République française**. Le document 2 est composé d'extraits d'articles de la **Charte de la laïcité** à l'École présente dans tous les établissements scolaires. Elle **interdit** notamment les **signes religieux « ostensibles »**, c'est-à-dire les signes religieux destinés à être vus et remarqués de tous, tout en réaffirmant le **respect de toutes les croyances**.

La vie sociale — Corrigé 12

• Vous devez vous servir de ces deux documents, mais vous ne pouvez pas vous contenter de les citer. Il vous faut **expliquer** votre réponse.

Consigne 2

• Vous devez expliquer l'expression « **séparation des religions et de l'État** ». En France, les religions et l'État sont séparés : qu'est-ce que cela signifie **concrètement** dans votre vie quotidienne, notamment à l'école ? Essayez d'être le plus précis possible, en vous appuyant sur vos connaissances personnelles.

Consigne 3

• Cette consigne imagine une situation concrète dans une classe d'un collège public. Les élèves, qui doivent réaliser leur portrait sur une affiche, se demandent s'ils ont le droit d'évoquer leur religion. Sentez-vous libre de répondre à cette consigne sous la forme que vous voulez. Il faut simplement vous appuyer sur les deux documents, qui se complètent en apportant deux éléments de réponse différents.

Les mots-clés

• Laïcité • République • Croyances • Athée • Liberté religieuse • Signes ostensibles

1 Sur cette affiche défendant le principe de laïcité en 2015, toutes les grandes religions sont citées, ainsi que le fait d'être athée. De même, la Charte de la laïcité à l'École, qui date de 2013, dans son article 1, affirme que la France est une République qui « respecte toutes les croyances ». Ces deux documents défendent donc la liberté d'avoir ou non une religion en France.

> **L'astuce du prof**
> Citez la Charte de la laïcité pour appuyer votre démonstration, en n'oubliant pas les guillemets.

2 La Charte de la laïcité à l'École parle de « séparation des religions et de l'État ». Depuis la loi de 1905, l'État et la religion sont séparés. Cela signifie qu'il n'y a pas de religion officielle, « pas de religion d'État ». Ainsi, la République doit rester neutre tout en protégeant chaque religion de manière égale.

> **Gagnez des points !**
> Citez la loi de 1905 sur la séparation de l'Église et de l'État.

3 Lors de l'heure de vie de classe dans leur collège public, les élèves de la classe de 5ᵉ 2 doivent se présenter. Ils se demandent s'ils peuvent le faire en évoquant leur religion. Un débat commence parce que tous ne sont pas d'accord.

> **L'astuce du prof**
> Rédigez un dialogue entre les différents élèves qui peuvent se lancer dans un débat, en défendant chacun un point de vue.

ENSEIGNEMENT MORAL ET CIVIQUE

ENSEIGNEMENT MORAL ET CIVIQUE — La vie démocratique

Yves : « Moi, je vais écrire sur mon affiche : "Je m'appelle Yves, j'ai 13 ans et je suis protestant". »

Ismaël : « Eh, t'as pas le droit de parler de ta religion en classe. »

Yves : « Pourquoi ? C'est parce que t'as pas de religion que tu me dis ça ? »

Ismaël : « Non, c'est parce qu'on est dans un collège laïc. T'as pas lu la Charte de la laïcité dans ton carnet ? »

Dounia : « Oui, Ismaël a raison. On n'a pas le droit de parler de religion en classe. »

Théo : « Mais, si on a le droit, car toutes les croyances sont acceptées à l'école. D'ailleurs, on a étudié l'islam au début de l'année en histoire. »

Étienne : « Vous n'avez rien compris, ce sont les signes religieux qui sont interdits à l'école. Et encore, que ceux qui sont super visibles. C'est ça que veut dire "ostensiblement" ».

Yves : « Oui, mais quand je me présente, je dis ma religion, c'est important pour moi ! Ça fait partie de mon identité. »

Sophie : « Moi, je pense qu'on peut dire sa religion sur l'affiche, mais que ça doit pas prendre trop de place, parce qu'on est des élèves avant tout. »

Manuella : « Moi, je suis d'accord. Si on met tous notre religion sur l'affiche, et même si Ismaël dit qu'il est athée, dans ce cas il n'y a pas de favoritisme, ce sera bien, on verra que toutes les croyances sont représentées et qu'on s'entend tous bien, qu'on respecte les croyances de tout le monde. »

FRANÇAIS

SOMMAIRE

INFOS-BREVET

L'épreuve expliquée 322
La méthode pour le brevet 323

SE CHERCHER, SE CONSTRUIRE

1 Annie Ernaux, *La Femme gelée*
- Polynésie, juin 2017 328

VIVRE EN SOCIÉTÉ, PARTICIPER A LA SOCIÉTÉ

2 Gustave Flaubert, *Madame Bovary*
- Centres étrangers, juin 2017 339

REGARDER LE MONDE, INVENTER DES MONDES

3 Jules Renard, *Histoires naturelles*
- Asie, juin 2017 350

AGIR SUR LE MONDE

4 Robert Antelme, *L'espèce humaine*
- Antilles-Guyane, juin 2017 360

COMPRENDRE LE MONDE

5 Maylis de Kerangal, *Naissance d'un pont*
- Sujet zéro 370

FRANÇAIS

L'épreuve de Français expliquée

▶ La nouvelle épreuve du brevet

● L'épreuve de Français se compose de deux parties obligatoires :
– **le matin, une première partie,** d'une durée **d'1 h 10**, évalue votre capacité à comprendre, analyser et interpréter des documents et des œuvres qu'ils soient littéraires ou artistiques.
– **l'après-midi, une seconde partie,** d'une durée d'**1 h 50**, évalue principalement votre maîtrise de la langue (orthographe) et votre capacité à rédiger un texte long (rédaction).
● Le sujet comporte **un corpus d'un texte** qui peut être accompagné d'un document iconographique (photo, affiche, schéma, œuvre d'art, etc.).
● **Le corpus du sujet de Français** peut aussi être en lien avec les programmes d'Histoire-Géographie-Enseignement moral et civique.

▶ Comment s'organise l'épreuve de Français ?

● **Durée** : l'épreuve dure en tout **3 heures**, et se divise en **deux parties** séparées par une pause.
● **Notation** : la notation globale est sur **50 points**. Dans la première partie, les questions liées au texte littéraire sont notées sur **20 points**. La seconde partie est évaluée sur **30 points** : la dictée et la réécriture sont notées sur 5 points chacune, le travail d'écriture sur 20 points.
● **L'épreuve** comporte quatre types de sujets différents expliqués dans le tableau ci-dessous :

Partie 1		Partie 2	
Questions sur la compréhension d'un texte, (et éventuellement d'un document iconographique), des points de grammaire, de vocabulaire	**Réécriture** d'un court passage du texte, en suivant des consignes précises (changer de genre, de nombre, de temps, de type de discours…)	**Dictée** extraite le plus souvent de la même œuvre que celle du texte d'étude ou dont le thème est semblable	**Travail d'écriture** Choix entre **un sujet de réflexion** et **un sujet d'invention** en lien avec le texte étudié

L'épreuve de Français expliquée — INFOS-BREVET

La méthode pour le Brevet

Partie 1

 1 h 10

▶ Les questions

Lire le texte et les questions

● **Lisez d'abord le paratexte** (nom de l'auteur, titre du livre, année de publication, introduction figurant en italique avant l'extrait qui fournit des informations sur le contexte et parfois le type de texte à analyser) afin de comprendre de quoi il s'agit. Parfois, une question peut demander de s'y référer pour justifier la réponse.

Remarques
■ Les copies et les feuilles de brouillon vous sont fournies.
■ Aucun document n'est autorisé.

● **Lisez le texte lentement** une première fois pour en comprendre le sens général (narrateur, personnages, lieu, époque, thème).

● **Procédez à une relecture** afin de mieux le mémoriser, dégager sa structure, saisir les images, l'implicite ou simplement ce qui aurait pu échapper à la première lecture.

● **Soyez attentif(ve) aux questions en deux parties.**

Soigner les réponses et la copie

● **Développez et approfondissez les réponses sur 1,5 ou 2 points**.

● **Apportez d'abord une explication,** puis justifiez à l'aide du texte : recopier seulement des mots du texte ne constitue pas une explication.

Conseil
Vous pouvez utilisez le signe […] pour éviter de recopier une phrase en entier. Veillez cependant à ce que les mots qui justifient la réponse figurent bien sur la copie.

● **Prélevez uniquement les mots ou groupes de mots essentiels à la justification** et non des passages entiers. Chacun d'entre eux doit figurer entre guillemets.

● **Notez le numéro de la question** et les subdivisions (a., b., c.) quand il y en a. Aérez votre copie en sautant des lignes entre les questions.

● Si les deux dernières questions portent sur un document iconographique joint au texte, **réfléchissez aux points communs et aux différences entre les documents**.

Les questions les plus fréquentes

- **En vocabulaire,** les questions portent souvent sur : les synonymes et les antonymes ; la décomposition d'un mot en radical, préfixe et suffixe ; le champ lexical ; la définition d'un mot ; les figures de style (surtout la métaphore, la comparaison et la personnification).
- **En grammaire,** les questions portent souvent sur : les types et formes de phrases ; les natures et les fonctions grammaticales ; les temps du mode indicatif et leurs valeurs (surtout l'imparfait, le passé simple, le présent) ; le rapport logique entre les propositions (une prédilection pour la cause et la conséquence) ; le passage de la coordination à la subordination (et inversement) ; les discours direct et indirect ; le point de vue du narrateur.

▶ La réécriture 10 min

- **Montrez-vous méthodique** afin de ne pas oublier certaines transformations en cours de copie. Si deux modifications sont demandées, procédez d'abord à la première, puis à la seconde.
- **Demandez-vous quels mots sont touchés** par la transformation et soulignez-les d'abord dans l'extrait à modifier.
- **Soyez attentif(ve)** en recopiant le reste du texte.
- À la fin de la réécriture, les copies sont ramassées. Il est donc impossible de revenir sur le travail effectué.

Les différents types de réécriture

- **Le changement de genre** → Faites attention aux adjectifs qualificatifs, aux pronoms et déterminants possessifs, aux participes passés.
- **Le changement de nombre** → Faites attention à la terminaison des verbes, des adjectifs qualificatifs et participes passés et aux déterminants possessifs et pronoms.
- **Le passage d'un temps simple à un temps composé** → Faites attention à la terminaison des participes passés selon l'auxiliaire employé.
- **Le passage du discours direct au discours indirect (ou l'inverse)** → Faites attention à la ponctuation, aux déterminants possessifs et aux pronoms, aux temps verbaux et aux indications de temps et de lieu.

La méthode pour le Brevet — INFOS-BREVET

Partie 2
1 h 50

▶ La dictée 20 min

Comment se déroule la dictée ?

Elle se déroule en **trois temps** :
1. une première lecture expressive ;
2. la dictée effective du texte, par groupes de mots cohérents, avec les liaisons obligatoires et la ponctuation ;
3. une relecture de l'ensemble, sans ponctuation.
Attention : à partir de l'étape 3, il ne sera répondu à aucune de vos questions.

- **Écoutez** attentivement la lecture du texte pour en comprendre le sens.
- **Écrivez sans vous arrêter sur l'orthographe d'un mot** afin de ne pas perdre le rythme de la dictée et repérez les liaisons effectuées par le lecteur.
- **Suivez la relecture** pour vérifier que vous n'avez oublié aucun mot.
- **Relisez soigneusement** votre copie par étapes. Vérifiez :

> **Conseil**
> **Écrivez lisiblement** : tout doute du correcteur est compté comme une erreur.

– d'abord **l'orthographe grammaticale** :
les homophones : « a » / « à », « ou » / « où », « et » / « est », « mes » / « mais », « se » / « ce » ;
les verbes : a-t-il un sujet ? est-il conjugué ? est-ce lui qui est conjugué ou un auxiliaire ? est-ce une action ou un état ? quel est le féminin du participe passé ?) ;
les accords : déterminant/nom, adjectif qualificatif ou participe passé/nom ;
– puis **l'orthographe lexicale** : certains préfixes doublent la consonne ; chercher un mot de la même famille peut renseigner sur la consonne finale ; dégager le radical peut aider à écrire le mot.

▶ Le travail d'écriture ou rédaction 1 h 30

Comment aborder la rédaction ?

- Pour ce travail d'écriture, vous devez **choisir un sujet** entre les deux.
- **Lisez avec beaucoup d'attention le sujet choisi,** ainsi que les consignes d'écriture qui le suivent.
- **Vérifiez le sens des mots incompris** dans le dictionnaire.

> **Conseil**
> Les sujets de rédaction s'appuient sur le texte distribué au cours de la première partie de l'épreuve : laissez-le sur la table afin de vous y reporter si nécessaire.

Le sujet de réflexion

- **Soulignez les mots-clés** du sujet et **notez le thème**.

- **Construisez un plan** selon le type de sujet : demande-t-il les avantages et les inconvénients ? Les causes et les conséquences ? Une explication et un commentaire ? Votre avis personnel ?
- **Rédigez entièrement au brouillon l'introduction et la conclusion :**
– l'introduction amène le sujet et le situe dans un contexte ; elle présente ensuite le sujet, puis le plan ;
– la conclusion résume l'argumentation qui a été présentée et se termine par une phrase d'ouverture, toujours en rapport avec le sujet traité, qui élargit la réflexion.
- **Organisez le devoir** en parties distinctes et en paragraphes (saut de ligne, retour à la ligne).
- **Reliez les paragraphes et les arguments entre eux** à l'aide d'indicateurs logiques (ensuite, ainsi, en effet…).

Le sujet d'invention

- **Notez à quelle personne le devoir doit être rédigé** (première ou troisième personne).
- **Notez également le plan** si le sujet le précise (parties, paragraphes). S'il n'est pas indiqué, c'est à vous d'en construire un.

Conseil

Organisez vos idées au brouillon et rédigez directement au propre.

- **Relevez la forme que doit prendre le devoir** (lettre, journal intime, récit et dialogue, récit et description, suite de texte…) et **listez ses caractéristiques** afin de ne pas oublier de les appliquer.
- **Dégagez ensuite le contenu :** quel est le thème ? De quels personnages s'agit-il ? Quelles sont les circonstances ? Des sentiments doivent-ils être exprimés ?

Remarque

Un dictionnaire sur support papier est autorisé.

- **Vérifiez que toutes les contraintes ont été respectées,** une fois le brouillon terminé.
- **Vérifiez la construction des phrases et l'orthographe,** veillez à supprimer les répétitions.

Le programme

> **Attention !**
>
> - Les indications qui suivent sont conformes au texte du *Bulletin Officiel* de l'Éducation nationale du 26 novembre 2015. Les nouveaux programmes entrent en vigueur à la rentrée 2016.
> - La **réforme du collège** a mis en place un enseignement par cycles.
> - Le **cycle 4** correspond aux **trois classes du collège** : 5e, 4e et 3e.
> - **En Français**, il y a un programme pour chaque niveau du collège.

Les 5 thèmes du programme

Entrée du cycle 4	Thème étudié en classe de 3e
Se chercher, se construire	Se raconter, se représenter
Vivre en société, participer à la société	Dénoncer les travers de la société
Regarder le monde, inventer des mondes	Visions poétiques du monde
Agir sur le monde	Agir dans la cité : individu et pouvoir
Questionnements complémentaires	Progrès et rêves scientifiques

→ Chaque entrée du cycle 4 est approfondie dans chaque niveau du cycle.

Sujet 1 — Annie Ernaux, *La Femme gelée*

Polynésie, juin 2017

Partie 1 • COMPRENDRE, ANALYSER ET INTERPRÉTER

Document A — Texte littéraire

Il a 30 ans, elle est professeur, mariée à un « cadre », mère de deux enfants. Elle habite un appartement agréable. Pourtant, c'est une femme gelée. C'est-à-dire que, comme des milliers d'autres femmes, elle a senti l'élan, la curiosité, toute une force heureuse présente en elle se figer au fil des jours entre les courses, le dîner à préparer, le bain des enfants, son travail d'enseignante. Tout ce que l'on dit être la condition « normale » d'une femme.

Un mois, trois mois que nous sommes mariés, nous retournons à la fac, je donne des cours de latin. Le soir descend plus tôt, on travaille ensemble dans la grande salle. Comme nous sommes sérieux et fragiles, l'image attendrissante du jeune couple moderno-intellectuel. Qui pour-
5 rait encore m'attendrir si je me laissais faire, si je ne voulais pas chercher comment on s'enlise, doucettement. En y consentant lâchement. D'accord je travaille La Bruyère ou Verlaine dans la même pièce que lui, à deux mètres l'un de l'autre. La cocotte-minute, cadeau de mariage si utile vous verrez, chantonne sur le gaz. Unis, pareils. Sonnerie stri-
10 dente du compte-minutes, autre cadeau. Finie la ressemblance. L'un des deux se lève, arrête la flamme sous la cocotte, attend que la toupie folle ralentisse, ouvre la cocotte, passe le potage et revient à ses bouquins en se demandant où il en était resté. Moi. Elle avait démarré, la différence. Par la dînette. Le restau universitaire fermait l'été. Midi et soir je suis
15 seule devant les casseroles. Je ne savais pas plus que lui préparer un repas, juste les escalopes panées, la mousse au chocolat, de l'extra, pas du courant. Aucun passé d'aide-culinaire dans les jupes de maman ni l'un ni l'autre. Pourquoi de nous deux suis-je la seule à me plonger dans un livre de cuisine, à éplucher des carottes, laver la vaisselle en
20 récompense du dîner, pendant qu'il bossera son droit constitutionnel. Au nom de quelle supériorité. Je revoyais mon père dans la cuisine. Il

se marre, « non mais tu m'imagines avec un tablier peut-être ! Le genre de ton père, pas le mien ! ». Je suis humiliée. Mes parents, l'aberration, le couple bouffon. Non je n'en ai pas vu beaucoup d'hommes peler des patates. Mon modèle à moi n'est pas le bon, il me le fait sentir. Le sien commence à monter à l'horizon, monsieur père laisse son épouse s'occuper de tout dans la maison, lui si disert, cultivé, en train de balayer, ça serait cocasse, délirant, un point c'est tout. À toi d'apprendre ma vieille. Des moments d'angoisse et de découragement devant le buffet jaune canari du meublé, des œufs, des pâtes, des endives, toute la bouffe est là, qu'il faut manipuler, cuire. Fini la nourriture-décor de mon enfance, les boîtes de conserve en quinconce, les bocaux multicolores, la nourriture surprise des petits restaurants chinois bon marché du temps d'avant. Maintenant, c'est la nourriture corvée.

Annie Ernaux, La Femme gelée, Gallimard, 1981.

Document B Image

Publicité Moulinex, 1959.

FRANÇAIS

Questions → *corrigé p. 331* **20 pts**

Sur le texte (document A)

1 Quelle est la situation des deux personnages du texte ? Relevez deux citations pour appuyer votre réponse. **1 pt**

2 « jeune couple moderno-intellectuel » (l. 4) : expliquez le sens de cette expression en vous reportant au portrait du couple dans le texte. **2 pts**

3 À quelle personne le texte est-il rédigé ? Quelle indication cela vous donne-t-il sur le genre du texte ? **1,5 pt**

4 Quel est le temps employé majoritairement dans le texte ? Quelle est sa valeur ? Quel effet cet emploi produit-il sur le lecteur ? **1,5 pt**

5 « La cocotte-minute, cadeau de mariage si utile vous verrez, chantonne sur le gaz. » (l. 8-9). Qui le pronom personnel souligné désigne-t-il selon vous ? À quel type de message cette phrase vous fait-elle penser ? **2 pts**

6 « Elle avait démarré, la différence. » (l. 14). De quelle différence s'agit-il ? Commentez ce propos de la narratrice en faisant un parallèle avec le propos cité plus haut : « Finie la ressemblance. » (l. 10-11). **3 pts**

7 « À toi d'apprendre ma vieille. […] toute la bouffe est là […]. » (l. 29-31). À quel niveau de langue appartiennent les mots soulignés ? Justifiez leur emploi dans le texte. **2 pts**

8 Pourquoi peut-on dire que la narratrice est une « femme gelée », ainsi que l'annonce le titre de l'œuvre ? Relevez trois éléments dans le texte pour appuyer votre réponse. **3 pts**

Sur le texte et l'image (documents A et B)

9 Quels sont les éléments qui rapprochent l'image et le texte ? **2 pts**

Sur l'image (document B)

10 Cette publicité pourrait-elle, selon vous, être encore utilisée à notre époque ? **2 pts**

Réécriture → *corrigé p. 333* **5 pts**

« Je suis humiliée. Mes parents, l'aberration, le couple bouffon. Non je n'en ai pas vu beaucoup d'hommes peler des patates. Mon modèle à moi n'est pas le bon, il me le fait sentir. »

❯ Réécrivez le passage en remplaçant « je » par « nous » (en conservant le genre féminin). Vous procéderez à toutes les transformations nécessaires.

Polynésie, juin 2017 — **Corrigé 1**

Partie 2 • RÉDACTION ET MAÎTRISE DE LA LANGUE

Dictée  → *corrigé p. 334*   **20 min** **5 pts**

❯ Écoutez la dictée sur le site abcbrevet.com.
Consignes :
– On dictera le texte à haute voix à plusieurs reprises.
– On inscrira au tableau de manière lisible par l'ensemble des candidats le titre de l'œuvre et le nom de l'auteur.

Travail d'écriture   **1 h 30** **20 pts**

Vous traiterez au choix l'un des deux sujets suivants :

Sujet A → *corrigé p. 335*

❯ Selon vous, est-il facile aujourd'hui pour une femme de concilier vie familiale et vie professionnelle ?

Votre rédaction sera d'une longueur minimale de deux pages.

Sujet B → *corrigé p. 336*

❯ À la suite d'un accident, la jeune enseignante doit se reposer. Son mari la remplace dans la maison. Vous imaginerez la suite du récit en montrant que le mari se rend compte progressivement de l'inégalité qui existait entre eux.

Votre rédaction sera d'une longueur minimale de deux pages.

Sujet 1 Corrigé

Questions → *énoncé p. 328*

Les clés pour réussir

3 Cette question demande un simple repérage de pronoms personnels pour identifier la personne qui écrit. Pour identifier le genre, il faut ici se souvenir que lorsque l'auteur, le narrateur et le personnage principal sont la même personne, il s'agit du **genre autobiographique** ou d'un genre proche (journal intime, roman autobiographique...).

4 Les trois valeurs principales du présent de l'indicatif sont : **le présent d'actualité, le présent de narration et le présent de vérité générale.** Observez bien l'ensemble du texte pour justifier votre réponse.

> **7** Vous connaissez trois niveaux de langue : **familier, courant et soutenu**. Ils permettent de donner une tonalité au texte ou de caractériser l'état d'esprit d'un personnage.
>
> **10** Cette question vous demande de donner votre **avis**, n'hésitez pas à solliciter vos **connaissances** vues en cours de français et d'histoire sur l'égalité entre les femmes et les hommes.

1 Les deux personnages du texte sont un couple de jeunes mariés : « trois mois que nous sommes mariés » (l. 1). Ils étudient encore : « nous retournons à la fac » (l. 1-2), elle enseigne le latin : « je donne des cours de latin » (l. 2) et lui travaille dans le droit : « il bossera son droit constitutionnel » (l. 20-21).

2 Ce mot composé grâce à un trait d'union résume la situation dans laquelle se trouve ce couple, ils étudient ensemble le soir chez eux : « on travaille ensemble dans la grande salle » (l. 23). Ils semblent partager cette passion pour les activités intellectuelles : « je travaille La Bruyère ou Verlaine dans la même pièce que lui, à deux mètres l'un de l'autre » (l. 7-8).

3 Le texte est rédigé principalement à la première personne du singulier comme le montre le pronom « je », très présent dans le texte. Ce « je » d'un narrateur féminin, qui peut se confondre avec l'auteure indique que ce texte appartient au genre autobiographique.

4 Le temps majoritairement employé dans ce texte est le présent de l'indicatif : « je travaille » (l. 7), « je suis » (l. 15), « il faut » (l. 31). C'est du présent de narration qui rend l'action plus vivante et permet au lecteur de comprendre que le propos de l'auteure est toujours d'actualité, même si le récit qu'elle fait appartient au passé comme le montrent les autres verbes du texte à l'imparfait « Je ne savais pas plus que lui... » (l. 15-16).

5 Le pronom personnel « vous » peut désigner le jeune couple ou seulement la femme comme le montre la suite du texte. Cette phrase s'apparente à un message publicitaire : l'auteure rapporte certainement ici les paroles entendues dans un slogan ou prononcées par un vendeur.

6 La différence dont il s'agit est la différence entre l'homme et la femme dans le couple. Le texte montre qu'il n'y a qu'une égalité apparente : les deux travaillent « Unis, pareils » (l. 9-10), mais dès qu'une tâche ménagère apparaît (la cocotte-minute qui siffle), seule la femme se sent concernée « L'un des deux se lève [...]. Moi » (l. 11-13). La « ressemblance » cède donc vite le pas devant les inégalités entre hommes et femmes.

7 Les mots soulignés appartiennent au registre de langue familier. Ils traduisent ici la colère de la narratrice devant l'injustice de la situation. Ils soulignent aussi le regard péjoratif porté sur les tâches ménagères, « la bouffe », par rapport aux activités intellectuelles.

Polynésie, juin 2017 — **Corrigé 1**

8 La narratrice est bien une « femme gelée » car elle ne peut pas s'épanouir dans le travail et les études : elle doit gérer le quotidien sans l'aide de son mari : « Midi et soir je suis seule devant les casseroles » (l. 15). Elle le ressent comme une injustice et se demande pourquoi et « au nom de quelle supériorité » (l. 21) dans le couple elle est la seule « à éplucher les carottes, laver la vaisselle » (l. 19-20). De plus, elle se sent rabaissée d'accepter cette situation sans réagir « Je suis humiliée » (l. 24) « en y consentant lâchement » (l. 6-7).

9 Plusieurs éléments rapprochent le texte et l'image. D'abord, la situation : la femme est dans la cuisine et porte un tablier alors que l'homme est en costume : « tu m'imagines avec un tablier peut-être ! » (l. 23-24). Ensuite le cadeau d'un appareil électroménager que l'homme offre à la femme sur l'image rappelle « la cocotte-minute, cadeau de mariage » (l. 8-9). Enfin le slogan « Pour ELLE un Moulinex, pour LUI des bons petits plats » fait écho à la phrase du texte « La cocotte-minute, cadeau de mariage si utile vous verrez, chantonne sur le gaz » (l. 9).

10 Cette publicité ne pourrait plus être utilisée aujourd'hui car elle est trop sexiste : elle encourage à une inégalité entre les hommes et les femmes et se fonde sur des stéréotypes qui ne devraient plus exister. Cependant, elle correspond hélas aujourd'hui encore à une réalité dans bien des ménages : les femmes cumulent souvent une activité professionnelle et l'intendance du quotidien d'une famille.

Réécriture → *énoncé p. 330*

Les clés pour réussir

- **On vous demande** de passer de la première personne du singulier à la première personne du pluriel en conservant le genre féminin.
- **Vous devez modifier :**
– les verbes et un participe passé ;
– deux déterminants possessifs ;
– les pronoms personnels sujets et compléments.
- Attention, pour la dernière phrase deux solutions sont possibles, choisissez la plus simple.

Nous sommes humiliées. **Nos** parents, l'aberration, le couple bouffon. Non **nous** n'en avons pas vu beaucoup d'hommes peler des patates. **Notre** modèle à **nous** n'est pas le bon, il **nous** le fait sentir.

(Variante : **Nos modèles** à **nous** ne **sont** pas **les bons**, il **nous** le fait sentir.)

FRANÇAIS

PARTIE 2

Dictée → *énoncé p. 331*

Les clés pour réussir

▸ **Bien accorder**
- « **tout/tous** » : c'est un déterminant, il s'accorde donc avec le mot qui suit (« tout le »/« tous les »).

▸ **Ne pas confondre**
- « **ces/ses** » : « **ces** » est un déterminant démonstratif, « **ses** » est un déterminant possessif (= « les sien(ne)s »).
- « **son/sont** » : « **son** » est un déterminant possessif (= « le sien »), « **sont** » est la 3ᵉ personne du pluriel du verbe « être » au présent.

▸ **Bien orthographier**
- Le mot « événements » peut s'écrire avec un accent aigu ou grave sur le deuxième « e », les deux orthographes sont acceptées.

Les mots difficiles

- « **Jungle** » : mot emprunté à l'anglais, penser à sa prononciation anglaise pour bien l'orthographier.
- « **enthousiasme** » : ne pas oublier le « th » comme dans la racine grecque « théo- » qui signifie « dieu ». À l'origine quelqu'un d'enthousiaste est inspiré par les dieux.

Dans les romans d'aventures ce sont les garçons qui font le tour du monde, qui voyagent comme marins sur des bateaux, qui se nourrissent dans la jungle du fruit de l'arbre à pain. Tous les événements importants arrivent par les hommes. La réalité confirme ces romans et ces légendes. Si la fillette lit les journaux, si elle écoute la conversation des grandes personnes, elle constate qu'aujourd'hui comme autrefois les hommes mènent le monde. Les chefs d'État, les généraux, les explorateurs, les musiciens, les peintres qu'elle admire sont des hommes ; ce sont des hommes qui font battre son cœur d'enthousiasme.

Simone de Beauvoir, *Le Deuxième Sexe*, tome II, Gallimard, 1949.

Polynésie, juin 2017 **Corrigé 1**

Travail d'écriture – Sujet A → *énoncé p. 331*

> ### Les clés pour réussir
>
> ▶ **L'introduction**
> - **Introduisez le sujet** : vous pouvez présenter le thème à partir d'une citation du texte ou d'une réflexion issue de l'actualité ou de vos connaissances sur le sujet (pensez à utiliser vos cours d'Histoire-Géographie).
> - **Présentez le sujet** : reprenez la question posée par le sujet.
> - Annoncez clairement votre **plan**.
>
> ▶ **Le développement**
> - La question posée appelle plutôt un développement **en deux parties** pour montrer les difficultés mais aussi les avancées dans la conciliation de la vie familiale et de la vie professionnelle pour les femmes.
>
> ▶ **La conclusion**
> - Résumez en d'autres termes votre argumentation en précisant votre avis.
> - Terminez avec une phrase d'ouverture en élargissant par exemple la question aux hommes.

> **Méthode**
>
> *Pour vous aider, nous vous avons indiqué en couleur les parties de la rédaction qui répondent aux consignes.*
>
> Indicateurs logiques   Arguments   ┊ Exemples

Une loi « pour l'égalité réelle entre les femmes et les hommes » a été votée en France en 2014. Elle aborde de nombreux sujets comme l'égalité professionnelle, l'image des femmes dans les médias ou la parité en politique, mais il subsiste de nombreux freins lorsque l'on parle de l'égalité entre les femmes et les hommes. On peut ainsi se demander s'il est facile aujourd'hui pour une femme de concilier vie familiale et vie professionnelle. Dans une première partie nous verrons les obstacles qui se dressent encore devant les femmes dans cette situation avant de montrer que les mentalités évoluent et que l'exercice d'un métier et d'une vie familiale devient de plus en plus aisé.

La première difficulté que rencontrent de nombreuses femmes qui sont dans la vie active est une forme de culpabilité et d'acceptation de cette situation comme si elle était justifiée par des siècles de pratique. C'est ce que sous-entend Annie Ernaux dans son texte : « En y consentant lâchement. » Elle évoque ainsi la résignation de nombreuses femmes, qui devenues mères ou épouses, acceptent de mettre de côté leur vie professionnelle pour gérer le quotidien familial comme si c'était leur rôle à elle et non au couple.

De plus, les mentalités évoluent très lentement sur ce sujet et l'inégalité entre les hommes et les femmes sur la gestion du temps accordé à la vie familiale est très marquée. Une étude de l'Insee de 2015 montre ainsi que les femmes consacrent 3 h 26 par jour au travail domestique contre 2 h 00 pour les hommes ! Cette différence est bien sûr un frein à l'évolution professionnelle pour les femmes. On observe également que les femmes ont tendance à poser des RTT le mercredi pour s'occuper des enfants, alors que les hommes les posent le vendredi pour leurs loisirs…

Cependant, comme le montre la loi citée en ouverture, les mentalités évoluent et on observe aujourd'hui une véritable prise de conscience de ces inégalités dans les entreprises. Par exemple, des aménagements sont prévus pour que les femmes comme les hommes puissent concilier vie familiale et vie professionnelle : programmer moins de réunions tardives, développer le télétravail, créer des crèches d'entreprises… et l'on retrouve cette évolution dans des séries télévisées où des héroïnes mènent avec réussite leur vie professionnelle et leur vie familiale, c'est le cas de Lynette Scavo dans *Desperate Housewives* qui gère de front une famille nombreuse et sa carrière professionnelle à l'inverse des autres personnages féminins de la série qui sont femmes au foyer.

Enfin, les relations entre les hommes et les femmes changent, et de nombreux couples arrivent aujourd'hui à illustrer ce que demandait déjà au XIXe siècle, dans le roman *Bel-Ami* de Maupassant, Mme Forestier à son futur époux : « Il faudrait aussi que cet homme s'engageât à voir en moi une égale, une alliée, et non pas une inférieure ni une épouse obéissante et soumise. » C'est cette considération mutuelle assortie d'un véritable partage des tâches qui peut faire changer les choses durablement.

La conciliation entre vie professionnelle et vie familiale n'est donc pas encore facile aujourd'hui pour les femmes, mais l'évolution des mentalités aidée par quelques rappels de la loi, laisse penser que la situation s'améliore. Le véritable progrès sera atteint lorsque la question ne se posera plus seulement du point de vue des femmes mais aussi des hommes.

Travail d'écriture – Sujet B → *énoncé p. 331*

Les clés pour réussir

- Écrire une suite de texte implique de tenir compte des caractéristiques principales du texte de départ.

Polynésie, juin 2017 — **Corrigé 1**

Les éléments du texte
- **La tonalité du texte** : réaliste.
- **Le lieu** où se déroule l'action : un appartement agréable.
- **L'époque** à laquelle se déroule l'action : les années 1970.
- **Les caractéristiques des personnages** (âge, situation sociale, caractère, façon de parler…) : vous devez les reprendre mais vous pouvez les faire évoluer à condition de ne pas perdre de vue leurs préoccupations, leurs envies principales.
- **La chronologie des actions** : le sujet impose un accident de la jeune femme, ce n'est donc pas la suite immédiate du texte.

La narration
- **Le statut du narrateur** : votre texte sera rédigé à la première personne, par la jeune femme.
- **Les temps verbaux** : présent et imparfait pour l'essentiel.
- **Le registre de langue** : privilégiez un registre courant en vous autorisant quelques tournures familières comme dans le texte initial.
- **Les dialogues** : ce sujet se prête à l'insertion de dialogues pour rendre le récit plus vivant et permettre aux personnages d'exprimer leurs idées.

« *Carpe diem !* » c'est tout ce qu'a trouvé à me dire le chirurgien quand il m'a plâtré le bras : reposez-vous et profitez ! Au moins le message est clair. Je vais pouvoir rattraper mon retard de lecture : depuis le temps que je délaissais Verlaine au profit du pot-au-feu ! Mon mari sourit. « Jusqu'à quand auras-tu ce plâtre au fait ? demande-t-il.

– Le chirurgien a dit qu'on se verrait dans un mois et demi pour voir comment ça évoluait…

– Un mois et demi ! Mais comment vas-tu faire ?

– Pour ?

– Eh bien, pour… le travail, la maison, les enfants, enfin tout quoi !

– Heureusement que je ne suis pas seule ! »

Il me lance un regard inquiet. Je lui rappelle à propos des enfants qu'il faudra justement aller les chercher à l'école à 17 h 00. Il ne peut pas, il doit absolument voir un collègue pour évoquer un cas de jurisprudence.

« Alors les enfants resteront à l'école jusqu'à demain… dis-je avec un certain fatalisme en levant mon bras plâtré.

– C'est bon j'irai, lance-t-il agacé.

– Tu passeras aussi faire quelques courses pour les repas de la semaine, le frigo est vide.

– Des courses ? Mais que veux-tu que j'achète ? Demande-t-il étonné.

– Ce que tu veux, fais suivant ton inspiration, je ne pourrais pas t'être d'une grande aide en cuisine non plus tu sais. Mais ne t'inquiète pas avec un peu d'organisation et l'aide de notre cocotte-minute tu vas très bien t'en sortir ! »

Il reste bouche bée, soudain il prend conscience que ce petit accident prend des proportions qu'il n'imaginait pas. Il part chercher les enfants.

Quand il revient deux heures plus tard, je vois d'abord deux cabas qui passent la porte, les enfants le suivent énervés : les billes de l'un volées par l'autre. Il semble exténué et vient se poser près de moi dans le canapé de la grande salle. « Je n'en peux plus ! Il y avait un monde fou, tu ne peux pas imaginer ! » Je relève doucement la tête de mon livre : « Oh si, j'imagine très bien, c'est un peu mon quotidien tu sais.

– Oui c'est vrai, je n'avais pas réalisé...

Et je m'empresse d'ajouter : Qu'est-ce qu'on mange ce soir ? »

Sujet 2 — Gustave Flaubert, *Madame Bovary*

Centres étrangers, juin 2017

Partie 1 • COMPRENDRE, ANALYSER ET INTERPRÉTER

Document A — Texte littéraire

Emma Bovary est l'épouse de Charles, un homme avec lequel elle n'est pas heureuse. Déçue par sa vie monotone, elle rêve de mener une vie mondaine comme les princesses ou les actrices des romans et des magazines qu'elle lit.

Comment était-ce, Paris ? Quel nom démesuré ! Elle se le répétait à demi-voix, pour se faire plaisir ; il sonnait à ses oreilles comme un bourdon de cathédrale ; il flamboyait à ses yeux jusque sur l'étiquette de ses pots de pommade. […]

5   Elle s'acheta un plan de Paris, et, du bout de son doigt, sur la carte, elle faisait des courses dans la capitale. Elle remontait les boulevards, s'arrêtant à chaque angle, entre les lignes des rues, devant les carrés blancs qui figurent les maisons. Les yeux fatigués, à la fin, elle fermait ses paupières, et elle voyait dans les ténèbres se tordre au vent des becs
10 de gaz[1], avec des marche-pieds de calèches, qui se déployaient à grand fracas devant le péristyle des théâtres.

Elle s'abonna à la *Corbeille*, journal des femmes, et au *Sylphe des Salons*. Elle dévorait, sans en rien passer, tous les comptes rendus de premières représentations, de courses et de soirées, s'intéressait au début
15 d'une chanteuse, à l'ouverture d'un magasin. Elle savait les modes nouvelles, l'adresse des bons tailleurs, les jours de Bois ou d'Opéra. Elle étudia, dans Eugène Sue, des descriptions d'ameublements ; elle lut Balzac et George Sand[2], y cherchant des assouvissements[3] imaginaires pour ses convoitises personnelles. À table même, elle apportait
20 son livre, et elle tournait les feuillets, pendant que Charles mangeait en lui parlant. […]

Paris, plus vaste que l'Océan, miroitait donc aux yeux d'Emma dans une atmosphère vermeille. La vie nombreuse qui s'agitait en ce
25 tumulte[4] y était cependant divisée par parties, classée en tableaux dis-

tincts. Emma n'en apercevait que deux ou trois qui lui cachaient tous les autres et représentaient à eux seuls l'humanité complète. Le monde des ambassadeurs marchait sur des parquets luisants, dans des salons lambrissés de miroirs, autour de tables ovales couvertes d'un tapis
30 de velours à crépines d'or[5]. Il y avait là des robes à queue, de grands mystères, des angoisses dissimulées sous des sourires. […] Dans les cabinets de restaurants où l'on soupe après minuit, riait, à la clarté des bougies, la foule bigarrée des gens de lettres et des actrices. Ils étaient, ceux-là, prodigues[6] comme des rois, pleins d'ambitions idéales et de
35 délires fantastiques. C'était une existence au-dessus des autres, entre ciel et terre, dans les orages, quelque chose de sublime.

Gustave Flaubert, *Madame Bovary*, 1857.

1. *Becs de gaz* : éclairage public au XIXᵉ siècle.
2. *Eugène Sue, Balzac, George Sand* : romanciers célèbres du XIXᵉ siècle qui ont décrit Paris.
3. *Assouvissements* : satisfactions.
4. *Tumulte* : foule débordante d'énergie.
5. Flaubert décrit ici des intérieurs très luxueux.
6. *Prodigues* : dépensiers.

Document B — Image

Publicité pour la marque Chanel, 1982.

Centres étrangers, juin 2017 — Sujet 2

Questions → *corrigé p. 343*

Questions sur le texte littéraire (document A)

1 Emma s'est-elle déjà rendue à Paris ? Justifiez votre réponse. **2 pts**

2 Que ressent Emma pour Paris ?
– de la crainte ;
– de la fascination ;
– de la curiosité.
a. Recopiez la bonne réponse sur votre copie. **1 pt**
b. Justifiez votre choix en citant au moins deux éléments du texte. **2 pts**

3 Quel est le quotidien d'Emma ? Vous vous appuierez sur le texte pour justifier votre réponse. **2 pts**

4 « Miroitait » (l. 22) :
a. Trouvez un mot de la même famille. **0,5 pt**
b. Par quel synonyme pourriez-vous remplacer le mot « miroitait » dans la phrase ? **0,5 pt**
c. Comment interprétez-vous le choix du verbe « miroitait » ? **2 pts**

5 D'après le dernier paragraphe, quelle vie Emma rêve-t-elle de vivre ? **2 pts**

6 Quel travers de la société Flaubert dénonce-t-il dans ce texte ? **2 pts**

7 Selon vous, cette critique est-elle encore d'actualité ? **2 pts**

Question sur l'image (document B)

8 Commentez la façon dont cette femme tient le tableau de *La Joconde*. **1 pt**

Question sur le texte et l'image (documents A et B)

9 En vous appuyant sur le document iconographique et sur le texte, dites quelle image de la femme française est ici véhiculée. **3 pts**

Réécriture → *corrigé p. 345*

« Elle étudia, dans Eugène Sue, des descriptions d'ameublements ; elle lut Balzac et George Sand, y cherchant des assouvissements imaginaires pour ses convoitises personnelles. À table même, elle apportait son livre, […] tournait les feuillets, pendant que Charles mangeait en lui parlant. »

› Réécrivez ce passage en remplaçant « elle » par « je ». Vous ferez toutes les transformations nécessaires.

PARTIE 2
Rédaction et maîtrise de la langue

Dictée → corrigé p. 345

› Écoutez la dictée sur le site abcbrevet.com.

Consignes :
– On dictera le texte à haute voix à plusieurs reprises.
– On inscrira au tableau de manière lisible par l'ensemble des candidats le titre de l'œuvre, le nom de l'auteur et le prénom **Bérénice**.

Travail d'écriture

Vous traiterez au choix un des deux sujets de rédaction suivants :

Sujet A → corrigé p. 346

« Il y avait là des robes à queue, de grands mystères, des angoisses dissimulées sous des sourires. » (l. 31-32).

› Pourquoi, selon vous, la vie des stars et des personnes célèbres fascine-t-elle toujours autant ?

Vous répondrez à cette question dans un développement argumenté et organisé en vous appuyant sur votre expérience, vos lectures, votre culture personnelle et les connaissances acquises dans l'ensemble des disciplines.

Votre travail fera au moins deux pages (soit une cinquantaine de lignes).

Sujet B → corrigé p. 347

› Vous êtes journaliste et vous devez rédiger un article invitant à découvrir un lieu qui vous semble digne d'intérêt. Dans votre texte, vous présenterez les atouts géographiques et culturels de cet endroit.

Votre travail fera au moins deux pages (soit une cinquantaine de lignes).
Vous veillerez à ne pas signer votre article.

Corrigé

Partie 1 • COMPRENDRE, ANALYSER ET INTERPRÉTER

Questions → *énoncé p. 339*

> ### Les clés pour réussir
>
> **2 b.** Cette question trouve sa justification dans le **premier paragraphe**. N'hésitez pas à évoquer **une figure de style** pour justifier votre réponse : même si ce n'est pas explicitement demandé, ce sera valorisé par le correcteur.
>
> **4** Une famille de mots se compose de tous les mots **issus du même radical** (ex. : lent, lenteur, ralentir, etc.). Attention, parfois l'orthographe du radical varie (ex. : mer, marée, maritime, amerrir, etc.).
>
> **6** et **7** Les textes littéraires expriment souvent une **critique sociale**, c'est-à-dire qu'ils dénoncent certains travers de la société pour faire réfléchir ou réagir les lecteurs. Pour faire le lien avec l'actualité, pensez à mettre en parallèle des éléments du texte comme les journaux et le développement des médias aujourd'hui.
>
> **9** Cette question vous demande de faire le **lien** entre les éléments du texte et ceux de l'image. Pensez à commenter aussi l'évolution de l'image des femmes entre le tableau de Léonard de Vinci et la publicité Chanel.

1 Emma ne s'est certainement jamais rendue à Paris, comme le montre la phrase interrogative qui ouvre le texte « Comment était-ce Paris ? » (l. 1). C'est pour cela aussi qu'elle essaie d'en apprendre plus sur la capitale en achetant un plan : « Elle s'acheta un plan de Paris » (l. 5).

2 a. Emma ressent de la fascination pour Paris.
b. Le nom même de Paris semble « démesuré » (l. 1) à Emma. Lorsqu'elle l'entend, il l'entraîne dans une rêverie qui perturbe même ses sensations habituelles comme le montrent la comparaison et la métaphore « il sonnait à ses oreilles comme un bourdon de cathédrale ; il flamboyait à ses yeux ».

3 Le quotidien d'Emma semble ennuyeux : elle passe son temps à lire des magazines féminins : « journal des femmes » (l. 12) pour vivre par procuration la vie des personnes connues. Elle se réfugie dans une vie imaginaire, « y cherchant des assouvissements imaginaires » (l. 18-19) pour échapper à son quotidien y compris pendant les repas avec son mari : « À table même, elle apportait son livre, et elle tournait les feuillets, pendant que Charles mangeait en lui parlant. » (l. 19-21).

4 a. « Miroir » est un mot de la même famille que le verbe « miroitait ». Il apparaît dans le texte à la ligne 29.

b. Le mot « miroitait » pourrait être remplacé par « brillait ». (« Étincelait » ; « éblouissait » ; « resplendissait » sont d'autres synonymes possibles.)
c. Ce verbe prend ici plusieurs significations. Il évoque d'abord une ville brillante, éblouissante et attirante pour Emma, mais aussi une ville inaccessible, un rêve que l'on fait « miroiter » à ses yeux. Enfin, cette image de la ville n'est que le reflet de la réalité : Emma s'y voit comme dans un miroir, ce n'est donc pas sa véritable vie.

5 Emma rêve d'une vie luxueuse dans la haute société parisienne : « Le monde des ambassadeurs marchait sur des parquets luisants, dans des salons lambrissés de miroirs » (l. 27). Elle rêve de cette vie « sublime » (l. 36) pour partager les soirées mondaines « des gens de lettres et des actrices » (l. 33).

6 Dans ce texte, Flaubert dénonce le mode de vie des personnes issues des classes sociales les plus élevées qui vivent dans un monde de luxe basé sur des apparences et « des angoisses dissimulées sous des sourires » (l. 31). À travers Emma, il critique également l'attitude des personnes toujours envieuses de ce mode de vie, et qui finissent par ne pas vivre réellement mais par s'enfermer dans une frustration permanente à cause de ce luxe auquel elles n'ont pas accès.

7 Cette critique est toujours d'actualité, et elle est même de plus en plus vive avec le développement des médias qui permettent de suivre, presque en temps réel, la vie des stars ou des personnes les plus riches, pour les admirer ou les jalouser. Les magazines d'Emma existent toujours et sont même dépassés par les réseaux sociaux sur lesquels de nombreuses personnes passent leur temps à rêver de la vie des autres en oubliant parfois de vivre la leur.

8 Sur cette publicité pour la marque Chanel, la femme tient le tableau de *La Joconde* de manière nonchalante et désinvolte, comme s'il s'agissait d'un simple sac à main ou d'un objet quotidien de peu d'importance.

9 La publicité Chanel véhicule l'image de la femme française élégante, chic et citadine (on voit une ville en arrière-plan, certainement Paris) qui est autonome et active : elle est en mouvement et appelle en taxi. Elle représente ce dont rêve Emma dans le texte : « les modes nouvelles, l'adresse des bons tailleurs » (l. 16) et les jolies tenues : « robes à queue » (l. 30). *La Joconde* est dépassée : femme sage, posée, les bras croisés, comme Emma elle appartient à un univers contemplatif qui n'est pas celui de la femme parisienne : elle est reléguée au second plan comme un objet de peu d'importance, ou un simple accessoire de mode.

Centres étrangers, juin 2017 — **Corrigé 2**

Réécriture → *énoncé p. 341*

Les clés pour réussir

- **On vous demande** de passer de la troisième personne du singulier à la première personne du singulier.
- **Vous devez modifier :**
– deux verbes au passé simple et deux verbes à l'imparfait ;
– deux déterminants possessifs ;
– un pronom personnel complément.
- **Attention** aux fautes de copie sur les noms propres, elles seront sanctionnées.

J'étudiai, dans Eugène Sue, des descriptions d'ameublements ; **je lus** Balzac et George Sand, y cherchant des assouvissements imaginaires pour **mes** convoitises personnelles. À table même, **j'apportais mon** livre, […] **tournais** les feuillets, pendant que Charles mangeait en **me** parlant.

Partie 2 • RÉDACTION ET MAÎTRISE DE LA LANGUE

Dictée → *énoncé p. 342*

Les clés pour réussir

▶ **Bien conjuguer**
- Le **conditionnel présent** : il se forme à partir de l'infinitif du verbe avec les terminaisons -ais/-ais/-ait/-ions/-iez/-aient. Attention les verbes en « -eler » et « -eter » s'écrivent avec deux « l » ou deux « t ».

▶ **Bien accorder**
- Les adjectifs et participes passés féminins éloignés du nom : « pures », « ravie ».

▶ **Ne pas confondre**
- « voie »/« voix »/« vois-voit » : « voie » est un nom féminin qui désigne une route ou une rue ; « voix » désigne les sons vocaux et vient du latin *vox*, il termine donc toujours par un « x » ; « vois-voit » est le verbe « voir » à la 2e et 3e personne du singulier au présent.

Les mots difficiles

- **perspective** : détacher chaque syllabe pour ne pas oublier de lettre.
- **désœuvrée** : bien orthographier le « œ », en pensant au radical « œuvre ».

FRANÇAIS

Brusquement la ville s'ouvrait sur une perspective, et Bérénice sortait de cet univers qui l'effrayait et l'attirait […]. Que c'est beau, Paris ! Là même où les voies sont droites, et pures, que de tournants… Nulle part à la campagne, le paysage ne change si vite ; nulle part, même dans les Alpes ou sur les bords de la mer ; il n'y a de si forts aliments pour le rêve d'une jeune femme désœuvrée, et ravie de l'être, et libre, libre de penser à sa guise, sans se surveiller, sans craindre de trahir sur son visage le fond de son cœur, de laisser échapper une phrase qu'elle regretterait parce qu'elle aurait fait du mal à quelqu'un…

Louis Aragon, *Aurélien*, 1945.

Travail d'écriture – Sujet A → *énoncé p. 342*

Les clés pour réussir

L'introduction
- Introduisez le sujet : vous pouvez présenter le thème à partir d'une **citation du texte** ou de l'**abondance de médias** sur ce sujet.
- Présentez le sujet : reprenez la **question** posée par le sujet.
- Annoncez clairement votre **plan**.

Le développement
- La question posée appelle un développement en deux ou trois parties où vous exposerez plusieurs réponses à la question posée. Attention, **il ne s'agit pas de peser les avantages et les inconvénients de la vie des stars**, ce serait un hors-sujet.

La conclusion
- Résumez **en d'autres termes** votre argumentation en précisant votre **avis**.
- Terminez avec **une phrase d'ouverture**, en émettant par exemple une critique sur cet engouement pour la vie des personnes célèbres.

Méthode

Pour vous aider, nous vous avons indiqué en couleur les parties de la rédaction qui répondent aux consignes.

| Indicateurs logiques | Arguments | Exemples |

« C'était une existence au-dessus des autres […] quelque chose de sublime. » Cette réflexion d'Emma Bovary trouve bien des échos dans nos médias qui présentent à longueur de journée la vie des personnes célèbres auprès d'un public nombreux. On peut se demander pour quelles raisons la vie des stars et des personnes célèbres fascine autant. Nous verrons d'abord qu'elle est entourée d'un mystère qui attire, puis nous montrerons comment elle engendre du rêve avant de considérer qu'elle correspond à un désir de reconnaissance.

Tout d'abord, ce qui nous fascine dans la vie des stars, c'est le mystère dont elle est entourée. Comme le dit Emma, les « grands mystères » qui entourent les personnes célèbres ont le goût de l'interdit qui attire toujours. C'est ce qui fait le succès de la presse *people* qui présente chaque semaine des *scoops*, parfois contradictoires, alimentant le mythe des célébrités. Cependant, il y a souvent une différence entre cette vie supposée et la réalité, comme on l'apprend régulièrement avec des suicides de stars dont les vies semblent bien loin de l'idéal que l'on imaginait.

Par ailleurs, les célébrités évoluent dans un monde de luxe et de richesse qui est propice au rêve : tout y est beau, brillant et lumineux. On envie ce mode de vie où tout semble simple et abondant. C'est ce que l'on voit dans un film comme *Le diable s'habille en Prada*, avec Meryl Streep, où les personnages évoluent dans le monde de la mode qui place au-dessus de tout le luxe et l'apparence.

Enfin, la vie des célébrités fascine car elle attire : chacun rêve de la gloire dont sont entourées les stars. De nombreuses personnes éprouvent en effet ce désir de reconnaissance. C'est ce qui fait le succès des émissions de téléréalité ou des concours comme *The Voice* par exemple : le rêve d'être reconnu devient possible et accessible très rapidement et chacun peut s'identifier aux nouvelles stars qui percent les écrans.

Pour conclure, il semble naturel d'être attiré par la vie des célébrités que ce soit par envie et jalousie pour le luxe et la richesse qui les accompagne ou par un désir profond de reconnaissance personnelle. Cependant, cette fascination doit être mesurée pour ne pas devenir une entrave ou une obsession qui empêcherait d'avancer dans sa propre vie.

Travail d'écriture – Sujet B → *énoncé p. 342*

Les clés pour réussir

▶ **La situation d'énonciation**

• **L'émetteur** est clairement identifié par le sujet : vous devez vous mettre dans la peau d'un journaliste et donc vous exprimer à la première personne.

• Les destinataires ne sont pas définis : à vous de choisir s'il s'agit d'un journal grand public ou à destination d'un public plus jeune.

FRANÇAIS

- On vous précise **dans quel but est écrit l'article** : il s'agit de présenter un lieu digne d'intérêt sur les plans géographiques et culturels : votre texte mêlera donc de la description et des éléments argumentatifs pour inciter les lecteurs à aller voir ce lieu.
- Le lieu doit être « digne d'intérêt » et présenter des « atouts géographiques et culturels ».

▶ La présentation de l'article
- Il faut donner un **titre** qui doit être bref et inviter à lire la suite. Pour cela, on privilégie les phrases nominales et pourquoi pas, les jeux de mots ou les figures de style (antithèse, métaphore…) : *Un heureux accident, Une étrange rentrée, La faim du monde…*
- L'article doit être organisé en **paragraphes courts** qui contiennent chacun une idée principale : on peut commencer par une description générale, poursuivre par une présentation des atouts culturels et terminer par une analyse ou un point de vue (explication ou argumentation). Vous pouvez souligner cette structure en mettant des sous-titres, voire en présentant votre texte en **deux colonnes**, comme dans un « vrai » journal.
- Insérez des **paroles rapportées** entre guillemets, à la manière des interviews, votre texte sera bien plus vivant, et les personnes décrites prendront vie.
- Pensez enfin à **signer** votre article, avec par exemple les initiales de l'auteur du texte de départ (surtout pas les vôtres, votre copie doit rester anonyme !), et à **nommer le journal.**

Méthode

Pour vous aider, nous vous avons indiqué en couleur les parties de la rédaction qui répondent aux consignes.

| Présentation d'un article | Paroles rapportées | Atouts géographiques | Atouts culturels |

Objectif Neptune

Le voyageur qui passe le panneau Arromanches-les-Bains tombe immédiatement sur un char Sherman M4 fièrement dressé devant la plage : étrange contraste entre ce nom de cité balnéaire et son passé historique. Cette petite bourgade des côtes normandes, située à quelques kilomètres seulement au nord de la plaine de Caen témoigne en effet de la plus grande opération militaire amphibie du XXe siècle : l'opération Neptune, nom de code du débarquement allié en Normandie dans la nuit du 5 au 6 juin 1944.

Les villas résidentielles du front de mer, qui accueillaient la bourgeoisie depuis la belle époque des bains de mer, offrent aujourd'hui une vue imprenable sur les vestiges du port artificiel Mulberry destiné à faire débarquer le matériel et les hommes en France, sans attendre la prise d'un véritable port en eaux profondes comme celui de Cherbourg, trop bien défendu par les forces allemandes.

Arromanches renaît de ses cendres

Yvette, âgée de 9 ans au moment du débarquement se souvient : « Aujourd'hui, on ne voit que quelques caissons sur la plage et au large, mais il faut imaginer le fourmillement qu'il y avait à l'époque : c'était un véritable port, les voitures, les camions, les chars semblaient rouler sur l'eau ! Des milliers d'hommes débarquaient ici pour aller libérer la France ! » En effet, d'énormes caissons flottants en béton armé, baptisés Phoenix, avaient été remorqués depuis l'Angleterre pour être coulés devant Arromanches et constituer un réseau de brise-lames reliés par des ponts. Ils permettaient le débarquement des hommes et du matériel depuis les bateaux restés au large.

Une plongée dans l'histoire

Éric, un plongeur amateur local fait le récit d'une plongée au pied d'un de ces caissons « On est toujours impressionné quand on s'immerge devant Arromanches : à 20 mètres sous la surface de la mer, c'est un enchevêtrement de métal et de blocs de bétons qui abritent désormais la vie sous-marine. On trouve de tout dans ces eaux troubles : chars, obus… il y a même une épave qui contient encore des caisses de whisky destinées aux soldats ! » Une séquence pleine d'émotion quand on revient du large en voyant se dessiner au loin les falaises de la meurtrière pointe du Hoc…

Aujourd'hui, le soleil brille et réchauffe le sable, quelques enfants jouent sur la plage et des curieux de tous pays visitent le Musée du débarquement. Arromanches-les-Bains continue ainsi de faire vivre l'Histoire et les plaisirs estivaux.

A. Nonyme, *Les Nouvelles de l'Ouest*

Sujet 3 — Jules Renard, *Histoires naturelles*

Asie, juin 2017

Partie 1 • COMPRENDRE, ANALYSER ET INTERPRÉTER

Document A — Texte littéraire

Le chasseur d'images

Il saute du lit de bon matin, et ne part que si son esprit est net, son cœur pur et son corps léger comme un vêtement d'été. Il n'emporte point de provisions. Il boira l'air frais en route et reniflera les odeurs salubres[1]. Il laisse ses armes à la maison et se contente d'ouvrir les yeux. Les yeux servent de filets où les images s'emprisonnent d'elles-mêmes.

La première qu'il fait captive est celle du chemin qui montre ses os, cailloux polis, et ses ornières[2], veines crevées, entre deux haies riches de prunelles et de mûres.

Il prend ensuite l'image de la rivière. Elle blanchit aux coudes et dort sous la caresse des saules. Elle miroite quand un poisson tourne le ventre, comme si on jetait une pièce d'argent, et, dès que tombe une pluie fine, la rivière a la chair de poule.

Il lève l'image des blés mobiles, des luzernes[3] appétissantes et des prairies ourlées[4] de ruisseaux. Il saisit au passage le vol d'une alouette ou d'un chardonneret. Puis il entre au bois. Il ne se savait pas doué de sens si délicats. Vite imprégné de parfums, il ne perd aucune sourde rumeur, et, pour qu'il communique avec les arbres, ses nerfs se lient aux nervures des feuilles.

Bientôt, vibrant jusqu'au malaise, il perçoit trop, il fermente, il a peur, quitte le bois et suit de loin les paysans mouleurs regagnant le village.

Dehors, il fixe un moment, au point que son œil éclate, le soleil qui se couche et dévêt sur l'horizon ses lumineux habits, ses nuages répandus pêle-mêle.

Enfin, rentré chez lui, la tête pleine, il éteint sa lampe et longuement, avant de s'endormir, il se plaît à compter ses images.

Dociles, elles renaissent au gré du souvenir. Chacune d'elles en éveille une autre, et sans cesse leur troupe phosphorescente s'accroît de nou-

velles venues, comme des perdrix poursuivies et divisées tout le jour
chantent le soir, à l'abri du danger, et se rappellent aux creux des sillons.

Jules Renard, *Histoire naturelles*, Gallimard, 1896.

1. *Salubres* : saines
2. *Ornières* : traces dans le sol
3. *Luzernes* : plantes à fleurs violettes
4. *Ourlées* : bordées

Document B Image

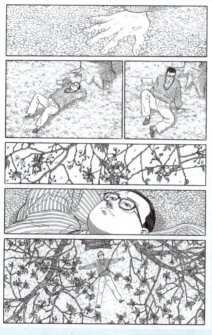

Jirô Taniguchi, *L'Homme qui marche*, 1992.

Questions → *corrigé p. 353* 1 h 00 **20 pts**

Sur le texte littéraire (document A)

1 « Il laisse ses armes à la maison et se contente d'ouvrir les yeux. » (l. 3-4) Comment cette phrase nous permet-elle de mieux comprendre le titre du texte ? **3 pts**

2 a. Quels sont les différents sens sollicités lors de cette balade ? Citez le texte pour justifier votre réponse. **2 pts**

b. Quels sentiments provoquent-ils chez le personnage tout au long du texte ? Relevez des éléments du texte pour justifier votre réponse. **2 pts**

3 « Il lève l'image des blés <u>mobiles</u>, des luzernes <u>appétissantes</u> […] » (l. 13). Quelle est la classe grammaticale des mots soulignés ? **1 pt**

4 Quel est le temps dominant dans le texte ? Quel effet son emploi produit-il ? **2 pts**

5 Comment la nature est-elle rendue vivante ? Citez le texte pour justifier votre réponse. **2 pts**

6 Pensez-vous que le chasseur reste maître de ses images ? Vous développerez votre réponse en vous appuyant précisément sur le texte. **4 pts**

Sur l'image (document B)

7 D'après vous, quelle phrase du texte pourrait être le titre de cette planche de bande dessinée ? Justifiez votre choix en confrontant des éléments du texte et de l'image. **4 pts**

Réécriture → *corrigé p. 355* **5 pts**

« Il n'emporta point de provisions. Il boira l'air frais en route et reniflera les odeurs salubres. Il laisse ses armes à la maison et se contente d'ouvrir les yeux. »

> Réécrivez ces trois phrases en utilisant l'imparfait et en remplaçant « il » par « nous ». Vous ferez toutes les modifications nécessaires.

Partie 2 • RÉDACTION ET MAÎTRISE DE LA LANGUE **25 pts**

 → *corrigé p. 355* **5 pts**

> Écoutez la dictée sur le site abcbrevet.com.

Consignes :
– On dictera le texte à haute voix à plusieurs reprises.
– On inscrira au tableau de manière lisible par l'ensemble des candidats le titre de l'œuvre, le nom de l'auteur, ainsi que les deux prénoms **Paul** et **Étienne**.

Asie, juin 2017 **Corrigé 3**

Travail d'écriture

🕐 1 h 30 **20 pts**

Vous traiterez au choix un des deux sujets de rédaction suivants :

Sujet A → *corrigé p. 356*

› Pourquoi « chasser » des images ? Vous répondrez à cette question en prenant appui sur vos pratiques personnelles et sur votre culture littéraire et artistique.

Votre rédaction sera d'une longueur minimale d'une soixantaine de lignes (300 mots environ).

Sujet B → *corrigé p. 358*

› Le lendemain, le chasseur d'images se rend en ville et déambule au gré de ses envies. À la manière de Jules Renard, vous raconterez sa balade en insistant sur les sensations et les sentiments de ce personnage.

Votre rédaction sera d'une longueur minimale d'une soixantaine de lignes (300 mots environ).

Sujet 3 — Corrigé

Partie 1 • COMPRENDRE, ANALYSER ET INTERPRÉTER

Questions → *énoncé p. 350*

Les clés pour réussir

2 a. Pour ce type de questions, **listez** les cinq sens, **puis observez** dans le texte lesquels sont présents.

b. Une sensation est le résultat d'une **perception** par l'un des cinq sens, un sentiment est le résultat d'une **émotion**.

3 Il existe cinq classes grammaticales de mots variables : les verbes, les noms, les adjectifs, les déterminants et les pronoms.

5 Cette question vous demande de trouver une **figure de style**. Les plus fréquentes sont la comparaison, la métaphore, la personnification et l'énumération.

7 La bande dessinée utilise un vocabulaire spécifique : **une case ou une vignette** est un **cadre** contenant une image ; **une bande** est une **suite de cases** sur une ligne ; **une planche** est une **page** de bande dessinée.

FRANÇAIS

1 Le titre associe les thèmes de la chasse et des images, on retrouve ces deux thèmes mêlés dans la phrase : la chasse avec le mot « armes » et les images avec le mot « les yeux ». Il s'agit donc d'une chasse au sens figuré : ce qu'il prendra dans ses « filets » (l. 5) ce seront uniquement des images.

2 a. Les cinq sens du personnage vont être sollicités pendant cette balade :
1. le goût : « il boira l'air frais » (l. 3) ;
2. l'odorat : « reniflera les odeurs salubres » (l. 3) et « parfums » (l. 16) ;
3. la vue : « ouvrir les yeux » (l. 4) et le mot « image » répété plusieurs fois dans le texte ;
4. l'ouïe « sourde rumeur » (l. 16-17) ;
5. le toucher « ses nerfs se lient aux nervures des feuilles » (l. 17-18).

b. Les sentiments qu'éprouve le personnage évoluent au cours de la balade : il a d'abord un sentiment de légèreté physique et morale : « son cœur pur et son corps léger » (l. 1), puis un sentiment de plénitude lorsqu'il a collecté plusieurs images : « imprégné » (l. 16), ensuite il ressent de la peur : « il a peur » (l. 19) comme s'il avait trop de sensations et enfin, au retour, il est satisfait et heureux : « il se plaît » (l. 25).

3 Les deux mots soulignés sont des adjectifs qualificatifs épithètes.

4 Le temps dominant est le présent de l'indicatif : « il saute » (l. 1), « il lève » (l. 3), « il fixe » (l. 21). On a l'impression de participer à la balade avec le personnage, on découvre les images en même temps que lui, c'est du présent de narration.

5 La nature est rendue vivante grâce aux différentes personnifications qui lui attribuent des caractéristiques humaines :
– « chemin qui montre ses os [...] veines crevées » (l. 6) ;
– la rivière « blanchit aux coudes et dort [...] a la chair de poule » (l. 9) ;
– le soleil « dévêt sur l'horizon ses lumineux habits » (l. 22).

6 Au départ, le chasseur est maître des images, il les prend au piège : « les yeux servent de filets » (l. 4), mais très vite il est submergé par l'abondance d'images et de sensations qu'elles font naître « vibrant jusqu'au malaise, il perçoit trop » (l. 19). À la fin, les images semblent plus calmes « dociles » (l. 26), mais elles restent autonomes pour décider de revenir dans la tête du chasseur : « chacune d'elles en éveille une autre » (l. 26-27).

7 Une phrase du texte qui pourrait servir de titre à cette planche de bande dessinée est « les yeux servent de filets où les images s'emprisonnent d'elles-mêmes » (l. 4). La bande dessinée fait en effet alterner les cases avec le regard de l'homme et celles avec ce qu'il voit : les vignettes 4 et 5 font ainsi écho à « se contente d'ouvrir les yeux » (l. 4) ou « il fixe un moment, au point que son œil éclate » (l. 21). La communion avec la nature est aussi très présente dès la première case qui pourrait illustrer la phrase du texte : « ses nerfs se lient aux nervures des feuilles » (l. 17-18).

Réécriture → *énoncé p. 352*

Les clés pour réussir

- **On vous demande** de mettre les verbes à l'imparfait et de passer du singulier au pluriel en remplaçant « il » par « nous ».
- **Vous devez modifier** :
– les pronoms personnels ;
– la conjugaison des verbes ;
– un déterminant possessif.

Nous n'emportions point de provisions. **Nous buvions** l'air frais en route et **reniflions** les odeurs salubres. **Nous laissions nos** armes à la maison et **nous contentions** d'ouvrir les yeux.

Partie 2 • RÉDACTION ET MAÎTRISE DE LA LANGUE

Dictée → *énoncé p. 352*

Les clés pour réussir

Bien conjuguer
- Le **passé simple** à la première personne du pluriel : -âmes/-îmes/-ûmes/-înmes.

Bien accorder
- L'adjectif de couleur « bleu » : ne pas oublier le « e » et/ou le « s » au féminin et au pluriel.
- Les participes passés employés comme adjectifs.

Ne pas confondre
- « s'en » et « sans » → « s'en » se rencontre devant un verbe pronominal (« se » + verbe). « Sans » est une préposition qui indique le manque, la privation, elle est le contraire de « avec ».
- « ou » et « où » → « ou » est la conjonction de coordination, elle peut être remplacée par « ou bien ». « Où » est un pronom relatif qui indique un lieu.
- « mur » et « mûr » → « mur » est un nom masculin qui désigne une construction. « Mûr » est un adjectif qui indique qu'un fruit est arrivé à maturité.

Bien orthographier
- Les chiffres s'écrivent en lettres.
- Attention à bien écrire les sons « euil » et « eil » dans les mots « cueillir » et « vieil ».

FRANÇAIS

> **Les mots difficiles**
>
> ● « **exalter** » signifie « élever très haut ».
> ● « **gaieté** » peut s'écrire de trois manières différentes : « gaieté » / « gaîté » / « gaité », mais attention, il n'y a jamais de « e » à la fin.

À deux heures, nous repartîmes en expédition, accompagnés de Paul, spécialiste de l'extraction des escargots cachés dans les trous des vieux murs, ou des souches d'olivier. Nous travaillâmes sans arrêt, pendant trois heures, à entasser des provisions, pour faire face à la ruine prochaine. Nous repartîmes vers six heures, chargés d'amandes, d'escargots, de prunelles des bois, de belles prunes bleues volées chez maître Étienne, et d'une musette d'abricots presque mûrs, cueillis sur un très vieil arbre qui s'obstinait, depuis cinquante ans, fleurir dans les ruines solitaires d'une ferme abandonnée.

Marcel Pagnol, Le Château de ma mère, De Fallois, 1958.

Travail d'écriture – Sujet A → *énoncé p. 353*

> **Les clés pour réussir**
>
> ▶ **L'introduction**
> ● **Introduisez le sujet** : vous pouvez faire référence au texte étudié et au sens moderne de l'expression « chasseur d'images ».
> ● **Présentez le sujet** : reprenez la question posée par le sujet.
> ● Annoncez clairement votre **plan**.
>
> ▶ **Le développement**
> ● La question posée appelle un développement en plusieurs parties qui énumèrent les raisons qui poussent certaines personnes à « chasser » des images. Les raisons peuvent être :
> – le besoin de nourrir son **imaginaire** ;
> – la volonté de **garder des souvenirs** ;
> – le **plaisir esthétique**.
> ● **Dans chaque partie**, vous sélectionnerez **un exemple pertinent et précis** en ayant soin de les **varier** comme vous le demande le sujet : « en prenant appui sur vos pratiques personnelles, et sur votre culture littéraire et artistique ».
>
> ▶ **La conclusion**
> ● Résumez en d'autres termes votre argumentation en précisant votre avis.
> ● Terminez avec une phrase d'ouverture, en évoquant par exemple les différents moyens de conservation et de diffusion des images aujourd'hui.

Corrigé 3

Asie, juin 2017

> **Méthode**
>
> *Pour vous aider, nous vous avons indiqué en couleur les parties de la rédaction qui répondent aux consignes.*
>
> Indicateurs logiques — Arguments — Exemples

Les « chasseurs d'images », qu'ils soient de simples promeneurs esthètes comme dans le texte ou des photographes – suivant le sens moderne de l'expression –, sont toujours aussi nombreux aujourd'hui. Quelles raisons les poussent ainsi à chasser des images ? Nous proposerons trois réponses en évoquant d'abord le besoin de nourrir l'imagination, puis la volonté de garder des souvenirs et enfin le plaisir esthétique de la contemplation des images.

Premièrement, les images sont la racine étymologique et la source de notre imagination. C'est-à-dire de notre capacité à nous fabriquer des images mentales et à les faire vivre dans notre esprit. Par exemple, le poète Charles Baudelaire, au XIXe siècle, dans son *Invitation au voyage*, évoque les images qui entraînent son esprit vers la rêverie : « Vois sur ces canaux / Dormir ces vaisseaux ». Les images sont si nettes pour lui, qu'elles peuvent aussi nourrir l'imaginaire du lecteur et deviennent un trait d'union pour une invitation à l'évasion.

La deuxième raison qui peut pousser à « chasser des images » est le besoin de garder des souvenirs, d'aider la mémoire grâce à des supports matériels qui vont fixer des instants de vie à partir desquels renaîtront durablement des souvenirs imagés. Ainsi, les nombreuses photographies de vacances, d'événements mémorables d'une vie, voire même les *selfies* pour immortaliser une visite à la tour Eiffel ou en retenant la tour de Pise sont autant d'aide-mémoire qui non seulement fixent une image, mais aussi aident à en faire revivre d'autres.

Enfin, les chasseurs d'images sont aussi les nombreux artistes, photographes ou peintres, qui s'attachent à retenir par leur art un instant de beauté, de vie, des sensations fugaces. Citons l'exemple de Paul Gauguin qui su fixer sur ses toiles les couleurs et l'atmosphère de Tahiti en y associant les personnes qu'il rencontrait, comme dans son tableau *Nave Nave Mahana* (en français : *Jour délicieux*) qui met en scène des jeunes Tahitiennes et un enfant qui s'adonnent à la cueillette de fruits dans un décor paradisiaque.

Pour conclure, il apparaît donc que les chasseurs d'images peuvent avoir différentes motivations qui se rejoignent sur une idée commune : le partage, que ce soit avec un lecteur, un spectateur potentiel ou avec l'entourage proche. Se poserait alors aujourd'hui la question, avec la multiplication des moyens de conservations des images, et notamment le numérique, de savoir lesquels se prêtent le mieux à ce véritable partage.

FRANÇAIS

Travail d'écriture – Sujet B → *énoncé p. 353*

Les clés pour réussir

▶ **La situation de communication**
- Il s'agit d'une suite de texte essentiellement **descriptive** : vous devez garder le **même narrateur** et le **même temps verbal**.
- Le lieu est précisé, il ne s'agit plus de la campagne, mais de la **ville**, pensez notamment aux textes étudiés sur ce thème en 4e.

▶ **L'organisation de la description**
- Vous devez donc écrire « à la manière de » Jules Renard : c'est-à-dire en gardant la même structure de texte que lui : un point de départ, un paragraphe par nouvelle image, un point d'arrivée.
- C'est une description en mouvement : le lecteur découvrira la scène en même temps que l'observateur grâce aux connecteurs spatio-temporels (« en haut », « à côté », « devant », « d'abord », « puis », « ensuite »…)
- Insistez sur les sensations et les sentiments éprouvés par le personnage face à chaque image « récoltée ».

Méthode

Pour vous aider, nous vous avons indiqué en couleur les parties de la rédaction qui répondent aux consignes.

Images de la ville   Connecteurs spatio-temporels   Sentiments   Sensations

---

C'est une fin d'après-midi orageuse : une chaleur moite a pesé toute la journée et l'averse salvatrice vient de tomber. Le chasseur d'images sait que c'est l'heure parfaite pour déambuler dans la ville. La ville fraîchement arrosée par une pluie d'orage.

Dès les premiers pas sur le bitume chaud et humide, il flaire l'odeur caractéristique de la pluie qui s'évapore du macadam. Il ferme les yeux, les rouvre, et les fumerolles qui remontent de la route s'évanouissent dans son regard. Une première image, familière et rassurante.

Il descend la rue, croise quelques passants qui se décident à quitter leur maison, hésitants… la pluie a-t-elle vraiment cessé ? Des pleurs lui font lever la tête vers une fenêtre entrouverte, « à l'espagnolette » comme disait sa mère, c'est un bébé. Les pleurs se font plus insistants, puis s'arrêtent brusquement. Une silhouette passe devant la fenêtre, le bébé dans les bras. Il sourit, apaisé lui aussi.

Il tourne à droite, dans une ruelle, la dernière rue pavée de la ville. L'eau s'écoule rapidement entre les vieux pavés. Ce sont des méandres, des lagons, une cascade : un vieux mégot est entraîné comme un radeau de survie sur ce torrent infernal, le chasseur le suit du regard jusqu'à le perdre de vue, il a sombré dans le caniveau.

Un long muret court vers la gauche, machinalement il pose sa main dessus et avance. Comme un enfant. Il retrouve cette sensation râpeuse du ciment sous la paume de sa main. Il avance ainsi, guidé par cette rampe de béton. Soudain, il doit s'arrêter, un chat est posé sur le muret. Ils échangent un regard. De chasseur, il se sent devenir chassé. Étrange sentiment. Il change de trottoir.

Et puis, il a faim, d'abord, il ne sait pas pourquoi, mais l'air qui pénètre son nez finit par le renseigner : il est derrière la rue des restaurants. Les fumées des hottes s'échappent et lui apportent des odeurs mêlées de friture et de viandes saisies sur le feu. Il tend l'oreille et croit entendre quelques bruits de vaisselles heurtées, l'agitation de la cuisine avant le service. Il imagine l'assiette, les frites dorées, le magret fumant, la touche rouge du quartier de tomate posé sur la feuille de salade… il salive, il est temps de rentrer.

Sur le chemin du retour, il décide de s'arrêter au milieu de la grand-place. Il ferme les yeux un instant et se nourrit des images rencontrées. Elles se mêlent aux bruits de la ville et l'enivrent. Il n'a plus faim, il est rassasié d'images et de sensations.

FRANÇAIS

Sujet 4 — Robert Antelme, *L'espèce humaine*

Antilles-Guyane, juin 2017

Partie 1 • COMPRENDRE, ANALYSER ET INTERPRÉTER

Document A — Texte littéraire

Robert Antelme raconte un souvenir qu'il a vécu avec Gaston et ses amis, lorsqu'il était au camp allemand de Gandersheim.

Gaston dit à peu près ceci :

« Camarades, on a pensé qu'il était nécessaire de profiter d'un après-midi comme celui-ci pour se retrouver un peu ensemble. On se connaît mal, on a faim. Il faut sortir de là. Ils ont voulu faire de nous des bêtes en nous faisant vivre dans des conditions que personne, je dis personne, ne pourra jamais imaginer. Mais ils ne réussiront pas. Parce que nous savons d'où nous venons, nous savons pourquoi nous sommes ici. La France est libre mais la guerre continue, elle continue ici aussi. Si parfois il nous arrive de ne pas nous reconnaître nous-mêmes, c'est cela que coûte cette guerre et il faut tenir. Mais pour tenir, il faut que chacun de nous sorte de lui-même, il faut qu'il se sente responsable de tous. Ils ont pu nous déposséder de tout mais pas de ce que nous sommes. Nous existons encore. Et maintenant, ça vient, la fin[1] arrive, mais pour tenir jusqu'au bout, pour leur résister et résister à ce relâchement qui nous menace, je vous le redis, il faut que nous tenions et que nous soyons tous ensemble. » […]

Gaston qui était descendu du tréteau y remonta pour annoncer que des copains allaient chanter et dire des poésies. Il annonça d'abord Francis.

Francis monta sur les planches. Il était petit, beaucoup moins massif que Gaston. Il avait, lui aussi, enlevé son calot[2]. Son crâne était plus blanc que celui de Gaston, et sa figure plus maigre encore. Il tenait son calot dans sa main et paraissait intimidé. Il resta un instant ainsi, attendant que le silence se fasse, mais dans le fond du *block*[3] les conversations continuaient. Alors il s'est tout de même décidé à commencer.

Heureux qui comme Ulysse a fait un beau voyage…[4]

Il disait très lentement d'une voix monocorde et faible.

— Plus fort ! criaient des types au fond de la chambre.

… *Et puis est retourné plein d'usage et raison…*

Francis essayait de dire plus fort, mais il n'y parvenait pas. Sa figure était immobile, triste, ses yeux étaient fixes. L'hiver du *zaun-kommando*[5] était imprégné dessus ; sur sa voix aussi qui était épuisée. Il mettait toute son application à bien détacher les mots et à garder le même rythme dans sa diction. Jusqu'au bout il se tint raide, angoissé comme s'il avait eu à dire l'une des choses les plus rares, les plus secrètes qui lui fût jamais arrivé d'exprimer ; comme s'il avait eu peur que, brusquement, le poème ne se brise dans sa bouche.

Quand il eut fini, il fut applaudi lui aussi par ceux qui n'étaient pas trop loin de lui. […]

La lumière était venue dans le *block*. Le poêle avait été pour un moment abandonné. Il n'y avait pas d'épluchures dessus. Les copains s'étaient groupés autour du tréteau. Ceux qui d'abord étaient restés allongés sur leur paillasse s'étaient décidés à descendre. Si quelqu'un à ce moment-là était entré dans le *block*, il en aurait eu une vision étrange. Tous souriaient.

---

1. *La fin arrive* : Gaston évoque ici la fin de la guerre.
2. Couvre-chef, petit chapeau sans bord, béret.
3. *Block* : baraquement où les détenus sont entassés.
4. Premiers vers d'un sonnet très connu écrit par le poète Joachim du Bellay au XVIe siècle.
5. Expression allemande qui signifie « commando des planches », c'est-à-dire travaillant à l'extérieur.

Robert Antelme, *L'Espèce humaine*, Gallimard, 1957.

Document B — Image

Photogramme du film de Roberto Benigni, *La Vie est belle*, 1998.

FRANÇAIS

Questions → *corrigé p. 363* **20 pts**

Sur le texte littéraire (document A)

1 Donnez un titre à cet extrait et expliquez votre choix. **2 pts**

2 Quelles sont les conditions dans lesquelles vivent les déportés ? Relevez des éléments du texte qui le prouvent. **2 pts**

3 Ligne 4 : « Ils ont voulu faire de nous des bêtes [...] ».
a. Qui désigne le pronom « ils » ? **0,25 pt**
b. Qui désigne le pronom « nous » ? **0,25 pt**
c. Quelle figure de style est employée dans cette phrase ? **0,5 pt**
d. Que veut montrer l'auteur par l'utilisation de cette figure de style ? **1 pt**

4 Résumez en une ou deux phrase(s) le message que Gaston souhaite faire passer à ses camarades dans son discours des lignes 6 à 15. **2 pts**

5 « Je vous le redis » ligne 14. Identifiez trois éléments répétés par Gaston et expliquez en quoi ils donnent de la force à son argumentation. **3 pts**

6 Selon vous, pourquoi Francis choisit-il de réciter ce poème de du Bellay ? **2 pts**

7 Que ressent Francis quand il récite le poème ? Justifiez votre réponse en citant le texte. **2 pts**

8 Quels effets le poème a-t-il sur l'auditoire ? Vous justifierez votre réponse en vous appuyant sur le texte. **2 pts**

Sur le texte littéraire et l'image (documents A et B)

9 « Si quelqu'un à ce moment-là était entré dans le block, il en aurait eu une vision étrange » lignes 41-43. En vous appuyant sur les points communs du texte et de l'image, vous direz en quoi les deux documents donnent une vision inhabituelle de la vie dans les camps. **3 pts**

Réécriture → *corrigé p. 365* **5 pts**

« Il avait, lui aussi, enlevé son calot. Son crâne était plus blanc que celui de Gaston et sa figure plus maigre encore. Il tenait son calot dans sa main et paraissait intimidé. »

❯ Réécrivez ce passage en remplaçant le pronom « Il » par le pronom « Je » au féminin. Vous ferez toutes les transformations nécessaires.

Antilles-Guyane, juin 2017 **Corrigé 4**

Partie 2 • MAÎTRISE DE LA LANGUE

Dictée  → corrigé p. 365   20 min   **5 pts**

› Écoutez la dictée sur le site abcbrevet.com.

Consignes :
– On dictera le texte à haute voix à plusieurs reprises.
– On inscrira au tableau de manière lisible par l'ensemble des candidats le titre de l'œuvre, le nom de l'auteur et : **Boris** ; **Péguy** ; *La Tapisserie de Notre-Dame*.

Travail d'écriture   1 h 30   **20 pts**

Vous traiterez au choix l'un des deux sujets suivants :

Sujet A → corrigé p. 366

› Vous avez étudié des œuvres d'art, vous avez assisté à des spectacles, vous êtes allés au musée, vous écoutez de la musique, ou bien vous pratiquez vous-mêmes une discipline artistique.
En quoi l'art permet-il d'échapper au quotidien ?
Vous répondrez à cette question dans un développement argumenté et organisé en vous appuyant sur votre expérience, sur vos lectures, votre culture personnelle et les connaissances acquises dans l'ensemble des disciplines.
Votre travail fera au moins deux pages (soit une cinquantaine de lignes).

Sujet B → corrigé p. 368

› Quelques années après la libération des camps, un(e) rescapé(e) se rend dans une classe de 3ᵉ. Il (ou elle) raconte un épisode inattendu qui, comme dans les documents A et B, lui a permis de garder espoir pour résister à l'horreur.
Votre travail fera au moins deux pages (soit une cinquantaine de lignes).

Sujet 4 Corrigé

Partie 1 • COMPRENDRE, ANALYSER ET INTERPRÉTER

Questions → énoncé p. 360

Les clés pour réussir

1 Cette question est très ouverte, de nombreuses réponses peuvent être acceptées à condition d'être bien justifiées. Privilégiez **un titre court**, par exemple avec une phrase non verbale.

> **5** On attend des candidats qu'ils repèrent **les différentes répétitions qui servent l'argumentation** dans le discours du déporté. Pour vous aider, surlignez les expressions qui se répètent. Une répétition produit toujours un effet d'insistance.
>
> **6** Pour bien répondre à cette question, il faut faire appel à vos connaissances littéraires et se souvenir du thème du poème de du Bellay : la **nostalgie envers son pays natal et sa famille**.
>
> **9** Cette question demande de faire le lien entre le texte et l'image, en orientant sur une phrase précise. Appuyez-vous sur la description précise de l'image (les deux personnages et le cadre).

1 « Guerre et poésie » pourrait être un titre pour cet extrait qui mêle l'univers de la guerre – avec le camp de concentration – et celui de la poésie – avec le sonnet de du Bellay. Il rappelle le titre « Guerre et paix » avec la poésie qui incarnerait ici la paix.

2 Les déportés vivent, ou plutôt survivent, dans des conditions inimaginables, comme le souligne Gaston : « personne, ne pourra jamais imaginer » (l. 5). Ils souffrent de la faim : « on a faim » (l. 4), sont traités comme des animaux : « faire de nous des bêtes » (l. 4), sont épuisés par la fatigue : « sa voix aussi qui était épuisée » (l. 30) et dorment « sur leur paillasse » (l. 41).

3 a. Le pronom « ils » désigne les nazis.

b. Le pronom « nous » désigne les déportés du camp de concentration.

c. La figure de style employée ici est une métaphore : les hommes sont comparés à des animaux sans outil de comparaison.

d. L'auteur veut ainsi insister sur la déshumanisation des déportés entreprise par les nazis : ils sont tatoués, mis à nus, réduits à des numéros... tout est fait pour leur faire perdre toute dignité humaine et les rabaisser à un statut d'animal, de bétail.

4 Le message de Gaston envers ses camarades est à la fois un message d'espoir, de solidarité et de résistance. Il leur dit que « la fin arrive » (l. 13) et qu'il faut s'associer « tous ensemble » (l. 15) pour résister aux nazis : « leur résister » (l. 14).

5 Plusieurs expressions sont répétées dans le discours de Gaston : « personne, je dis personne » (l. 5), « nous savons » (l. 6), « la guerre continue, elle continue » (l. 8), « résister » (l. 14), « tenir » (l. 10). Ce procédé anaphorique (répétition d'expressions) est très souvent employé dans le discours argumentatif, il permet d'insister sur les idées que l'on veut faire passer à son auditoire en les répétant : elles s'inscrivent plus durablement dans l'esprit.

6 Le choix du poème de du Bellay est lié au thème du retour : dans le poème, l'auteur regrette son pays natal et sa famille, ce qui est le cas aussi

Antilles-Guyane, juin 2017 **Corrigé 4**

des déportés qui sont éloignés de leur pays et de leur famille. L'évocation du pays d'origine et d'un futur retour peut leur redonner un peu d'espoir.

7 Francis ressent d'abord de la timidité : « paraissait intimidé » (l. 21), puis de la tristesse : « Sa figure était immobile, triste » (l. 28) puis il doit se concentrer avec « application » (l. 31) car il a peur de se tromper et de trahir le message du poème : « angoissé » (l. 32).

8 La récitation du poème attire les déportés qui se regroupent : « groupés autour du tréteau » (l. 40), suspendent leurs activités : « le poêle avait été pour un moment abandonné » (l. 38), quittent « leur paillasse » (l. 41) et applaudissent au spectacle en souriant : « il fut applaudi » (l. 36), « Tous souriaient » (l. 43).

9 Le photogramme du film de R. Benigni montre un déporté, que l'on reconnaît à son pyjama rayé, qui s'est déguisé en femme et précède un soldat nazi en souriant et en parodiant la démarche militaire. Comme dans le texte d'Antelme, le spectacle semble s'inviter dans le camp qui devient presque une scène théâtrale avec le lexique utilisé : « tréteau » ; « chanter et dire des poésies » ; « les planches » (l. 16-18). Dans les deux cas, l'art vient côtoyer et combattre l'horreur de la situation.

Réécriture → énoncé p. 362

> **Les clés pour réussir**
>
> - **On vous demande** de remplacer le pronom « il » par un pronom « je » qui désigne une femme.
> - **Vous devez modifier :**
>   – les pronoms personnels sujet et complément ;
>   – la conjugaison des verbes ;
>   – un accord de participe passé ;
>   – les déterminants possessifs.

J'avais, moi aussi, enlevé **mon** calot. **Mon** crâne était plus blanc que celui de Gaston et ma figure plus maigre encore. **Je tenais mon** calot dans **ma** main et **paraissais intimidée**.

Partie 2 • RÉDACTION ET MAÎTRISE DE LA LANGUE

Dictée → énoncé p. 363

> **Les clés pour réussir**
>
> ▶ **Bien conjuguer**
> - Le **passé simple** : les terminaisons des verbes du premier groupe : -ai/-as/-a/-âmes/-âtes/-èrent ou des autres groupes -s/-s/-t/-^mes/-^tes/-rent.

FRANÇAIS

▶ Bien accorder
- Les adjectifs qui sont parfois éloignés du nom.

▶ Ne pas confondre
- « encre » et « ancre » → une « encre » est un liquide teinté, souvent de couleur sombre, qui permet d'écrire. Une « ancre » est un objet métallique que l'on jette au fond de l'eau pour retenir un bateau.
- « m'est » et « mes » → « m'est » est le verbe « être » précédé du pronom réfléchi « me » (= « m'étais »). « Mes » est un déterminant possessif (= « les mien(nes)s »).

▶ Bien orthographier
- Devant « a » / « o » / « u », le « c » devient « ç » pour faire le son « ss ».

Les mots difficiles
- **Une vasque** : petit bassin de forme circulaire.

Un matin noir d'hiver, dans l'encre de l'aube, nous étions une trentaine d'hommes épuisés, grelottants, et nous nous bousculions autour de l'une des vasques rouges pour un peu d'eau glacée. C'était le silence, celui qui était de règle dans tous les actes accomplis en commun et obligatoires. Mais tout à coup un voisin chanta. Sa voix partit en avant et s'étendit sur nous d'une façon immédiatement magique. C'était celle de Boris, c'est-à-dire celle d'un homme si extraordinaire qu'il m'est impossible de parler de lui aussitôt. Voix souple comme une chevelure, riche comme le plumage d'un oiseau, cri d'oiseau, chant naturel, promesse. […] Il récitait du Péguy : *La Tapisserie de Notre-Dame*, je crois.

Jacques Lusseyran, *Le monde commence aujourd'hui*, Silène, 1959.

Travail d'écriture – Sujet A → énoncé p. 363

Les clés pour réussir

▶ L'introduction
- **Introduisez le sujet** : vous pouvez faire référence au texte et à l'image étudiés ou à la perception de l'art en général.
- **Présentez le sujet** : reprenez la question posée par le sujet.
- **Annoncez clairement votre plan.**

▶ Le développement
- La question posée par le sujet invite à expliquer plusieurs situations où l'art permet d'échapper au quotidien. **Partez des exemples concrets**

Antilles-Guyane, juin 2017 — **Corrigé 4**

issus de votre expérience personnelle pour ensuite trouver les arguments plus abstraits.
- Le sujet vous invite à **varier les exemples** et à puiser dans vos expériences de spectateur ou d'acteur de la vie artistique.

La conclusion
- Résumez en d'autres termes votre argumentation en précisant votre avis.
- Terminez avec une phrase d'ouverture, pour élargir la question en restant sur le même thème.

Méthode

Pour vous aider, nous vous avons indiqué en couleur les parties de la rédaction qui répondent aux consignes.

Indicateurs logiques   Arguments   Exemples

On dit souvent qu'un film ou un roman nous a permis de nous évader, de transformer notre regard sur la réalité qui nous entoure. On peut se demander effectivement en quoi l'art permet d'échapper au quotidien. À travers plusieurs exemples, nous essaierons de montrer que d'une part l'identification aux personnages ou aux situations permet parfois d'oublier son quotidien, puis nous verrons comment la pratique artistique favorise aussi l'évasion avant d'observer comment le regard que les artistes posent sur le monde transforme aussi notre regard.

Avant tout, l'art peut être vécu comme une distraction, une pause dans le quotidien qui permet d'entrer dans un autre univers, de faire voyager notre esprit. C'est ce que l'on recherche souvent dans la lecture d'un roman ou le visionnage d'un film. Par exemple, on ne lit pas simplement *Harry Potter*, mais on est Harry Potter : on partage, le temps du roman, ses aventures, ses peurs, ses joies, et on échappe ainsi au quotidien en laissant notre esprit s'intégrer à l'univers du roman.

De plus, l'art est souvent vécu comme une détente, essentiellement lorsque l'on pratique une discipline artistique. L'esprit et le corps sont alors tellement investis dans la pratique artistique que l'on oublie la réalité quotidienne. C'est le cas notamment lorsque l'on joue d'un instrument, le musicien est tellement concentré sur la pratique et sur l'émotion esthétique et sensorielle qu'il ressent, qu'il en oublie tout ce qui se passe autour. Ainsi, si on observe une vidéo du pianiste Glenn Gould, on le voit complètement « habité » par la musique qu'il interprète.

Enfin, l'art permet aussi d'échapper au quotidien car il nous propose une autre vision du monde qui nous entoure. La réalité est transformée par le regard des artistes. Par exemple, si l'on observe un tableau de Van Gogh présentant un ciel étoilé, on ne se place plus face à une copie de la réalité mais face à une interprétation, et cette nouvelle vision du monde peut nous toucher, nous émouvoir et même transformer notre regard au point que l'on ne verra plus ensuite un ciel étoilé de la même façon.

L'expérience artistique, qu'elle soit active ou passive ne nous laisse donc jamais vraiment indifférents et nous offre la possibilité de dépasser notre réalité. L'art est inscrit dans notre quotidien, et nous permet souvent de lui échapper, ce qui est l'une de ses raisons d'être lorsque l'on entend parfois des personnes se poser la question de son « utilité ».

Travail d'écriture – Sujet B → énoncé p. 363

Les clés pour réussir

▶ Le lien avec l'Histoire
- Ce sujet impose de bien **respecter la chronologie** : votre texte se situera après la libération des camps, mais fera un retour en arrière pour raconter l'épisode vécu.
- Appuyez-vous sur **vos connaissances en Histoire** pour enrichir votre texte et ne pas faire de contresens.

▶ Le récit d'un souvenir
- On attend un récit, de type narratif rédigé à la première ou à la troisième personne : vous pouvez choisir d'être le rescapé, ou de lui donner la parole dans un récit à la troisième personne.
- **La présentation du souvenir** : vous devez indiquer le récit des circonstances qui entraînent votre retour dans le passé.
- **Le développement vivant** : pour enrichir le récit, vous pouvez insérer des descriptions précises ou des portraits, des réflexions sur les émotions ressenties, des paroles rapportées au discours direct ou des dialogues (échanges avec les élèves).
- **L'épisode inattendu** doit mettre en avant la **solidarité** entre les déportés, ou éventuellement avec un garde.
- Pour **conclure** votre récit, il est toujours intéressant de montrer que le **recul** a permis d'**analyser l'expérience** et d'en tirer un enseignement.

Méthode

Pour vous aider, nous vous avons indiqué en couleur les parties de la rédaction qui répondent aux consignes.

| Analyse de l'expérience | ┆ Épisode | Éléments historiques |

La lumière revient, chacun baisse un peu le regard et essaie d'éviter celui des autres, la projection du film *Nuit et Brouillard* d'Alain Resnais vient de se terminer. Pour l'occasion, le réfectoire a été transformé en salle de projection, nous sommes une centaine d'élèves de 3e présents, énervés, bruyants, agités au début de la séance. Mais dès les premières minutes, le silence s'est fait, sans qu'aucun adulte n'intervienne. Trente minutes devant le froid spectacle de l'horreur absolue.

Simon, un monsieur sans âge, ressemble à nos pères : une calvitie naissante, un léger embonpoint et le visage serein. Il nous regarde attentivement, chacun est gêné et attend, aucun murmure ne sort, même de la bouche des plus dissipés d'entre nous. Il relève les manches de sa chemise et laisse apparaître un petit tatouage bleu sur son avant-bras gauche : « Matricule 157085 », lance-t-il pour briser le silence. « C'est ainsi que je me suis appelé pendant plus d'un an au camp d'Auschwitz. Je n'ai jamais effacé ce tatouage car il fait partie de mon histoire, de notre histoire à tous. Je pourrais vous raconter l'indicible : l'horreur de la survie dans les camps, la déshumanisation, les brimades, la faim, la fumée du crématoire, la maladie, les tortures, les cadavres des copains que je devais dépouiller avant de les envoyer au four. J'ai mis plus de dix ans à pouvoir commencer à en parler.

Mais aujourd'hui, je voudrais vous raconter ce qui m'a sauvé la vie dans ce camp. J'avais alors 16 ans, mais je parlais allemand, et c'est ce qui m'a évité la mort : j'avais une utilité malgré mon jeune âge. À la fin de la guerre, en janvier 1945, les Allemands ont décidé de nous faire évacuer le camp, pour aller vers l'Est. C'est le début de ce que les historiens ont appelé « les marches de la mort ». Nous étions environ dix mille à marcher, dans le froid de l'hiver polonais, il faisait à peu près – 15 °C. Le vent était glacial. On devait marcher sans jamais s'arrêter, ceux qui traînaient ou tombaient d'épuisement étaient immédiatement abattus par les SS. Nous entendions sans cesse des coups de feu : la mort des copains. En fin de journée, j'étais épuisé, mes pieds étaient gelés : je n'avais pas de vraies chaussures. Je résolus de m'arrêter pour mettre fin à toute cette souffrance. Un ami le remarqua, c'était un détenu un peu plus âgé que moi, un ancien Résistant. Dès qu'il me vit fléchir, il passa son bras sous le mien et trouva les mots pour me faire tenir : "Ne craque pas, c'est bientôt la fin, il faut tenir, tu as tenu jusque-là, tu dois encore tenir, tenir encore un peu. Tu auras toute la vie pour te reposer, on sera bientôt libres tu verras." Ses paroles, la chaleur de son bras, son soutien de quelques minutes suffirent à m'empêcher de m'écrouler dans la neige, et je survécus à cette marche de la mort en me répétant chaque jour, à chaque pas : "Il faut tenir".

Aujourd'hui, je n'ai pas de haine pour le peuple allemand, mais je conserve de la haine contre toutes les formes d'indifférence : c'est la solidarité qui m'a permis de tenir, et c'est la solidarité que vous devez appliquer chaque jour quand vous en avez l'occasion. »

Sujet 5 — Maylis de Kerangal, *Naissance d'un pont*

Sujet zéro

Partie 1 • COMPRENDRE, ANALYSER ET INTERPRÉTER

> Texte

John Johnson, dit le Boa, a été élu maire de Coca, ville imaginaire des États-Unis. Il a de grands projets pour sa ville. Quelques semaines après son élection, il fait un séjour à Dubaï. C'est son premier voyage hors du continent américain.

Ce qu'il voit entre l'aéroport et la ville provoque chez lui une sensation ambivalente d'euphorie[1] et d'écrasement.

Les grues d'abord lui éberluent[2] la tête : agglutinées par centaines, elles surpeuplent le ciel, leurs bras comme des sabres laser plus fluo-
5 rescents que ceux des guerriers du Jedi, leur halo blafard auréolant la ville chantier d'une coupole de nuit blanche. Le Boa se tord le cou à les compter toutes, et l'homme en *dishdash*[3] blanche qui le coudoie sur la banquette, le voyant faire, lui signale qu'un tiers des grues existant à la surface du globe est réquisitionné en ces lieux : une sur trois répète-
10 t-il, une sur trois est ici, chez nous. Sa toute petite bouche soulignée d'un trait de moustache articule très doucement nous construisons la cité du futur, une entreprise pharaonique. Le Boa ne dit plus rien. Il salive, émerveillé. La prolifération des tours le sidère, si nombreuses qu'on les croit multipliées par un œil malade, si hautes qu'on se frotte
15 les paupières, craignant d'halluciner, leurs fenêtres blanches comme des milliers de petits parallélogrammes aveuglants, comme des milliers de pastilles Vichy effervescentes dans la nuit délavée ; ici on travaille vingt-quatre heures sur vingt-quatre, les ouvriers sont logés à l'extérieur de la ville, les rotations se font par navette – l'homme susurre chaque
20 information, escortant l'étonnement de Boa avec délicatesse. Plus loin, il pointe d'un index cireux un édifice en construction, déjà haut d'une centaine d'étages, et précise : celle-ci sera haute de sept cents mètres. Le Boa hoche la tête, s'enquiert soudain des hauteurs de l'Empire State Building de New York, ou du Hancok Center de Chicago, questionne

sur les tours de Shanghai, de Cape Town, de Moscou, il est euphorique et médusé[4]. À Dubaï donc, le ciel est solide, massif : de la terre à bâtir. Le trajet est long dans la longue voiture, la mer tarde à venir, le Boa l'attend plate, inaffectée, lourde nappe noire comme le pétrole dont le pourtour s'effacerait dans la nuit, et il sursaute à la découvrir construite elle aussi, rendue solide, croûteuse, et apte à faire socle pour un archipel artificiel qui reproduirait un planisphère – la Grande-Bretagne y est à vendre trois millions de dollars – ou un complexe d'habitations de luxe en forme de palmier : elle aussi, donc, de la terre à bâtir.

Le Boa arrive à l'hôtel bouleversé, les joues rouges et les yeux exorbités, il peine à s'endormir, la nuit est trop claire, comme filtrée par une gaze[5] chaude, lui-même trop excité – le Burj Al-Arab est l'hôtel le plus haut du monde, une immense voile de verre et de Teflon gonflée face au golf Persique qui est absolument noir à cette heure, et clos comme un coffre […]. Au réveil, le Boa est convaincu d'avoir trouvé l'inspiration qui manquait à son mandat. C'est un espace maîtrisé qui s'offre à ses yeux, un espace, pense-t-il, où la maîtrise se combine à l'audace, et là est la marque de la puissance.

Maylis de Kerangal, *Naissance d'un pont,* Éditions Verticales, 2010, réédition folio Gallimard, p. 52-53.

---

1. *Euphorie* : sensation intense de bien-être, de joie, d'optimisme.
2. *Éberluer* : étonner vivement, stupéfier.
3. *Dishdash* : longue robe blanche, vêtement traditionnel.
4. *Médusé* : qui manifeste un grand étonnement, de la stupeur.
5. *Gaze* : tissu léger, utilisé en couture (gaze de soie ou de coton) ou en compresses et pansements (gaze de coton).

Document Ouvriers sur le chantier du Burj Dubaï, 2006

Questions → *corrigé p. 374* 🕐 1h00 **20 pts**

Les réponses aux questions doivent être entièrement rédigées.

Sur le texte littéraire

1 Quelles sont les caractéristiques principales de la ville décrite dans le texte ? **2 pts**

2 Étudiez précisément la progression des émotions et sensations ressenties par le personnage principal au fil de l'extrait. **3 pts**

3 À quel temps les verbes sont-ils majoritairement conjugués dans le texte ? Comment comprenez-vous ce choix de l'auteur ? **2 pts**

4 « Sa toute petite bouche soulignée d'un trait de moustache articule très doucement nous construisons la cité du futur, une entreprise pharaonique » : comment, dans cette phrase, les propos tenus par le personnage sont-ils rapportés ? Est-ce une manière de faire habituelle ? À votre avis, pourquoi l'auteur procède-t-il ainsi ? **2,5 pts**

5 « une entreprise pharaonique » : **1,5 pt**
– Comment le mot souligné est-il construit ?
– Que signifie-t-il généralement ?
– Le contexte lui donne-t-il une valeur particulière ?

6 « Un espace, pense-t-il, où la maîtrise se combine à l'audace, et là est la marque de la puissance » :

a. Expliquez le sens de cette phrase en vous aidant de ce qui la précède. **2 pts**
b. À votre avis, l'auteur partage-t-il ici la pensée du personnage ? **1 pt**

7 Proposez un titre pour ce texte, puis expliquez vos intentions et ce qui justifie votre proposition. **2 pts**

Sur le texte et l'image

8 Quels sont les éléments qui rapprochent l'image et le texte ? **2 pts**

9 Quelles impressions suscite en vous cette photographie ? Sont-elles comparables à celles produites par le texte ? Pourquoi ? **2 pts**

Réécriture → corrigé p. 376   **5 pts**

› Réécrivez cette phrase en remplaçant « Le Boa » par « Ils » et en procédant à toutes les transformations nécessaires.

« Le Boa arrive à l'hôtel bouleversé, les joues rouges et les yeux exorbités, il peine à s'endormir, la nuit est trop claire, comme filtrée par une gaze chaude, lui-même trop excité. »

Partie 2 • RÉDACTION ET MAÎTRISE DE LA LANGUE

    **5 pts**

› Écoutez la dictée sur le site abcbrevet.com.

Consignes :
– On dictera le texte à haute voix à plusieurs reprises.
– On inscrira au tableau de manière lisible par l'ensemble des candidats : **au-delà** et **Aragon**, *Aurélien*, **1944**.

Travail d'écriture   **20 pts**

Vous traiterez au choix le sujet A ou B.

Sujet A → corrigé p. 377

› Selon vous, la vie au sein d'une ville moderne est-elle source de bonheur et d'épanouissement ?

Vous répondrez à cette question dans un développement argumenté en vous appuyant sur votre expérience, sur vos lectures, votre culture personnelle et les connaissances acquises dans l'ensemble des disciplines.

Votre rédaction sera d'une longueur minimale d'une soixantaine de lignes (300 mots environ).

FRANÇAIS

Sujet B → *corrigé p. 379*

❯ Vous êtes un architecte et vous proposez au pays imaginaire d'Utopia la fondation d'une ville idéale. Écrivez la lettre que vous adressez aux dirigeants d'Utopia pour expliquer votre vision de la ville, justifier vos choix et les inviter à retenir votre projet.
Votre rédaction sera d'une longueur minimale d'une soixantaine de lignes (300 mots environ).

Sujet 5 Corrigé

Partie 1 • COMPRENDRE, ANALYSER ET INTERPRÉTER

Questions → *énoncé p. 370*

Les clés pour réussir

2 **Une émotion** est un état affectif qui se traduit par des troubles divers, et **une sensation** est le résultat de notre perception du monde par l'un de nos cinq sens : **la vue, l'odorat, l'ouïe, le goût et le toucher.** Vous devez donc chercher des extraits qui font appel à ces cinq sens.

3 **Justifier l'emploi d'un temps**, c'est donner sa valeur d'emploi. Ainsi, le présent de l'indicatif possède trois valeurs principales : le présent d'énonciation, qui sert à évoquer un fait au moment où l'on parle, le présent de vérité générale, employé dans les proverbes, les définitions, etc., et le présent de narration qui, dans un récit au passé, remplace le passé simple pour rendre l'événement plus vivant pour le lecteur.

4 **Les paroles d'un personnage peuvent être rapportées de trois manières** : au style direct, telles qu'elles ont été dites avec des guillemets ; au style indirect, transformées avec une proposition subordonnée ; au style indirect libre, en intégrant les paroles au récit sans subordination.

5 Un mot peut être construit à l'aide d'un **préfixe**, d'un **radical** et d'un **suffixe**.

8 et **9** Les sujets qui associent texte et image vous demandent de faire preuve d'un sens de l'observation très précis : il faut repérer dans l'image et dans le texte tous les éléments qui peuvent se ressembler ou au contraire s'opposer. Lisez attentivement les questions sur le texte pour repérer quels sont les éléments particuliers sur lesquels on attire votre attention, puis essayez de les retrouver sur l'image.

1 Les caractéristiques principales de la ville décrite dans le texte sont le gigantisme et la démesure « La prolifération de tours [...] si nombreuses qu'on les croit multipliées » (l. 13-14). C'est aussi l'image d'une ville « en construction » (l. 21) où l'activité humaine ne s'arrête jamais : « ici on travaille vingt-quatre heures sur vingt-quatre » (l. 17-18).

2 Le personnage principal éprouve des sentiments divers au fur et à mesure qu'il découvre la ville. Il est d'abord partagé entre l'« euphorie et l'écrasement » (l. 2) face à la démesure de la ville ; puis c'est la surprise qui l'emporte devant le nombre de grues : « les grues lui éberluent la tête », « l'étonnement de Boa » (l. 3 et 20). Il est ensuite transporté comme dans un rêve en traversant la ville comme le montre le champ lexical de l'émerveillement « émerveillé, sidéré, halluciner, médusé ». Enfin, ses sens sont troublés par toutes les émotions ressenties lors de la traversée de la ville « bouleversé, les joues rouges et les yeux exorbités [...] trop excité » (l. 34-36).

3 La majorité des verbes du texte sont conjugués au présent de l'indicatif : « elles surpeuplent ; Le Boa se tord ; il sursaute ». C'est un présent d'énonciation qui donne l'impression au lecteur de découvrir la ville en même temps que le personnage.

4 Les propos du personnage sont rapportés au style indirect libre. C'est-à-dire qu'ils sont intégrés au récit sans proposition subordonnée. C'est une manière inhabituelle qui permet de varier l'écriture, d'alléger le texte (sans mettre de subordonnée comme dans le discours indirect) et de ne pas interrompre le récit ni les pensées du personnage principal par du discours direct.

5 Le mot « pharaonique » est formé du radical « pharaon » et du suffixe « -ique ». Il désigne généralement, au sens figuré, une entreprise colossale. Dans ce contexte, il prend le double sens d'une entreprise démesurée et le sens propre d'une construction consacrée au suzerain antique par analogie avec les cités construites dans le désert égyptien.

6 a. La phrase met en valeur les deux qualités que recherche le personnage : la maîtrise et l'audace. Selon lui, à Dubaï, l'homme a su maîtriser la nature, la soumettre à ses ambitions de constructeur : la mer et le ciel sont devenus de « la terre à bâtir » (l. 33). Il est persuadé que c'est un signe de la puissance de l'homme.

b. L'auteur ne semble pas partager la pensée du personnage, l'insertion de l'expression « pense-t-il » à l'intérieur de son propos émet un doute sur ce qu'il dit. L'ensemble du texte montre d'ailleurs que l'homme n'est pas maître de cette ville car il n'y a plus sa place : il est écrasé et ses sens sont bouleversés.

7 Le titre « Dubaï, un monstre délicieux » pourrait illustrer l'ambivalence de ce texte qui montre la fascination presque malsaine du personnage pour cette ville qui prend des allures de guerrier issu d'un univers fantastique : « guerriers du Jedi » (l. 5). La ville devient inquiétante, elle envahit le ciel et la mer et réduit l'homme à une dimension d'insecte.

FRANÇAIS

8 On retrouve dans le texte et dans l'image les mêmes formes géométriques : « des milliers de petits parallélogrammes », l'abondance de grues qui s'élèvent dans le ciel : « elles surpeuplent le ciel », la tour qui s'élève vers le ciel et sort du cadre : « celle-ci sera haute de sept cents mètres » et tout un décor de sable et de béton qui semble absorber les ouvriers « logés à l'extérieur de la ville ».

9 Cette photographie renvoie des impressions comparables à celles produites par le texte, on y retrouve le même regard sur l'homme capable de faire surgir une ville du sable, mais qui se trouve dominé par elle. Les ouvriers semblent en effet « écrasés » par toutes les lignes verticales et horizontales tracées par les grues et les constructions. Le photographe comme l'écrivain semble envoyer le même message implicite d'un homme dépassé par ses tentatives pour maîtriser la nature.

Réécriture → _énoncé p. 373_

Les clés pour réussir

- **On vous demande** de passer du singulier au pluriel.
- **Vous devez modifier** :
- les terminaisons des verbes ;
- les pronoms personnels ;
- l'accord de deux participes passés.

« **Ils arrivent** à l'hôtel **bouleversés**, les joues rouges et les yeux exorbités, **ils peinent** à s'endormir, la nuit est trop claire, comme filtrée par une gaze chaude, **eux-mêmes** trop **excités** ».

Partie 2 • RÉDACTION ET MAÎTRISE DE LA LANGUE

Dictée → _énoncé p. 373_

Les clés pour réussir

▶ **Bien conjuguer**

- **Les sujets inversés** → Pensez à toujours vérifier quel est le sujet du verbe en posant la question « qui est-ce qui ? + verbe », quelquefois le sujet peut se trouver après le verbe.

▶ **Bien accorder**

- **Leur et leurs** → Leur devant un verbe est invariable, c'est un pronom personnel (Je leur parle) ; leur devant un nom est un déterminant possessif, il s'accorde avec le nom suivant le sens, on écrira par exemple : leurs lèvres et leur langue.

- **Finale en -er/-é** → Remplacez systématiquement par un verbe du 3ᵉ groupe (prendre → -er / pris(e) → é(e))

Ne pas confondre

- **« ou »** et **« où »** → Ou, conjonction de coordination, peut être remplacé par ou bien. Où, pronom relatif, fait référence à un lieu ou un moment.

Les Parisiens n'ont jamais de leur ville le plaisir qu'en prennent les provinciaux. D'abord, pour eux, Paris se limite à la taille de leurs habitudes et de leurs curiosités. Un Parisien réduit sa ville à quelques quartiers, il ignore tout ce qui est au-delà, qui cesse d'être Paris pour lui. Puis il n'y a pas ce sentiment presque continu de se perdre et qui est un grand charme. Cette sécurité de ne connaître personne, de ne pouvoir être rencontré par hasard. Il lui arrive d'avoir cette sensation bizarre au contraire dans de toutes petites villes où il est de passage, et le seul à ne pas connaître tous les autres.

Louis Aragon, *Aurélien*, 1944.

Travail d'écriture – Sujet A → énoncé p. 373

Les clés pour réussir

L'introduction

- Introduisez le sujet : vous pouvez vous référer au texte étudié qui aborde l'ambivalence des sensations devant la ville.
- Présentez le sujet : reprenez la question posée par le sujet.
- Annoncez clairement votre plan.

Le développement

- La question posée implique un **plan en deux parties** sur les avantages et les inconvénients de la vie dans une ville moderne.
- Les raisons peuvent être :
- **les avantages** : lien social, proximité des lieux culturels, variété des offres de consommation et de services, facilité des déplacements…
- **les inconvénients** : pollution, société de consommation, anonymat, agitation permanente, absence de nature…
- Dans chaque partie, vous sélectionnerez **deux ou trois arguments pertinents illustrés d'exemples précis**. Il est demandé de faire des liens avec les autres disciplines étudiées au collège et notamment ici la géographie.

La conclusion

- Résumez en d'autres termes votre argumentation en précisant votre avis.
- Terminez avec une phrase d'ouverture.

FRANÇAIS

> **Méthode**
>
> *Pour vous aider, nous vous avons indiqué en couleur les parties de la rédaction qui répondent aux consignes.*
>
> Indicateurs logiques   Arguments |...| Exemples

« La ville provoque chez lui une sensation ambivalente d'euphorie et d'écrasement » : comme on le constate dans le texte de M. de Kerangal, les villes fascinent et attirent autant qu'elles peuvent inquiéter. On peut en effet se demander si la vie au sein d'une ville moderne est réellement une source de bonheur et d'épanouissement. Nous répondrons à cette question en étudiant les avantages puis les inconvénients de ce mode de vie.

En premier lieu, la vie dans une ville moderne offre bien des avantages en termes d'accès aux services (poste, hôpitaux, médecins…). Cette facilité permet effectivement aux personnes résidant en ville de s'affranchir des contraintes d'éloignement qui surgissent dès lors que l'on s'éloigne des milieux urbains. Ainsi les études de l'Insee sur les principales aires urbaines de France métropolitaine montrent que l'agglomération de Lyon présente une forte croissance démographique. Cette augmentation constante depuis 2005 du nombre de naissances est bien le signe d'un épanouissement des personnes qui y résident.

Ensuite, à cette proximité de services s'ajoute la variété de l'offre culturelle et de loisirs. Les villes modernes sont en effet plus animées et proposent aux citadins une large palette de sorties culturelles, comme les représentations théâtrales, les cinémas, les expositions… La lecture de l'*Officiel des spectacles* qui paraît chaque semaine à Paris en témoigne : y sont répertoriés toutes les expositions et loisirs disponibles chaque semaine. Cette offre permet à chacun, au gré de ses envies, de satisfaire sa soif de découverte culturelle.

Cependant, ces attraits de la ville ne vont pas sans quelques désagréments. Tout d'abord, la vie dans une ville moderne implique d'en subir les nuisances qui sont liées à son agitation permanente. Qu'il s'agisse du bruit, des lumières, de la qualité de l'air, le citadin sera en proie à une pollution urbaine omniprésente. La preuve en est que chaque week-end les grandes villes se vident de leurs habitants qui aspirent à retrouver une nature plus accueillante et nécessaire à leur bonheur.

Enfin, les villes modernes semblent parfois prendre le dessus sur les humains qui les peuplent. Les infrastructures, qui cherchent toujours à être plus hautes, plus grandes, à offrir plus de possibilités de consommation, finissent par « écraser » les habitants qui deviennent anonymes. C'est ce que dénonçait déjà Nicolas Boileau au XVIIe siècle dans sa satire sur les embarras de Paris dénonçant les incivilités « d'un peuple d'importuns qui fourmillent sans cesse ». L'individualité qui règne dans les villes modernes n'est certainement pas un facteur d'épanouissement personnel.

Les villes modernes présentent donc bien un double visage et séduisent par les attraits et les possibilités qu'elles offrent, mais elles peuvent également perdre les individus au sein d'infrastructures démesurées toujours orientées vers plus de consommation. À trop vouloir maîtriser la nature pour construire de grandes villes, l'homme et la femme doivent aussi se poser la question du respect de leur environnement.

Travail d'écriture – Sujet B → *énoncé p. 374*

Les clés pour réussir

▶ **La présentation de la lettre**

● **La structure d'une lettre officielle** est toujours la même. Veillez à bien indiquer :
– le lieu et la date d'envoi, en haut à droite ;
– l'objet de la lettre, c'est-à-dire son motif ;
– une formule d'appel adaptée au destinataire ;
– une formule de clôture qui doit rester sobre ;
– la signature avec le nom lisible : ne signez surtout pas avec votre propre nom, la copie doit rester anonyme.

▶ **Le corps de la lettre**

● Ce sujet vous demande de rédiger des passages descriptifs pour montrer votre vision d'une ville idéale, et des passages argumentatifs pour justifier vos choix et convaincre vos interlocuteurs.

Méthode

Pour vous aider, nous vous avons indiqué en couleur les parties de la rédaction qui répondent aux consignes.

| Présentation de la lettre | Argumentation | Description |

Utopia, le 31 mars 2017,

Objet : projet ville-nature

Madame, Monsieur,

Architecte formé dans les villes tentaculaires du Sud, je viens de découvrir votre pays d'Utopia si riche en innovations technologiques qui visent à rendre notre quotidien plus simple. Cependant, à discuter avec plusieurs habitants, il me semble que l'environnement citadin que vous proposez n'est pas encore à la hauteur de la civilisation que vous représentez. J'ai donc conçu le projet d'une « ville-nature » dans laquelle je suis persuadé que tous vos administrés pourraient s'épanouir.

La ville idéale que j'ai imaginée est résolument tournée vers la technologie et vers la nature pour tenter de réconcilier l'homme avec son environnement sans le priver des bienfaits du progrès. Vous trouverez en annexe de ce courrier le plan d'une maison type. Je pense qu'il faut associer des matériaux naturels et les procédés les plus modernes pour que chacun puisse avoir le plaisir du confort et la sensation de vivre en harmonie avec l'environnement.

C'est pourquoi les maisons doivent tirer parti de la nature : vous possédez à Utopia des forêts luxuriantes, plutôt que d'envisager une déforestation pour construire de hauts immeubles qui cacheraient la lumière du soleil, je vous invite à utiliser les arbres les plus solides comme fondations des maisons. Les murs seront faits de bois, un matériau très isolant, et les apports énergétiques nécessaires au fonctionnement du logement viendront des capteurs solaires B23 que j'ai pu observer sur vos bâtiments administratifs.

La liaison entre les habitations serait double : des passerelles de bois suspendues qui permettront une circulation fluide pour les piétons et des couloirs aériens au-dessus de la canopée pour vos véhicules à air pulsé. Les commerces, quant à eux, se construiraient au sol dans les zones rocheuses qui jouxtent la forêt, les nuisances sonores de l'agitation commerciale ou de la vie nocturne seraient ainsi largement estompées par le rempart naturel que constitue la roche utopienne.

En réalisant cela, vous réussiriez le pari d'allier le plaisir d'une vie en pleine nature et l'agrément de la vie au sein d'une ville moderne.

Dans l'attente de votre réponse et en espérant que mon projet aura su vous intéresser, je me tiens à votre disposition si vous souhaitez me rencontrer.

Bien cordialement,

C. Orbusier

Dépôt légal : août 2017 - N° de projet : 10232669
Imprimé en France par Maury-Imprimeur
45330 Malesherbes
N° d'imprimeur : 218449

LE CONCENTRÉ DU COURS POUR DES RÉVISIONS CLAIRES ET EFFICACES !

100 % conforme au nouveau Brevet

**BULLES D'AIDES
INFOS CLÉS
MÉTHODE ...**

www.abcbrevet.com

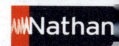

CARRÉS CLASSIQUES

Des classiques toujours plus pédagogiques !

Pour le collège

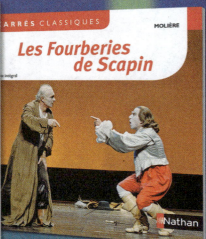

Toutes les clés pour...
- ... découvrir l'auteur et le contexte
- ... comprendre les enjeux du texte
- ... approfondir ses lectures grâce à des axes d'analyse

www.carresclassiques.com

Nathan